총감독

박종부의

축제 현장

스케치

박종부의 축제 현장 스케치

ⓒ박종부 2017

1판1쇄 2017년 12월 25일
지은이 박종부
펴낸이 강민철
펴낸곳 ㈜컬처플러스
편집 고혜란
디자인 조정화
홍보 음소형
출판등록 2003년 7월 12일 제2-3811호
ISBN 979-11-85848-08-2 (93320)

주소 04557 서울시 중구 퇴계로 39길 7, 5층(필동2가, 윤미빌딩)
전화번호 02-2272-5835
전자메일 cultureplus@hanmail.net
홈페이지 www.cultureplus.com

이 도서의 국립중앙도서관 출판예정도서목록(CIP)은 서지정보유통지원시스템 홈페이지(http://seoji.nl.go.kr)와
국가자료공동목록시스템(http://www.nl.go.kr/kolisnet)에서 이용하실 수 있습니다. (CIP제어번호 : CIP2017031751)

값 29,000원

총감독
박종부의
축제 현장
스케치

박종부 지음

컬처플러스

관광산업형 축제를 꿈꾸는 이들을 위한 길라잡이

오랫동안 관광산업 축제에 대해 자문과 컨설팅을 해왔다. 문화체육관광부 축제 선정위원으로 오랫동안 활동하며 축제에 대해 분석하고 나아갈 바에 대해 정리하곤 했다. 축제를 학술적으로 평가 분석하면서 자문과 컨설팅을 해왔고 많은 기획사의 제안서를 심사해왔다.

현시대의 축제는 이벤트성 축제에서 관광산업형 축제로 변하고 있다. 그런데 이러한 분석과 전망을 따라가고 있는 이는 많지 않다. 축제가 산업이 아니라 이벤트성으로 흘러 예산 낭비라는 지탄도 받는다. 그러나 관광산업형 축제는 지역을 기반으로 특산물을 알리고 관광 산업을 발전시키는 등의 지역경제 활성화에 도움이 되는 축제로 이루어지고 있기에 지역민에게서 사랑을 받는다.

축제가 어떻게 진행되어야 하는지 방향성을 이해해야만 축제를 제대로 준비할 수 있다. 또한 축제를 준비하는 관계자들은 올바른 마인드와 열정적인 자세가 필요하다. 이론과 현실은 다르다. 아무리 이론적으로 튼튼한 기획서라도 현장에서 잘 풀어가지 못한다면 엉킬 것이고 결과적으로 비판을 면치 못하게 될 것이다.

축제와 관련된 일을 하는 사람들은 축제를 사랑해야 한다. 또한 열정이 있어야만 즐겁게 축제를 이끌어갈 수 있다. 내가 즐겁지 않은데 어떻게 관광객에게 즐거움을 줄 수 있을 것인가? 지금 대한민국의 축제는 매우 빠른 속도로 변하고 있다. 그 변화에 맞추어 움직일 때 관광객들에게 사랑받는 축제를 만들어 낼 수 있다.

다시 말해 축제를 담당하는 관계자들은 지역을 발전시킨다는 사명감을 가지고 소신과 열정, 개혁적인 의지와 오픈된 마인드로 무장해야 한다. 이러한 자세와 마인드 없이는 축제를 성공적으로 이끌어갈 수 없다. 결과물 또한 좋은 평가를 받기 힘들다.

나는 오랫동안 박종부 감독을 지켜봐 왔다. 같이 축제에 대해 토론도 많이 했다. 30여 년 동안 현장을 누빈 열정과 노하우는 누가 감히 흉내 내기 힘든 것이다. 게다가 석·박사과정을 통해 배운 관광과 컨벤션 등의 이론과 현장을 접목시킨 노하우는 현실적이면서도 높은 성과를 보일 것이다. 30여 년 동안 이벤트와 축제 실무에서 활동한 내용들을 보면 대한민국의 축제가 지나온 역사를 파노라마처럼 보는 듯 하고 앞으로 나아갈 길에 대한 방향을 제시해 주는 것 같다. 현장에서 활동하면서 몸으로 부딪치며 느낀 대한민국의 축제의 문제점과 발전방향은 축제를 진행하는 분들에게 많은 지침과 참고가 될 것이다.

오랫동안 축제 현장에서 자문과 컨설팅을 해온 학자로서 감히 축제에 관여하는 분들에게 현장감 넘치는 이 책을 추천한다.

경희대학교 Hospitality 경영학부 교수
이 수 범

20여 년 동안 매년 전국의 150여 지자체 방문하며 축제 현장 스토리 기록

1986년 이벤트 분야에 입문해 어언 30여 년이란 세월이 흘렀다. 당시 우리나라 이벤트 업계는 불모지와 다름없었다.

1987년 나는 (주)현대훼미리타운이라는 회사에 입사해 관광 이벤트업무를 담당했다. 그로부터 2년 뒤인 1989년에 ㈜부일기획이란 이름으로 이벤트 회사를 창업했다.

본격적으로 나만의 이벤트 사업을 시작하고 싶었다. 하지만 이벤트란 단어부터가 생소하던 시절이라 들판을 개간하는 기분이었다. 때문에 본의 아니게 모든 일이 개혁적이고 선구자적일 수밖에 없었다. 시대의 흐름에 따라 주업종인 행사 대행도 바뀌어 갔다. 1995년부터는 축제 현장에 뛰어들었다. 장인정신을 갖고 전문적으로 축제를 연구하며 현장에서 축제전문 총감독으로 일한 지 만 20년이 넘었다.

그동안 매년 150여 개가 넘는 전국의 관공서를 방문하고 축제 현장을 스케치해온 노력의 결실로 대한민국 축제를 한눈에 볼 수 있는 축제 분석 자료를 만들 수 있었다. 덤으로 문화체육관광부 지정 축제를 성공작으로 만드는 최고의 총감독이라는 프로필도 얻게 되었다.

이런 노하우를 바탕으로 전국의 방송사, 언론사, 기업 마케팅팀, 홍보대행사, 관광부처, 여행사, 공연팀, 연출팀, 학계, 각 중앙부처, 지자체, 각종 단체 및 업체 등과의 인적 네트워크를 활용한 축제의 기획, 제작, 연출에 있어 정신적인 지주가 되고자 노력해 왔다. 내가 해온 일을 시간적 흐름

위에 올려놓고 살펴보면 1980년대에는 관광업계에서 워크숍, 관광 등의 업무를 담당했고 1990년대 초반에는 대기업의 전사(그룹)체전 및 프로모션 행사, 인기 스포츠 행사 등을 진행하며 대한민국 10대 메이저 기획사로 활동했다. 또한 1990년대 초부터 프로스포츠 치어리더, 방송무용단, 가수 안무 및 백댄서 등과 관련한 사업을 운영했다. '거리시인들'의 노현태 단장이 이끌었던 안무는 그 시대 최고 인기를 구가하던 '배반의 장미'의 엄정화를 비롯해 김원준, 벅, DJ DOC 등 수많은 가수를 대상으로 했다.

1990년대 중반에는 축제의 업무와 방송의 빅 스포츠 행사를 진행했다. 또한 스포츠 빅 쇼 TV 생방송 현장 총감독으로서 방송 프로그램을 기획·연출했다. 1990년 말에는 KBS, MBC, SBS TV 및 라디오 공개방송의 현장 총감독으로 활동한 노하우를 바탕으로 케이블 TV 등의 개국과 더불어 방송전문 대행사로 활동하며 엔터테인먼트사업의 일환으로 음반제작을 진행했다. 그런데 당시 대한민국사람이라면 누구나 겪었던 IMF가 들이닥쳤다. 이로 인해 하루가 멀다 하고 기업들이 부도가 나고 구조조정, 예산 절감 등으로 인해 주변 산업들은 빙하와도 같았다. 이 와중에 음반제작의 실패로 어려움을 겪은 우리 회사도 새로운 탈출구를 찾으려 노력했다. 그래서 본격적으로 시작한 분야가 축제였고 그 이후 축제에 올인하게 되었다.

1995년 서울의 신촌문화축제를 필두로 축제전문 업종으로 길을 잡기 시작해 지금까지 20년 넘게 축제 업무를 집중적으로 분석하며 연구해 왔다. 현장에서는 최고의 전문가라고 자부하던 나였지만 학술적인 접근에서는 아쉬움이 있었다. 그러던 중 늦깎이로 관광대학원에 진학해 석·박사과정을 밟으며 축제와 관광을 연계하는 방안을 주제로 연구에 몰입했다. 이론과 현장을 통틀어 32년을 정리하는 생각으로 축제 이벤트에 관광을 접목한 관광경영학 박사과정을 밟았다. 그런 한편 대학원 석·박사 과정에서 터득한 이론을 보다 축제의 기획, 연구, 개발, 강의, 평가, 심사, 자문, 컨설팅에 적용하고자 2011년 축제전문 JB축제연구소를 설립했다. 많은 분야의 이벤트와 축제에 있어 현장의 노하우와 정리된 이론으로 대한민국의 축제가 어떻게 추진해야 성공할 수 있는지를 제대로 분석하고자 노력하고 있다. 대한민국 축제 정책의 변화에 맞춰 대한민국의 메이저 축제, 더 나아가 경쟁력 있는 글로벌 축제로 도약하는데 일조를 하고자 오늘도 전력을 다하고 있다.

이 책에서는 대한민국 축제의 현실과 발전방향에 대해 나름대로 얘기를 해봤으며 이벤트성의 축제가 아닌 관광산업형 축제를 지향하는 입장에서 의견을 제시했다. 대한민국의 축제 발전에 조금이나마 도움이 되길 바라며 축제 운영·실무 관계자와 축제·이벤트 전공자, 축제에 관심이 있는 이들에게 이 책을 바친다. 20여 년이 넘는 동안 총감독으로서 현장을 진두지휘하는 과정에서 물심양면으로 토론과 조언을 해주신 이수범 경희대

교수님, 박철호 안양대 교수님, 이훈 한양대 교수님, 김창수 경기대 교수님, 오순환 용인대 교수님, 송운강 강원대 교수님, 민양기 충청대 교수님, 정강환 배재대 교수님, 지진호 건양대 교수님, 최영기 전주대 교수님, 목포대 김병원 교수님, 김희승 교수님, 이우상 진주국제대 총장님, 이병윤 남해도립대 교수님, 이인재 가천대 교수님, 한영명 안동대 교수님, 변우회 경주대 교수님, 한국문화관광연구원의 김덕기 박사님과 오훈성 박사님, 문화체육관광부의 김철 사무관님과 류근태 서기관님, 박양우 전 차관님, 그리고 이각규 한국지역문화이벤트연구소장님, 홍성일 정동예술단 감독님, 정신 축제경영연구소장님, 민병권 (주)제이비 컴즈 부사장님께 감사를 드린다. 또한 자료를 제공해 주신 각 축제 관련 지자체와 축제위원회 관계자분들에게도 고마움을 전한다.

마지막으로 부족한 원고를 정성스레 다듬어주고 한 권의 콘텐츠로 재탄생하게 해준 ㈜컬처플러스 강민철 대표와 고혜란 편집자, 조정화 디자인실장에게도 심심한 감사의 마음을 전한다.

2017년 12월 10일
JB축제연구소에서
박 종 부

9

💛 차례

- **추천의 글**

  관광산업형 축제를 꿈꾸는 이들을 위한 길라잡이   4

- **프롤로그**

  20여 년 동안 매년 전국의 150여 지자체 방문하며 축제 현장 스토리 기록   6

제 01 장
축제의 개념

01 축제의 기원	22
02 축제의 역사	23
03 축제의 정의와 의미	28
04 축제와 박람회에 대한 비교 분석	29

제 02 장
박종부가 총감독한 문경전통찻사발축제 & 무주반딧불축제

01 박종부가 총감독한 문경전통찻사발축제	32
• 2009년 문경전통찻사발축제(문화체육관광부 지정 유망축제)	34
• 2010년 문경전통찻사발축제(문화체육관광부 지정 우수축제)	42
• 2011년 문경전통찻사발축제(문화체육관광부 지정 우수축제)	47
• 2012년 문경전통찻사발축제(문화체육관광부 지정 최우수축제)	52
• 2013년 문경전통찻사발축제(문화체육관광부 지정 최우수축제)	57

02 박종부가 총감독한 무주반딧불축제　　64

- 2000년 무주반딧불축제(문화체육관광부–새천년밀레니엄축제)　　66
- 2001년 무주반딧불축제(문화체육관광부 지정 우수축제)　　69
- 2002년 무주반딧불축제(2002 한국방문의 해 문화체육관광부 지정 축제)　　70
- 2003년 무주반딧불축제(문화체육관광부 지정 우수축제)　　72
- 2004년 무주반딧불축제(문화체육관광부 지정 우수축제)　　75
- 2005년 무주반딧불축제(문화체육관광부 지정 우수축제)　　77
- 2006년 무주반딧불축제(문화체육관광부 지정 우수축제)　　79
- 2007년 무주반딧불축제(문화체육관광부 지정 우수축제)　　83
- 2008년 무주반딧불축제(문화체육관광부 지정 우수축제)　　84

제 03 장
박종부가 총감독한 대한민국 축제 현장 스토리

01 박종부가 총감독한 문화체육관광부 지정 축제 현장 스토리　　91

① 보령머드축제(명예대표축제)　　91

② 논산강경젓갈축제(전 최우수축제, 현 우수축제)　　94

③ 하동야생차문화축제(전 최우수축제)　　97

④ 충주세계무술축제(전 우수축제)　　100

⑤ 영동난계국악축제(전 우수축제)　　103

⑥ 영주풍기인삼축제(전 우수축제)　　105

⑦ 순창장류축제(전 우수축제, 현 유망축제)　　108

⑧ 서천한산모시문화제(전 우수축제)　　111

⑨ 괴산청결고추축제(현 유망축제)　　113

⑩ 태백산눈축제(전 유망축제)　　116

⑪ 함양산삼축제(전 유망축제)   119

⑫ 홍성역사인물축제(전 유망축제)   121

⑬ 아산성웅이순신축제(전 예비축제)   124

⑭ 무안연꽃축제(전 예비축제)   126

⑮ 대관령눈꽃축제(전 예비축제)   128

02 박종부가 총감독한 대한민국 주요 축제 현장 스토리   130

① 신촌문화축제   130

② 칠곡낙동강세계평화문화축전   132

③ 성주생명문화축제   134

④ 서울 강서허준축제   136

⑤ 광주남한산성문화제   138

⑥ 증평인삼골축제   140

⑦ 청송 도깨비 사과축제   141

⑧ 보은대추축제   144

⑨ 내장산단풍부부사랑축제   146

⑩ 수원화성문화제, 사랑등불축제   148

⑪ 합천여름바캉스축제   150

— 제04장 —
대한민국 축제 현장 스케치

01 문화체육관광부 지정 축제(＊ 2017년 기준)   154

① 진주남강유등축제(명예 대표축제)   155

② 안동국제탈춤페스티벌(명예 대표축제)   156

③ 김제지평선축제(현 대표축제)   158

④ 화천산천어축제(현 대표축제)   160

⑤ 강진청자축제(전 대표축제, 현 최우수축제)   162

⑥ 자라섬국제재즈페스티벌(전 대표축제, 현 최우수축제)   163

⑦ 산청한방약초축제(현 최우수축제)   164

⑧ 이천쌀문화축제(현 최우수축제)   166

⑨ 진도 신비의 바닷길축제(현 최우수축제)   167

⑩ 담양대나무축제(현 최우수축제)   169

⑪ 광주 추억의 충장축제(전 최우수축제, 현 우수축제)   170

⑫ 금산인삼축제(전 최우수축제)   172

⑬ 천안흥타령춤축제(전 최우수축제)   174

⑭ 함평 나비대축제(전 최우수축제)   175

⑮ 양양송이축제(전 최우수축제)   176

⑯ 봉화은어축제(현 우수축제)   178

⑰ 부여서동연꽃축제(현 우수축제)   179

⑱ 안성맞춤 남사당 바우덕이축제(현 우수축제)   181

⑲ 원주 다이내믹댄싱카니발(현 우수축제)   182

⑳ 정남진장흥물축제(현 우수축제)   184

㉑ 제주들불축제(현 우수축제)   186

㉒ 통영한산대첩축제(현 우수축제)   187

㉓ 평창 효석메밀꽃축제(현 우수축제)   189

㉔ 고령 대가야체험축제(전 우수축제, 현 유망축제)   191

㉕ 창원 마산가고파국화축제(전 우수축제)   192

㉖ 남원 춘향제(전 우수축제)   194

㉗ 광주세계김치축제(전 우수축제)   195

㉘ 춘천 마임축제(전 우수축제, 현 유망축제) 196
㉙ 고창모양성제(현 유망축제) 198
㉚ 대구 약령시한방문화축제(현 유망축제) 199
㉛ 대전효문화뿌리축제(현 유망축제) 201
㉜ 보성다향대축제(현 유망축제) 202
㉝ 영암왕인문화축제(현 유망축제) 204
㉞ 완주와일드푸드축제(현 유망축제) 206
㉟ 울산옹기축제(현 유망축제) 207
㊱ 인천 펜타포트 락 페스티벌(현 유망축제) 209
㊲ 포항국제불빛축제(현 유망축제) 210
㊳ 한성백제문화제(현 유망축제) 212
㊴ 서산 해미읍성축제(현 유망축제) 213
㊵ 강릉 커피축제(현 유망축제) 214
㊶ 밀양 아리랑대축제(현 유망축제) 216
㊷ 시흥갯골축제(현 유망축제) 218
㊸ 정선아리랑제(현 유망축제) 219
㊹ 부산 광안리어방축제(현 유망축제) 221
㊺ 영덕대게축제(전 유망축제) 222
㊻ 목포항구축제(전 유망축제) 224
㊼ 인제빙어축제(전 유망축제) 225
㊽ 연천구석기축제(전 유망축제) 227
㊾ 백제문화제(전 유망축제) 228
㊿ 횡성한우축제(전 유망축제) 230
(51) 여주 오곡나루축제(전 유망축제) 231
(52) 동래읍성 역사축제(전 유망축제) 233

㉝ 해운대모래축제(전 유망축제)   235

㉞ 유성온천문화축제(전 유망축제)   236

㉟ 울산고래축제(전 유망축제)   238

㊱ 음성품바축제(전 유망축제)   239

㊲ 당진 기지시줄다리기민속축제(전 유망축제)   241

㊳ 김해 분청도자기축제(전 유망축제)   242

㊴ 과천누리마축제(전 예비축제)   244

㊵ 서울약령시 한방문화축제(전 예비축제)   245

02 대한민국에서 주목해볼 만한 지자체 대표 축제 스케치   247

① 이태원 지구촌축제   248

② 강릉단오제   250

③ 임실N치즈축제   251

제 05 장
대한민국 축제의 현실과 운영 방향

01 대한민국 축제의 현실   254

① 문화체육관광부 축제 육성 목적   254

② 문화체육관광부 지정 축제 등급 분류   255

③ 2017년 문화체육관광부 지정 축제   256

④ 연도별 문화체육관광부 지정 축제   258

⑤ 문화체육관광부 지정 축제 평가 기준   268

02 축제 운영 비교 분석

① 재단의 축제팀, 축제 전문재단, 추진위원회 등의 운영 비교 분석   270

② 추진위원회와 재단법인 설립과의 관계   273

③ 축제를 실행하는 조직에 대한 분석   273

④ 축제 운영체제 분석   274

⑤ 자생력 제고 방안은?   276

제 06 장
대한민국 축제에 대한 45개의 코멘트
---

① 축제는 왜 하는 것일까? 축제의 장르는?   278

② 글로벌 축제를 만들려면 홍보 전략을 세워야 한다   279

③ 그 축제만이 갖는 특화된 체험행사로 구성해야 한다   280

④ 축제가 성공하기 위해서는 이러한 것들이 변해야 한다   280

⑤ 축제 조직의 운영시스템을 효율적으로 갖춰야 한다   281

⑥ 행정의 지원과 전문가의 안목이 성공을 만든다   282

⑦ 합리화만 맹목적으로 추구하는 운영시스템은 실패한다   283

⑧ 지역단체에 나누어 주기 식 축제 운영은 실패의 길이다   285

⑨ 자생력 있는 축제를 만들어야 한다   287

⑩ 관광객 집객 인원 산출이 현실화 되어야 한다   289

⑪ 축제를 키우려면 용역 방식부터 변경해야 한다   291

⑫ 입찰을 분산해 직거래하라   292

⑬ 지역의 학교, 기업, 단체 등을 최대한 참여시켜라   293

⑭ 축제 담당자들의 근무 기간을 연장해 전문성을 갖추어 보자   293

⑮ 축제의 시기에 대한 고민도 한번 해보자   294

⑯ 조직체의 구성을 효율화하자   294

⑰ 축제 담당 공무원 워크숍도 달라져야 한다   294

⑱ 10분 스케치하면 '문화관광축제' 가능성을 점칠 수 있다   296

⑲ 5년이면 경쟁력 있는 대한민국 메이저 축제를 만들 수 있다   297

⑳ 대한민국에서 배정된 축제예산은 어떻게 구성하고 있을까?   299

㉑ 관광산업형 축제로 변화해야 사랑받는 축제가 된다   300

㉒ 담당자가 열정이 없으면 축제는 발전이 없다   301

㉓ 문화체육관광부 지정 축제는 '로또' 인가?   303

㉔ 글로벌 축제로 성장하지 못하는 이유는 무엇일까?   305

㉕ 어떻게 하면 성공한 축제로 만들어 갈 수 있을까?   306

㉖ 지역문화의 인프라 육성에 대한 무관심은 축제 발전의 독이다   307

㉗ 단체장의 선거캠프 일행이 축제 요직에 참여한다면?   309

㉘ 잘 되는 축제는 기자들이 넘친다   311

㉙ 축제 운영을 열심히 한다고 모두가 성공하는 것은 아니다   312

㉚ 올해는 그대로, 내년에 보자고?   312

㉛ 축제 전문가가 넘치는 세상, 실제로도 그럴까?   313

㉜ 축제를 준비하는 분들의 마인드 변화가 중요하다   314

㉝ 잦은 인사이동은 운영시스템의 전문성을 잃게 한다   315

㉞ 대한민국 축제, 원점부터 개혁적인 변화로 재구성해야 한다   317

㉟ 예산 배분에 있어 대대적인 변화가 필요하다   318

㊱ 축제 담당자는 '쟁이'가 되어야만 한다   319

㊲ 프래그램 개발·구성에 최우선적으로 예산 배정해야 한다   319

㊳ 지역 문화가 형성되지 않는 축제는 성공할 수가 없다   321

㊴ 장기적 전략과 전문가의 지원이 필요하다   322

㊵ '관광 축제'로 정착되지 못하고 있는 이유와 해결 방안은?   324

㊶ 성공한 축제를 만들려면 1년 전부터 축제 상품 판매를 준비해라   326

㊷ 함께 즐기는 킬러 콘텐츠가 축제 성공의 관건이다   326

㊸ 누구를 총감독으로 선정하느냐는 축제 성패와 직결된다   327

㊹ 총감독과 연출 스태프를 잘 활용하면 '가성비'가 높아진다   328

㊺ 체육대회도 이젠 경쟁력 있는 문화체전으로 탈바꿈해야 한다   331

● 에필로그 / 이벤트 인생 30년

• 즐거움과 고소득에 끌려 레크리에이션 강사가 되다   334

• 첫 직장인 현대훼미리타운에서 나와 독립을 선언하다   335

• 상품의 가치를 높여 고가로 팔 수 있는 방법을 배우다   337

• 새로운 도전! 이벤트 회사를 설립하다   338

• 천편일률적인 체육대회에 변화를 주다   340

• 응원단과 치어리더 운영을 대행하다   342

• 방송 TV '스포츠 빅 쇼' 현장 총감독으로 활동하다   343

• 50미터의 사직체육관 지붕에 오르다   344

• 신촌문화축제를 서울 대표축제로 만들다   345

• 부일기획컵 SBS 아이스하키를 타이틀 협찬하다   348

• 공개방송 전문대행사로 태어나다   349

• 나는 매번 하는 퍼포먼스이지만 다른 사람들은 새로운 이벤트로 감동을 받는다   350

• 7월의 두류공원 야외 음악당 기공식은 뜨거웠다   351

• 가수들을 캐스팅해 음반제작 사업을 시작하다   351

• 전국 광역 · 시군구의 체육대회에 변화를 주다   352

• "장소대관이 안 되면 박종부를 찾아라"   353

• 디스크 수술 전날까지 현장을 지키다   356

• 강풍으로 인해 모두가 포기한 행사를 성공리에 마치다   358
• 사업가가 아닌 전문가의 길을 선택하다   359
• 새로운 도전 '대형 콘서트'를 꿈꾸다   360

● 프로필   362
● 참고 문헌   367

열정, 마인드, 시스템이 축제의 성패를 판가름한다

제 01 장
축제의 개념

사진 출처: 제이비 컴즈

01 축제의 기원

축제가 언제, 어디서, 어떻게 시작되었는지 정확한 시기와 장소들은 알 수 없으나, 인류가 존재하던 시기의 원시신앙, 제천의식, 놀이 등에서 문화적 기원을 찾아볼 수 있다. 인류 초기 수렵사회에서 인간의 영혼이 사후에도 존재한다고 믿는 원시신앙에서 축제가 시작되었을 것으로 추정한다.

곡식을 중요시했던 원시 농경사회에서는 풍년이 하늘에 달렸다고 믿었다. 그래서 사람들이 모여 하늘에 제사를 지내며 풍요와 안정을 기원했고 아직도 일부 축제에서는 이런 모습들을 볼 수 있다. 또한 일반적으로 축제에서 보이는 인간의 유희본능은 고대 원시인들의 춤과 노래에서도 찾아 볼 수가 있다.

삼국지 부여전에는 '정월에 하늘에 제사를 지내고 음주와 가무를 즐겼는데 이를 영고라 했다'고 전하고 있다. 여기에서 축제의 기원을 엿볼 수가 있다. 곧 우리 민족의 원시제천의식에는 가무(노래와 무용)가 있었다는 것을 알 수가 있다.

사진 출처: 게티이미지뱅크

02 축제의 역사

고대 사회의 축제

축제가 본격적으로 등장한 시대는 신라 시대로 팔관회와 연등회를 예로 들 수 있을 것이다. 문헌에 따르면 신라 진흥왕 551년에 팔관회를 개설해 국가적인 행사로 개최했고, 정월대보름에 연등을 보면서 마음을 밝혔다는 기록이 있다. 이와 같이 국가가 축제 행사를 주도적으로 운영하고 있었다고 볼 수 있다.

고려 시대의 축제

고려 시대는 불교를 주 신앙으로 모시는 불교국가였다. 법회행사인 팔관회와 연등회가 국가차원의 양대 축제로서 발전하게 되었으며 4월 초파일 석가탄신일을 축하하는 의미에서 사찰 차원의 축제가 거행되었고, 민간인들도 이 기간에는 마을에서 자체적으로 축제놀이를 즐겼다. 특히 팔관회는 10~11월에 토속신에 대한 제례를 통해 나라와 왕실의 안녕을 기원했으며 연등회는 부처님을 통해 국가와 왕실의 무사안녕을

사진 출처: 제이비 컴즈

비는 차원에서 진행되었고, 오늘날에는 석가탄신일에 지내는 행사라 볼 수 있다.

조선 시대의 축제

국가적인 의식의 행사, 기원의 굿 축제 형태의 행사, 백성이 어울려 노는 대동놀이의 형태로 형성되었고 그 예로 달집태우기, 줄다리기, 단오제, 별신굿, 당산제 등의 축제가 진행되었다.

근대의 축제

근대는 산업시대라는 시대적 특징에 따라 공산품과 특산품을 활용하면서 해방, 일탈, 예술을 테마로 한 축제(독일의 옥토버페스트, 브라질의 리우카니발 등)가 도입됐다. 세계적으로는 축제가 관광산업형 축제로 도약을 하는 시기였지만 대한민국의 축제는 사회적 제약을 받으면서 침체되는 시기였다고 본다. 그러나 정월대보름축제나 단오절 등의 행사는 지역별로 명맥을 이어오고 있었다.

사진 출처: 제이비 컴즈

현대의 축제

놀이 문화가 점점 진화되어 소리와 함께 보는 즐거움을 주는 연희, 다 함께 어울리는 대동놀이로 변하면서 축제로 자리매김했고, 지역에서는 지역민의 화합과 역사의 계승을 위한 개천예술제, 남원춘향제, 백제문 화제 등이 생겨났다.

1980년대까지도 우리나라에 이벤트란 단어가 존재하지 않았다. 1981 년 여의도에서 개최된 국풍 81이 전국 규모로 개최된 최초의 대형 축 제라고 할 수 있다. 1981년 프로야구, 프로축구 출범과 함께 행사기획, 행사대행, 레크리에이션이란 이름으로 치어리더, 방송무용, 소품을 대 행하는 이벤트 전문 회사가 탄생하기 시작했다.

프로야구, 프로축구의 스포츠 문화 시작으로 1986년 아시안게임, 1988년 서울올림픽을 거쳐 이벤트 문화에 눈을 뜨며 도우미가 탄생했 고, 1993년 대전엑스포를 통해 도우미와 프로모션의 분야가 절정에 이 르기 시작했다. 이때부터 이벤트란 단어가 보편화되기 시작했다.

1980년대 지자체별로 문화제란 명칭으로 축제를 모두 통합해 진행하 면서 축제의 활성화가 시도되었고 1995년 농구대잔치와 슈퍼리그 배

사진 출처: 제이비 컴즈

구, 씨름천하장사 등이 스포츠이벤트의 변화로 자리매김했으며 프로로 속속 출범이 되면서 분위기를 더욱 돋우었다.

1996년에는 케이블 TV가 생겨나면서 장르에 따른 공연문화가 활성화 되기 시작했고, 지자체 민선이 시작되면서 지자체별로 치적을 만들거 나 지역경제 활성화를 위해 많은 축제들이 탄생되기 시작했으며 문화 체육관광부에서는 대한민국 축제의 관광자원화를 위한 지원·육성이 진행되면서 경쟁 구도 속에서 축제공화국이 되었다고 본다.

1990년대 후반에 스포츠의 대중화와 레저문화의 다양화와 함께 마이 카시대가 열리고 5일근무제가 이루어지면서 직접 찾아가 즐기는 레저 와 여가문화로 급변하게 되었다.

2002년에 월드컵의 개최로 스포츠문화와 응원문화가 자리매김을 했으 며 기업은 1980년대 경기 위주의 체육 문화에서 1990년대 직원 사기 진작을 위한 이벤트, 외부는 공격적인 프로모션 마케팅 문화, 스포츠 마케팅 분야로 활성화 되었다. 대한민국을 주도적으로 이끄는 것은 지 자체의 축제, 스포츠, 기업과 단체의 전시 컨벤션과 포럼, 여가 레포츠 휴양 시설, 기업의 마케팅이다. 이들이 대한민국의 이벤트를 이끌어가 는 장르라고 본다. 이밖에도 상가 오픈식, 생일잔치, 결혼식, 단체의 체육대회 등 작은 것 하나부터 모든 것을 이벤트화하고 새로운 이슈와 특색있는 이벤트 문화를 만들어가는 우리는 축제공화국 시대에 살고 있다.

축제의 흐름

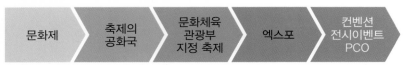

문화제 → 축제의 공화국 → 문화체육 관광부 지정 축제 → 엑스포 → 컨벤션 전시이벤트 PCO

03 축제의 정의와 의미

축제는 흔히 축(祝)과 제(祭)가 즐거움과 의식 행사를 포괄적으로 표현하는 문화현상이라고 정의된다. 또한 축제를 의미하는 'Festival'은 성일(聖日)을 뜻하는 'Festivals'라는 라틴어에서 유래한 말로 축제의 뿌리는 종교 의례에 있다는 것을 의미한다.

한국에서도 최근에서야 축제 현상 자체를 단순한 놀이 수준을 넘어 관광산업에서 중요한 문화자원의 하나로 인식하기 시작했다. 최근에 와서는 지역산업의 일환으로 주변에서 다양한 축제들이 흔하게 개최되는 것을 보게 되었고, 월드컵 경기를 치르면서 스포츠문화축제의 흥분이 상당한 파급효과를 가져 온다는 사실을 체감하고 축제에 대한 본질을 되새기며 방향성을 잡아가고 있다.

그렇다면 축제는 어디에서 의미를 찾을 수 있는가? 축제는 지역문화를 강화하고 특성화시킬 수 있다. 또한 지역이미지 보완과 향상이 가능하며 지역특화상품을 육성시켜 관광산업으로 연계해 지역경제에 시너지를 줄 수 있다. 경쟁력 있는 세계 속의 축제로 육성시킨다면 직접적 소득과 무형적인 브랜드에 대한 가치는 돈으로 환산하기 어려울 정도이며 지역뿐만 아니라 국가 위상을 높이는 계기가 될 수 있다. 일각에서는 축제를 세금을 낭비하는 행사 중 하나라고 보는 시각도 있지만 잘 만들어지고 인기가 높은 축제는 직·간접적으로 중소기업 못지않은 소득을 가져오며 브랜드의 이미지만으로도 지역을 이끌어가는 효자 역할을 한다.

지방의 군소 시·군은 점점 인구가 줄어드는 상황에서 열악한 시(군)세로 인해 발전을 기대할 수 있는 것은 자연환경밖에 없다. 절박한 심정으로 관광산업형 축제를 만들기 위해 노력하는 열정을 낭비라고 치부해서는 안 된다. 잘 만들어진 관광산업형 축제는 바로 지역을 발전시킬 자산이며 콘텐츠이다.

04 축제와 박람회에 대한 비교 분석

세계박람회와 지방박람회, 전시회/컨벤션, MICE, 축제는 일반인들이 보기에는 유사하지만 규모와 방향, 내용에 있어 차이가 있다.

세계박람회는 프랑스 파리에 있는 국제박람회기구의 총회에서 공인한다. 2010년 상하이(등록박람회), 2012년 여수(인정박람회), 2015년 밀라노(등록박람회), 2017년 아스타나(인정박람회)에서 각각 세계박람회가 열렸으며 2020년에는 두바이에서 열린다. 그리고 부산에서는 2030년 세계박람회를 유치하기 위해 추진 중이다.

세계박람회는 국가 또는 국가가 인정하는 단체가 주최하고 외교경로를 통해 2개국 이상이 참가해야 하며 개최기간은 3주 이상 6개월 이내로 정해져 있다. 세계박람회 참가국은 세계박람회의 주제를 반영해 자국의 역사, 문화, 산업, 기술을 표현한 전시를 하고 문화공연을 한다.

지방박람회는 1995년 본격적인 지방화시대가 도래하면서 지역활성화의 수단으로 부각되었다. 2016년에는 △경남고성공룡세계엑스포 △세계친환경상품디자인박람회 △예천세계곤충바이오엑스포 △장흥국제통합의학박람회가, 2017년에는 △완도국제해조류박람회 △금산세계

인삼엑스포 △제천국제한방바이오산업엑스포 △나주국제농업박람회
등이 열렸다.
축제 등 다른 행사들과의 차이점은 아래의 표와 같다.

항목	세계박람회	지방박람회	전시회 / 컨벤션	MICE	축제
개요	세계박람회란 세계적인 규모와 주제를 설정해 국제박람회기구의 공인을 받아 개최되는 박람회를 말한다. 엑스포(EXPO)는 엑스포지션(Exposition)의 줄임말이다. 등록박람회는 5년 간격으로 전시면적 제한없이 6개월까지 개최가능하다. 등록박람회는 대규모 종합박람회로 주제는 인류활동의 광범위한 부분에 걸쳐 달성된 진보와 발명을 대상으로 한다. 반면에 인정박람회는 등록박람회 사이에 명확한 주제와 25헥타르 미만 면적으로 3개월까지 개최가 가능하다. 인정박람회는 소규모 전문박람회로 인류활동 중 특정 부분을 주제로 개최된다.	지방박람회는 국내에서 지역의 산업진흥과 활성화를 위해 자자체에서 개최되며 지역특성과 주제에 근거한 기술과 문화를 전시·체험하고 국내외 관광객들이 평가하는 종합이벤트다. 주로 광역시·도와 시·군 및 해외 자치단체, 관련단체, 기업 등이 참가한다. 기획재정부의 개최 타당성조사와 국제행사 승인심사를 받아야 개최할 수 있다. 지방박람회의 주요 콘텐츠는 지역특성과 주제에 근거한 기술과 문화의 전시, 문화예술행사이다. 개최기간은 6주~2개월 가량으로 세계박람회에 비해 상당히 짧으며 개최 주기는 단발, 2년, 3년 등 다양하다.	전시회(Exhibition)는 생산물의 개량, 발전 및 산업의 진흥을 도모하기 위해 농업, 상업, 공업 등에 관한 다양한 물품을 모아 전시하고 판매, 광고, 등급심사를 하는 행사를 말한다. 컨벤션(Convention)은 'together'를 의미하는 라틴어 cum과 'to come'을 의미하는 venire에서 유래한 것으로 '함께 와서 모이고 참석하다'는 뜻을 지니고 있다. 다수의 사람들이 특정한 활동을 하거나 협의하기 위해 한 장소에 모이는 회의와 같은 개념이라 할 수 있으며 전시회를 포함한 좀 더 넓은 의미의 행사라 할 수 있다.	마이스란 회의(Meeting), 인센티브 관광(Incentive Travel), 국제회의(Convention), 전시회(Exhibition)의 영문 첫 알파벳을 딴 신조어이며 대규모 관광객 유치를 위한 행사를 의미한다. 도시브랜드 제고와 지역경제 활성화는 물론 일자리 창출과 부가가치 유발을 가져온다는 점에서 굴뚝 없는 황금산업으로 불린다. 각종 국제회의와 기업 인센티브 여행, 대규모 컨벤션과 국제 전시회를 향해 하나의 산업으로 육성하고 있다.	축제는 종교적인 의미인 제례의식에서 발전되어 왔다. 예로부터 전통문화, 역사인물, 문화예술, 특산물, 지역특성, 자연환경을 소재로 활용한 대동놀이 마당으로 개최되었다. 현재의 축제는 공연, 전시, 재현, 체험, 학술회의 등의 프로그램으로 다채롭게 실시되고 있다. 현대의 축제는 관광산업형의 축제로서 지역민과 관광객이 참가해 즐기는 일탈개념으로 개최되고 있다.

제 02 장
박종부가 총감독한
문경전통찻사발축제 & 무주반딧불축제

01 박종부가 총감독한 문경전통찻사발축제

경상북도 문경시는 총인구 7만여 명의 소도시다. 조선 시대에 한양에서 영남 지역을 잇던 주요 관문으로 교통의 요지였다. 백두산에서 시작해 지리산까지의 백두대간이 태백산과 소백산을 거쳐 동북부의 험한 준령이 둘러싸여 있고, 중부에서 남부에 걸쳐 분지 상으로 평지를 이루고 있고, 동남부는 석회암 지대로 카르스트 지형이 발달되어 있다. 산령이 형성하고 있는 산맥은 북으로 계속 이어진다.

주요 관광명소로는 문경팔경으로 불리는 경천댐, 운달계곡, 봉암사 백운대, 새재계곡, 선유동계곡, 쌍룡계곡, 용추계곡, 진남교반이 있으며, 유적지로는 노고산성, 석현성, 고모산성, 문경새재, 문경 토끼비리 등이 있다. 문경은 대표적인 도·농 복합도시로 과거에는 석탄을 채굴하는 채광산업이 융성했으나 현재에는 문경새재와 인근 사극 촬영 세트장 등을 활용한 관광산업의 비중이 늘어났다.

주요 농·특산물로는 오미자, 문경사과, 활성탄 돼지고기, 문경곶감 등이 있다. 문경시의 브랜드 슬로건인 '새로운 도약 일등문경'은 경북 북부의 중심도시라는 한 단계 더 높은 미래 도시 이미지를 지향하는 의미를 담고 있다.

문경전통찻사발축제는 1999년도부터 시작되어 국내에 문경의 도자기를 알리기에 힘쓰고 있다. 문경은 예로부터 도자기 생산에 적합한 흙이 많이 분포되어 있고 지리적 여건도 비교적 좋아 자연스럽게 도예산업이 발달되어 왔다. 2017년 10월 현재 도예명장 8명 중 3명이 문경에서 작품 활동을 하고 있고, 도자분야의 유일한 무형문화제인 백산 김정옥 선생의 활동 지역도 문경이다.

문경 도자기는 주로 서민들이 사용하던 것으로 꾸밈이 없고 자연스러운 모양을 하고 있어 우리 민족 고유의 순수한 멋과 투박한 정서를 잘 표현하고 있다.

생활양식이 서구화되기 시작하면서 도자기 산업이 쇠퇴하던 중 해외에서 문경 도자기의 우수성에 대해 주목하게 되면서 문경 도자기 산업을 다시 활성화시키고 문경 도자기의 전통을 적극적으로 홍보하기 위해 축제를 기획했다. 최초 11개 요장에서 출발해 현재 도자기 관련 업체가 30여 개로 확대되었으며 문화체육관광부 지정 2008년 유망축제를 시작으로 2010년 우수축제, 2012년 최우수축제(5년 연속)를 이어 2017년 현재 대한민국 대표축제로 선정되어 171억 원의 경제효과를 얻고 있다.

나는 매년 전국의 150여 지자체를 방문해 축제 현장을 스케치해왔다. 그중 한 곳이 문경이다. 나는 문경을 해마다 여러 번 방문했는데 2005년부터 2008년까지 집중적으로 컨설팅 요청을 받았다. 그러나 축제와 관련해 의논하던 중에 담당자가 여러 번 인사이동으로 바뀌게 되었다. 담당자들은 축제에 총감독 체제를 도입해 대대적이고 개혁적으로 변화시키고 싶은 열망은 있으나 뜻을 이루지 못했다.

2008년까지 축제는 문경도자기 전시관 앞 주차장에서 개최했다. 컨설팅을 부탁받았지만 이 좁은 장소에서는 축제 컨설팅을 할 수가 없었고 컨설팅을 한다고 해도 효과가 없을 것으로 판단했다. 좁은 공간이라 부스 자리 이동, 무대 자리 이동 고작 그것뿐인데 축제를 제대로 하려면 다양한 콘텐츠 공간 면적이 필요했다. 이 공간에서는 할 수 있는 것도 없었고 무엇을 한다고 해도 관심 끌기가 어려웠다. 즉 총감독 체제로 운영해도 힘만 들 뿐이지 별다르게 변화시킬 게 없고, 축제 결과를 인정받지 못하면 나에게도 큰 손실이 오는 상황이었다.

그래서 단 하나의 방법으로 도립공원 문경오픈세트장 1관문 앞으로 장소 이전 의견을 수년 동안 제시했다. 담당자들은 공감을 하지만 공간 이전에 대한 두려움이 큰 관계로 이전을 할 용기가 거의 없었다. 그래서 우리의 관계도 거기에 머물러 있었다. 그러던 중 송만식 계장이 두 번의 축제를 진행하고 나서 세 번째의 축제진행에서 총감독 체제로의 변화와 장소 이전을 하면 축제를 성공으로 이끌 수 있다는 확신을 갖고 2009년 총감독 체제를 도입해 실행을 하게 되었고 우리는 그렇게 인연을 맺었다.

2009년 문경전통찻사발축제(문화체육관광부 지정 유망축제)

2009년 개최된 축제는 '문향천년 다향만리'라는 주제로 천년의 맥을 이어오고 있는 문경 전통 도자기의 역사적 가치를 대내외에 알리고, 우리 고유의 차문화를 보급하는 새로운 발상지로서의 역사적 의의를 차의 향기처럼 전국에 널리 알려지기 바라는 마음을 담았다.

주요 행사로는 세계 각국의 찻사발을 전시하는 '찻사발국제교류전', 국내 도예명장 8명의 작품을 전시하는 '전국도예명장특별전', 사전에 진행된 전국찻사발공모대전 수상작을 전시하는 '전국찻사발공모대전', 28명의 문경 도예 작가의 작품을 전시하는 '문경도자기명품전', 문경도예명장의 사진을 전시하는 '문경도예사진전'이 열렸다. 동시에 관광문경홍보관, 관광경북홍보관을 통해 문경과 경북의 관광지 및 특산품을 홍보하고 '도자기 빚기 체험', '도자기 그림그리기', '찻사발 모자이크' 등의 체험활동을 마련해 축제를 찾는 손님들에게 다양한 즐길 거리를 선사해 문경과 문경 도자기에 대한 관심을 불러일으키고자 했다.

∴ 축제 개요

· 개최 연도 **1999년**

· 기 간 **2009. 5. 1.(금)∼ 5. 10.(일) 10일간**

· 장 소 **문경새재 일원**(오픈세트장, 도자기 전시관 등)

· 주 최 **문경시**

· 주 관 **문경전통찻사발축제 추진위원회**

· 후 원 **문화체육관광부, 외교통상부, 경상북도, 한국관광공사, 경북관광개**
　　　　발공사

· 예 산 **7억 원**

· 주 제 **문향천년 다향만리**(聞香千年 茶香萬里)

　　　－ 천년의 맥을 이어오고 있는 문경전통도자기의 역사적 가치

　　　－ 천년문경의 아름다운 역사적 가치를 대내외에 널리 알림

　　　－ 우리 고유의 차문화 보급의 새로운 발상지로서 역사적 의미를 둠
　　　　새로운 차문화가 가은 봉암사에서 시작됨

　　　－ 차의 향기처럼 문경의 아름다움이 전국에 널리 알려지기를 기원

　　　－ 문경전통찻사발축제가 성공적으로 개최되어 세계적인 축제로 발전해
　　　　나가기를 기원

　　　－ 전통찻사발의 부드러우면서 투박한 맛이 우리시민의 아름다운 정서와
　　　　함께 어우러져 지역사회가 발전해 나가기를 기원

∴ 축제 프로그램 운영

· 공식 행사 개막식(5. 1. 15:00), 본 행사, 시상식,
　　　　　　축하공연(5. 1. 19:00, 경강생활체육공원)

· 기획전시 행사 찻사발국제교류전, 문경전통도자기명품전, 전국도예명장특

별전, 전국찻사발공모대전, 문경도예사진전 등

· 관광홍보관 관광문경홍보관, 관광경북홍보관, 세계전통문화체험홍보관

· 체험행사 도자기 빚기 체험, 도자기 그림그리기, 도자기도판 그림그리기, 망댕이가마 불지피기체험, 괭물체험, 찻사발모자이크, 탁본체험, 용상체험, 관아체험, 워낭소리 먹이체험, 찻사발 흙 맨발걷기, 승마체험 등

· 저잣거리 민속음식판매, 산나물 장터 운영, 난전운영

· 특별 행사 전국한시백일장, 시민화합의 날 행사, 문경시민가요제, 유관기관단체의 날 행사, 향토음식발표회, 복찻잔 나눠주기, 도자기 낚시대회, 고부정나누기, 다문화가정 장기자랑, 박달가요제, 선조도공추모제, 전통혼례식, 박영근 도자그림시연회 등

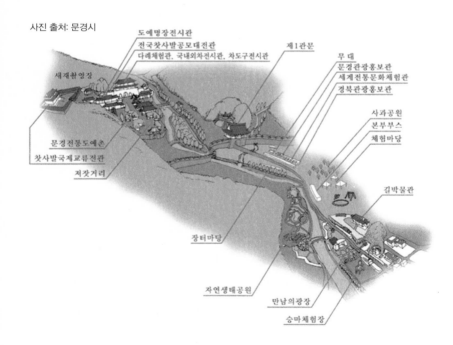

사진 출처: 문경시

· **전시 행사** 수석전시, 야생화전시, 문경난전시, 닥종이전시, 야생화사진전시
· **야생차 관련 행사** 접빈다례, 차덖기 체험, 국내차 전시·판매, 외국차 전시·
판매, 차도구 전시·판매 등
· **주요 공연 행사** 정동예술단공연, 난계국악공연, 코미디유랑극단 등

∴ 축제 총감독 스토리

2009년 문경전통찻사발축제에서는 송만식 팀장(현 과장)의 큰 결단으로 총
감독 제도를 시도했고 큰 모험을 안고 장소를 문경새재 1관문 앞 광장으
로 이전해 운영했다.

1관문 앞 광장에는 잔디로 되어있는 넓은 공간이 있었다. 입구의 길은 외
길이었고 주차장에서 올라오는 거리가 1km 이상인데 운치가 있어 장점이
기도 했지만 단점이기도 했다. 2009년 축제는 송만식 팀장과 주무관 1명
이 주로 업무를 진행했으며 기본계획 작성부터 실행까지의 기획, 운영, 연
출은 총감독과 연출 스태프가 했다. 조직 구성의 한계로 담당 주무관 혼
자 실무를 보다보니 몇 달간은 거의 밤 12시가 넘어 퇴근했다. 이것이 대
한민국 축제 조직의 현실이라고 본다.

대다수 지자체가 팀장 1명에 주무관 1명이 담당하고 있고, 축제에 좀 더 신
경 쓰는 지자체는 축제 전문팀을 편성해 3~4명이 운영한다. 축제팀장인
송 팀장의 소신, 열정, 개혁적인 추구, 오픈된 마인드의 4박자가 맞아 모든
것에 변화를 시도했기에 좋은 결과를 만들 수 있었다.

송 팀장은 장소 이전과 총감독 제도를 이끌었고 단체장과 의원들을 쫓
아다니면서 설득해 예산을 증액시켰다. 나는 총감독으로 위촉되어 계약했
지만 그동안 문경에서는 총감독 없이 공무원들이 직접 운영해 왔기에 총감
독 명칭을 부여하는 것에 대해 부담스러워 했던 것 같다. 운영책자 조직도
에 총감독이란 명칭 대신 운영관리팀장으로 이름을 올리자고 해서 제이비

컴즈 직원들만 명단에 넣고 총감독인 나는 책자에서 빼기로 했다. 총감독으로 위촉되었지만 관리팀장으로 이름이 올라가는 것에 자존심이 허락하지 않았기 때문이다.

2009년 총감독비용 3천만 원을 받고 기본계획과 예산편성을 모두 새롭게 구성해 운영과 연출을 했다. 도자기 전시관 앞에서는 100여 개의 부스를 설치했지만 1관문 앞으로 이동하면서 300여 부스로 늘려 설치했다. 무대 또한 60평의 규모와 객석을 준비했다. 적어도 3배 이상의 행사 규모로 퀄리티를 높일 수 있었던 것은 그만큼 공간의 여유가 있었기 때문이다.

1관문의 뒤에는 사극으로 유명한 오픈세트장을 활용해 함께 사용했다. 문경의 행사장 입구는 거의 외길인데 문경새재 길은 옛날부터 과거시험을 보기위해 한양으로 향하던 길로 유명하다. 평소 전국의 등산객들이 많이 오고 있고 일반 관광객도 경사가 없는 새재 길과 오픈세트장을 관람하기 위해 많이 찾는다. 또한 경상북도와 대구시의 행사를 문경새재에서 많이 진행하고 있다. 주차장 또한 대한민국 관광지 중 최고로 넓은 주차장을 확보하고 있다고 해도 과언은 아니다. 나름대로 장소 여건은 갖추고 있는 곳이다.

나는 축제장에 차량이 들어오는 것을 아주 싫어한다. 지위를 막론하고 차량을 통제시키는 것을 철칙으로 생각한다. 첫 시작부터 차량 통과로 축제팀장과 마찰을 빚게 되었다. 축제위원장과 의원의 차량 통과에 의견 마찰이 있었던 것이다. 나는 "누구의 차량도 통과를 시켜서는 안 된다. 먼저 위원장님이나 의원들이 솔선수범을 보여야지 않느냐"고 말했다. 오전에는 의견 충돌이 있었으나 새롭게 업무분담을 해서 총감독인 내가 입구에서 차량 관리하는 경호팀을 진두지휘하게 되었고 시청은 차량 정리에서 빠지는 것으로 결론지었다. 관계자에게 차량 통과 문제로 질타가 들어오면 올해 축제를 더 도약시키기 위해 총감독 체제를 도입했고 총감독이 진두지휘하기 때문에 따라야 한다는 설명을 하도록 했다. 이렇게 차량 정리가 되었고 행사장 내에 차량이 없는 축제장이 되었다.

지금도 행사장을 다니다 보면 행사장에 관계자 차량, 출연자 차량, 방송차량 등이 많이 주차되어 있는 경우를 보는데 이는 행사 진행팀의 이기적인 행동 때문에 행사의 격을 떨어뜨리는 일이라고 본다. 이것은 축제에 대한 마인드와 운영 노하우가 부족해 생기는 현상이다.

첫날부터 많은 관광객과 언론들이 찾아와 확장된 축제장의 구성, 확 달라진 내용의 구성 등에 호평을 해주었다. 총감독으로서의 인식과 역할에 대한 공식적인 인정을 받으며 9일 동안 축제를 만들어 갔다.

첫날 3시에 개막식을 진행했다. 사전에 축제팀과는 의견이 정리가 되었지만 개막식 직전에 총무팀과 내빈소개와 의전 문제로 의견 충돌이 생겼다. 나는 문화체육관광부 지정 축제의 전문가로서 그에 걸맞는 평가기준을 염두에 두며 총감독 입장에서 관광객 맞춤형의 개막식 연출을 한다. 관광객은 내빈소개나 의전 및 축사 등에 관심이 없다. 의전이나 축사 등이 많으면 관광객이 아주 싫어하기 때문에 평가기준에서 감점대상이 된다. 그런데 총무팀에서는 의전에 대한 중요성을 요구했고 나는 평가기준에도 어긋나지 않게 관광객 맞춤형으로 진행해야 한다고 주장했다. 그러다 이러한 의견 충돌을 가까스로 조율해서 개막식 의전을 진행했다. 개막 퍼포먼스를 멋지게 연출해 관계자나 참가자 및 관광객에게 호평을 받았고 모두의 인식을 새롭게 바꾸어 놓는 계기가 되었다.

2009년 처음 시도한 총감독 체제에서 관과 지역민에게 새로운 틀을 보여주었고, 어려움은 있었지만 개혁적인 변화에 있어 어느 정도의 성공을 이뤘다고 본다.

나는 문경전통찻사발축제를 홍보하기 위해 문경 축제 담당 공무원들을 KBS, MBC, SBS 등 각 프로그램 제작자들에게 안내하기도 했다. 또한 이들 담당 공무원들이 평소에 문화체육관광부 지정 축제 관계자와 각 관계 부처 공무원, 평가·선정위원들과 소통할 수 있도록 다리를 놓아주었다. 그러면서 문경전통찻사발축제가 도약할 수 있도록 전략·전술을 짜서 지원해 주었다.

내가 하는 총감독 운영체제는 그동안 진행해온 내용의 모든 데이터를 받아서 주최 측에서 기본적으로 진행해야 할 프로그램과 예산 내용 등 축제에 대한 분석을 하고 기본계획부터 새롭게 구성, 배치해 제안하고 확정지어 연출을 하는 방식이다. 전체의 구성에 있어 각 부서 및 단체에 배정한 상태에서 전 부서 및 각 단체와 수시로 미팅을 하면서 같이 만들어 가는 시스템으로 운영한다.

2009년 문경전통찻사발축제에서는 전년도 예산을 검토한 결과 과다하게 집행한 경우가 다수 있었다. 예를 들어 100여 곳의 작은 부스 공간 전기 공사 비용이 2천만 원이나 지불되었던 것이다. 지금은 기존 공간보다 4배 이상의 공간 구성과 배치가 이뤄지고 있었으나 800만 원에 실행했다. 금액 차이 이유는 2천만 원의 견적은 전선 등을 구입 단가로 견적을 넣은 것이고 800만 원의 견적은 전문 전기 공사팀에서 임대 단가로 견적을 넣었기 때문이다. 방법에 따라서 이렇게 내용의 질과 예산의 차이가 생긴다. 이러한 운영 방식으로 10억 정도의 예산이라면 적어도 2~3억 정도의 예산을 절감시켜 주는 경우가 많았다. 나는 지역 업체를 존중하고 가능한 지역 업체에게 발주하는 방식을 원칙으로 한다. 그러나 타당하지 않은 견적이나 내용의 질이 좋지 않으면 정리를 하는 방식으로 운영한다. 그 외에도 직거래를 통해 모두 원가 절감을 해주었다. 즉 총감독료 3천만 원을 받았지만 수억 원의 예산절감과 함께 기본계획부터 예산안까지 마련해 신속한 업무 처리와 인력절감, 질적 상승의 효과를 이끌어 냈다. 그 결과 축제에 대한 호평을 받아 2009년 7월 무주리조트에서 열린 문화체육관광부 워크숍에서 성공사례를 발표했다.

축제를 하면서 사고가 몇 건 있었다. 행사 3주를 남기고 송만식 축제팀장이 개인적인 실수로 다리를 다쳐 접골수술을 했다. 우리는 병원에서 미팅을 하면서 축제 운영 계획서를 완성했다. 행사 때에는 송 팀장이 병원에서 퇴원해 전동휠체어를 타고 현장을 누비면서 진행했다. 나 또한 축제 1주일 전 배구하다가 오른쪽 다리 아킬레스건이 완전히 끊어졌지만 치료를 받지 못하고 행사장에서 절뚝거리며 행사를 진두지휘했다. 2009년 행사를 모두 마무리 하고 6개월 후인 12월 5일에 수술을 받았다. 더 큰 슬픔은 축제 담당자로서 열정을 가지고 밤낮으로 열심히 일하던 주무관이 세상을 떠난 것이다. 7월 문화체육관광부 워크숍에 참가하고 소주까지 한잔 기울이며 잘해보자고 파이팅까지 외쳤건만 돌아오는 날 밤 다시 오지 못할 먼먼 길을 떠나고 말았다. 너무 가슴이 아픈 일이었다. 다시 한번 명복을 빌며 그의 열정에 이 책을 바치고 싶다. 그의 열정으로 유망축제에서 우수축제로 승격되는 영광을 안게 되는 지렛대가 되었다고 생각한다.

사진 출처: 제이비 컴즈

2010년 문경전통찻사발축제(문화체육관광부 지정 우수축제)

2010년에는 '천년의 숨결, 차의 향연'이라는 주제로 열렸다. 우리나라에서 가장 오래된 망댕이 가마를 바탕으로 한 문경 전통도자기의 정체성을 되새기고, 근대 차문화의 발상지인 문경의 명성이 전국에서 피어나기를 기원했다.

'찻사발국제교류전', '전국찻사발공모대전' 및 문경 도자기의 환경 및 특징을 소개하는 축제 주제관을 운영했다. 이외 행사로는 '문경전통발물레경진대회'를 전국 최초로 개최했고 '찻사발 깜짝경매', '선조도공추모제', '복찻잔 나눠주기' 등의 특별행사와 이번 축제의 주제 중 하나인 망댕이 가마를 소재로 한 '전통망댕이가마 불지피기' 체험행사를 마련했다. 축제 개막 전 온라인에서 축제의 홍보를 위한 UCC 공모전을 진행했다. 상설전시인 '찻사발국제교류전'에는 28개국이 참여해 예년보다 4개국이 증가했고, 관람인원은 총 72만 명으로 축제로 인한 경제효과는 171억 원의 호조를 기록했다. 도자기 경매 최고가로는 오천만 원에 거래된 관욱요 김종욱 장인의 청자가 차지했다. 도자기 관련 부스가 아닌 지역 홍보 부스들은 문경특산물관과 간식관, 공예관 등과 같이 주제별로 구역을 나누어 관람의 편의를 생각했다. 축제의 일부 장소가 드라마 세트장이라는 것을 활용해 전통 생활 양식적인 연출과 문경 문화 퍼포먼스를 연계해 진행했다. 2010년에는 2009년의 행사를 보강해 퀄리티를 높이고 오픈세트장을 더 적극적으로 확장해 진행했다.

∴ 축제 개요
· 기 간 2010. 4. 30.(금)~5. 9.(일) 10일간
· 장 소 문경새재 일원(오픈세트장, 도자기 전시관 등)

- 주 최 문경시
- 주 관 문경전통찻사발축제 추진위원회
- 후 원 문화체육관광부, 외교통상부, 중소기업청, 경상북도한국관광공사,
  경북관광개발공사, (사)한국차인연합회
- 예 산 8억4000만 원(국비 1억5000만 원, 도비 1억5000만 원, 시비 5억4000만 원)
- 주 제 천년의 숨결, 차의 향연

사진 출처: 문경시

∴ 축제 프로그램 운영

· **공식 행사** 개막식(14:00), 본 행사, 시상식

· **기획전시 행사** 찻사발국제교류전, 문경전통도자기명품전, 전국도예명장특
별전, 전국찻사발공모전, 축제주제관 등

· **특별 행사** 문경전통발물레경진대회, 축제발전심포지엄, 찻사발 깜짝경매,
선조도공추모제, 복찻잔 나눠주기, 세계문화관, 은빛 고운정 나
눔잔치 등

· **체험행사** 전통망댕이가마 불지피기, 찻사발 그림그리기, 도자기 빚기, 찻
사발모자이크, 도자기 괭물체험, 망댕이 만들기, 문경야생차덖기
체험, 용상 및 복식체험, 관아체험 등

· **차 관련 행사** 다례시연, 대형 말차 나눔행사(투다)

· **부대 행사** UCC 동영상 공모전, 전통문화퍼포먼스, 찾아가는 박물관 등

· **기타 행사** 난 전시관, 불화전, 야생화사진전시 등

· **저잣거리** 주막거리, 난전 운영 등

∴ 축제 총감독 스토리

2010년 축제는 오픈세트장을 더욱더 확대해 새로운 구성으로 운영하는 시
스템을 갖추었다. 그러나 새로운 구성에 어려움을 갖고 진행했다. 그 이유
는 축제를 주도적으로 뒷받침 해주던 송만식 팀장이 인사이동으로 부서이
동이 되었던 것이다. 결론은 축제를 주도적으로 책임지고 진행해야 할 중
요한 사람들이 모두 바뀐 것이다. 그나마 송 팀장이 8개월 동안 새로운 김
주무관과 함께 축제 스케치를 다니면서 양성하고 준비시켜놓은 것이 축제
를 이해하는데 많은 도움이 되었다고 본다.

그동안은 1관문 앞을 주 축제장으로 활용해 구성했지만 올해는 전통축제
인 만큼 오픈세트장을 확대해 활용하기로 했다. 오픈세트장은 왕건 촬영

을 위해 고려궁을 중심으로 구성했지만 세종대왕의 촬영 관계로 조선 시대의 모습으로 리모델링되었으며 반영구적으로 광화문, 경복궁, 교태전, 동궁전, 궁궐세트장과 궐내각사, 소주방, 관아, 양반촌, 서민촌 등으로 구성해 건설했다. 나는 왕비가 살던 교태전, 세자가 살던 동궁전, 외부 사신을 맞이하던 궐내각사, 관아, 저잣거리 촌과 주막집의 구성에서 요소에 맞는 조선 문화를 운영하고자 노력했고 도예명장전과 주제관 요장 등의 우수성을 알리는데 중점을 두고 세트장에서 퀄리티 높은 도예명장전 등을 구성, 연출했다.

새로운 팀장과 김 주무관이 함께 의논해 전체 프로그램을 제안해 구성했고 예산 또한 전체 예산을 편성해 제안하면 그 예산을 토대로 적절한 예산 대비 질 좋고 열심히 하는 업체를 추천해 타당성을 조사하고 선정해 직거래하는 방식으로 운영했다.

오픈세트장 사용은 장점도 있지만 운영에 따라 사용하기에 어려운 점도 있었다. 항상 사전설치에 의해 세트장 마룻바닥 보수공사를 해야 했는데 사극드라마와 영화의 촬영스케줄이 축제 전날까지도 진행되었기 때문이다.

문경전통찻사발축제는 조선 시대의 전통 축제인 만큼 조선 시대를 재현하는 의미로 주막집을 원형과 가깝게 재현시키고자 노력했다. 주막집은 문경새재 상가번영에서 4팀 정도를 추첨해 선정한다. 그리고 참여팀에게 교육을 시키며 서민촌 초가부스 주막집을 4구역으로 나누어 다시 추첨해 배분하는 방식으로 했다. 전통에 가까운 김치전, 막걸리 등을 요리할 수 있는 방안을 제시하고 전통 음악과, 복장, 디스플레이를 하도록 지침서를 내려보냈다. 나도 다른 축제를 가면 그 축제 분위기와 맞는 곳에서 식사를 하고 싶어지는 경향이 있기에 전통 음식에 특별히 신경 썼다. 그리고 그 외 초가부스에는 전통문화체험 프로그램으로 대장간 등을 설치해 운영했다. 전문 연기자들을 섭외해 축제장의 현장 분위기를 북돋우고자 했으나 예산의 한계로 전문 연기자를 고용하지는 못했다. 하지만 동아방송예술대학교 연기영화과와 제휴해 연기 지망생 50여 명의 도움을 받을 수 있었다. 그들로 하여금 임금, 왕비 등의 복장을 하고 본 행사장을 순회하도록 했다. 또한 저잣거리 세트장에는 저잣거리를 운영했다. 이렇게 기획, 구성한 축제는 지역민이나 외부 관광객에게는 새로운 분위기의 축제를 볼 수 있는 계기를 만들어 준 것이다. 문경새재 입구 주차장에서 본 축제장까지의 거리는 1.5km 정도라서 노약자를 위한 전기자동차를 운영했고 도자기 구입자를 배려해 전기자동차로 주차장까지 배달하는 서비스를 했다.

나는 수시로 평가교수 등 관련 분들과 축제 담당자들의 축제 식견을 넓혀주기 위해 볼만한 해외축제를 추천하고 벤치마킹 할 수 있도록 안내를 했다.

2010년도에는 담당 부서와 축제 담당자들과 함께 각자 경비로 상해엑스포, 칭다오맥주축제 등을 다녀왔다.

사진 출처: 제이비 컴즈

2011년 문경전통찻사발축제(문화체육관광부 지정 우수축제)

2011년 축제는 '찻사발에 담긴 천년사랑'이라는 주제로 꾸려졌다. 기획 전시는 '찻사발국제교류전', '문경전통도자기명품전', '도예명장특별전', '전국찻사발공모대전', '국제찻사발공모대전'과 당해 처음 선보이는 초등생 및 유치원생 도공전인 '어린이도공전'이 추가되었다. 이외 대표 프로그램으로는 도자기의 재료인 흙을 고르는 과정인 '도자기 광물체험'이 진행되었으며, '망댕이가마 불지피기'와 맥을 같이하는 '망댕이가마 속 체험'을 새롭게 선보였으며 1관문 앞 광장을 축소하고 전 행사 구성을 1관문 뒤와 세트장에서 프로그램을 강화시켰다. 전통을 이어가면서도 차별화된 축제, 화합의 잔치를 만드는 데에 온 힘을 기울었으며 지난해에 참석하지 못했던 도예인들도 모두 참여해 총 33인의 도예인들이 축제에 도움을 주어 호평을 받았다. 이에 중요 무형문화재인 백산 김정옥 선생의 작품 제작 과정도 공개 행사로 진행되었다. 문경 도자기의 제작 과정을 살펴볼 수 있는 문경 도예 명장의 생가 투어도 기획되었다. 축제 일정 중 기상 문제로 총 방문객은 63만 명에 그쳐 총 경제 효과는 150억 원으로 집계되었다. 축제 수익과는 별개로 작년에 이어 참가 부문을 넓혀 진행한 '문경전통발물레경진대회'와 '광물만들기체험'은 방문객들에게 인기를 끌었으며, '발물레경진대회' 상금과 '복찻잔판매전' 등의 수익금을 모두 이웃돕기 성금으로 기증해 지역 사회 각 계층과 화합하는 축제를 만들었다.

∴ 축제 개요
· 기 간 2011. 4. 30.(금)~ 5. 8.(일) 10일간
· 장 소 문경새재 일원(오픈세트장, 도자기 전시관 등)

- **주 최** 문경시
- **주 관** 문경전통찻사발축제 추진위원회
- **후 원** 문화체육관광부, 외교통상부, 중소기업청, 경상북도한국관광공사, 경북관광개발공사, (사)한국차인연합회
- **예 산** 9억4000만 원(국비 1억5000만 원, 도비 1억5000만 원, 시비 6억4000만 원)
- **주 제** 찻사발에 담긴 천년사랑

∴ 축제 프로그램 운영
- **공식 행사** 개막식(19:00), 본 행사, 시상식

사진 출처: 문경시

· **기획전시 행사** 찻사발국제교류전, 문경전통도자기명품전, 전국도예명장특
　　　　　　별전, 전국찻사발공모전, 국제찻사발공모대전, 어린이도공전
· **특별 행사** 문경전통발물레경진대회, 축제발전심포지엄, 찻사발 깜짝경매,
　　　　　　선조도공추모제, 문화퍼포먼스, 국제도자기워크숍
· **체험행사** 망댕이가마 불지피기, 도자기 괭물체험, 망댕이가마 속 체험, 도
　　　　　　자기 빚기, 흙 체험 놀이터, 찻사발 소원달기, 찻사발 모자이크,
　　　　　　찻사발 낚시, 찻사발 골프
· **부대 행사** UCC공모전, 문경야생차덖기체험, 주막거리, 난전 운영

∴ 축제 총감독 스토리

2011년에도 담당 과장과 팀장의 인사이동으로 2010년 축제를 실행한 김
학국 주무관의 주도로 이루어졌고 축제팀장과 과장은 인사이동으로 인해
뒤에서 도와주는 형태로 진행되었다. 2011년의 축제는 1관문 앞 광장의 행
사를 완전히 줄이고 오픈세트장에서 콘셉트에 맞는 축제로 구성했다. 축
제 장소를 세트장으로 이동하면서 조선 문화 행사를 많이 구성해 연출을
진행했다.

국가에서 인정하는 인간문화재가 있고 (사)대한명인회에서 인정하는 명장
인증체제가 있었다. 이때 (사)대한명인회와 함께 작품을 만들고자 했으나
예산의 한계로 시도하지 못했다. (사)대한명인회와 함께 했다면 더 좋은 프
로그램이 실행되었을 것이라는 생각에 아쉬움이 남는다.

주제와 맞지 않는 지역 특산물, 판매장 등은 세트장 밖 통행 도로가에 배
치했고 운영본부는 1관문 뒤 공간 입구에 설치해 축제장의 입구이면서 안
내 역할을 했다. 세트장 내에 전시 테이블을 설치해 전시를 했고 실외에는
가능한 초가로 부스를 만들어 전통 이미지를 만들었다. 세트장 내에는
MQ텐트 등 인위적인 설치물은 가능한 배제하고 기와부스와 초가부스를

설치해 운영했다. 전통 분위기 연출을 위해 전통 분위기와 맞지 않는 것들은 배제해 설치하고 운영한 것이다. 무대 행사로는 문경새재 입구에 있는 야외공연장세트장을 보강해 야간행사로 개막 퍼포먼스 위주로 진행했다. 식후행사는 저렴한 금액으로 라디오 공개방송을 유치해 관객을 유도했다. 개막식은 초청자들과 지역민 등이 참여했고 외지인은 장소 특성상 그렇게 많지 않았다. 그래도 야간 분위기를 살리기 위해 1관문에 전관등을 설치해 볼거리를 만들었고 찻사발과 전통에 근거한 자료로 등을 제작해 길에 설치함으로써 볼거리를 제공했다.

축제장에는 도예인의 삶과 제작과정을 등으로 표현해 설치했다. 등은 세계적인 등 제작도시인 중국 사천성 자공시에서 기술자들을 섭외해 직접 제작, 설치했다. 등 제작에는 두 가지 방법이 있다. 철사 등으로 조형을 만들어 끈으로 연결고리를 묶고 그 위에 한지를 붙여 그림을 그리는 방식과 철사로 모형을 그대로 떠서 용접을 하고 일일이 천 조각을 내어 접착제를 붙

이는 방법이다. 한국의 등은 종이에 그림을 그리는 방식이지만 중국의 등은 철을 정밀하게 조형을 떠서 접착제로 붙이는 방법이다.

축제 평가 기준 중에는 축제의 자립도가 있다. 그래서 자생력 있는 축제로 만들어야 한다는 기획을 가지고 많은 고민을 했다. 문경의 축제장은 특별한 곳이다. 거의 오전 10시 정도에 관광객이 오기 시작해 낮 2시 경에는 관광객이 몰려 움직이기 어려울 정도로 많은 인파가 통행을 하고 오후 6시경이 되면 모두가 빠져 나가는 곳이다. 시내와 떨어진 산속의 세트장에서 축제를 하다 보니 외지인의 비율이 90%가 넘고 오후 5시가 되면 집에 가기 바빴다. 2011년의 개막식, 축제장 입구의 야외공연장, 그날 이곳은 아침부터 비가 내리고 있었다. 비가 내리는 산속 야외공연장에서 흔들림 없이 진행하고 있는 개막식 퍼포먼스 연출 속에, 안개 낀 풍경이 더욱더 분위기를 돋우었다. 이 개막식을 관람한 평가위원들은 개막식 작품이 환상적이었다고 평가했다. 폭우가 쏟아지는 속에서 흐트러짐 없이 진행이 되었고 이렇게 주제 퍼포먼스로 축제에 확신을 준 바람에 2년 만에 우수축제에서 최우수축제로 승격되는 계기가 되었다.

2011년 개막식 퍼포먼스는 비가 내리는 과정에서도 식전행사, 개막식, 식후행사가 끊김 없는 연출로 진행되었다. 전년도에는 야간행사 없이 주간행사만 한 관계로 오후 3시에 개막식을 진행했지만 2011년에는 오후 7시 산자락의 운치 속에서 개막식을 연출했다. 행사가 끝난 후 10시 경에 축제 담당자가 와서 개막식 잘 끝내서 고맙다며 스태프들과 함께 식사를 하라고 식권을 주고 돌아갔다. 아마도 담당자는 개막식 후 관계자들과의 미팅에서 호평을 받아 기분 좋아 성의를 표현한 것이라 생각한다. 작품을 마친 후 기대 이상의 호평을 받는 이런 느낌이 좋아 지금까지 총감독을 하고 연출을 한다. 2011년에는 현장의 사정상 서민촌에 약식 무대를 상설무대로 설치해 지역 공연을 진행했다.

2012년 문경전통찻사발축제(문화체육관광부 지정 최우수축제)

2012년 축제는 '흙, 불, 바람의 어울림'이라는 주제를 가지고 진행되었다. 이날 준비된 행사는 '찻사발국제교류전', 해외에서 작품을 받아 진행되는 '국제찻사발공모전'을 새롭게 선보이면서 한국 문화의 국제화 바람에 한국의 차문화도 함께 신고자 했다. 또한 특별행사로 전통 도예작가의 작품세계를 설명하고 도자기를 빚는 과정을 시연하는 '도예인과의 만남'이 있었다. 2012년 축제에서는 유료입장 방식을 도입해 방문객들이 5천 원의 입장권을 구매 시 동일 금액을 축제장 내부 부스에서 현금처럼 사용 가능한 상품권으로 교환해주어 부스 구매를 유도했다. 또한 많은 사람들이 전통 찻사발을 접할 수 있도록 최대 50% 가량 할인된 제품들을 선보였다. 축제장 내부 공간을 활용해 무대를 설치해 공연과 볼거리를 준비하기도 했다. 또한 국내 녹차 명산지인 경상남도 하동군, 전남 보성군과 협약을 체결해 찻사발 뿐만 아니라 차까지 함께 홍보해 지역 간의 상생을 고려한 점도 눈에 띈다. 축제 기간 동안 총 방문객은 23만 명, 도자기 판매 수익금 17억 원, 지역경제효과는 161억 원으로 지난해보다 모든 수치가 증가했다. 기존 전통문화를 소재로 한 축제의 문제점을 파악하고 축제 기간 중 전국 차인들을 초청하는 '차인의 날' 행사도 곁들여 진행했다.

∴ 축제 개요
· 기 간 2012. 4. 28.(토)~ 5. 6.(일) 9일간
· 장 소 문경새재 오픈세트장
· 주 최 문경시
· 주 관 문경전통찻사발축제 추진위원회

· 후 원 문화체육관광부, 중소기업청, 경상북도, 한국관광공사, 금복주, 농협
　　　　문경지부, STX 리조트
· 예 산 13억5000만 원(국비 3억 원, 도비 3억 원, 시비 7억 원, 자부담 5천만 원)
· 주 제 흙, 불, 바람의 어울림

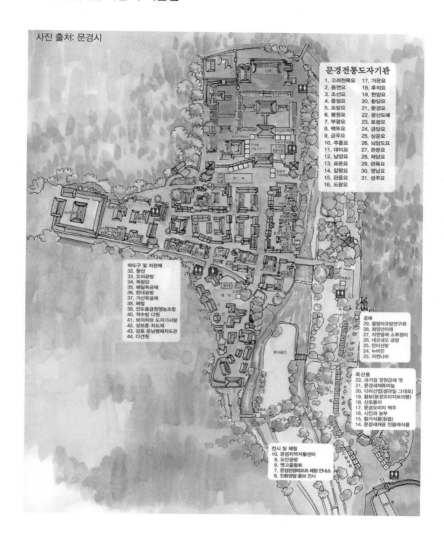

사진 출처: 문경시

문경전통도자기관
1. 고려천목요   17. 가은요
2. 옹연요   18. 후의요
3. 조선요   19. 현암요
4. 종점요   20. 황담요
5. 포암요   21. 문경요
6. 평원요   22. 광산도예
7. 부광요   23. 토광요
8. 백두요   24. 금당요
9. 금우요   25. 삼양요
10. 주흘요   26. 뇌암도요
11. 대미요   27. 관문요
12. 남양요   28. 채담요
13. 포운요   29. 관욱요
14. 강평요   30. 영남요
15. 관음요   31. 성주요
16. 도광요

차도구 및 차판매
32. 황산
33. 오리공방
34. 죽림당
35. 예림목공예
36. 현대공예
37. 거산목공예
38. 해밀
39. 진도물금원영농조합
40. 적수방 다원
41. 보아차와 도자기사랑
42. 성보촌 자도재
43. 강호 운남평해차도관
44. 다견원

공예
29. 물닭미규방연구희
28. 희양산아래
27. 자연염색 소루쟁이
26. 네오네오 공방
25. 안타남방
24. 누비진
23. 자연나라

특산물
22. 과거길 장원급제 엿
21. 문경새재톳마늘
20. 다미산업(생과일 그대로)
19. 황보(문경오미자보리빵)
18. 산모롱이
17. 문경오미자 맥주
16. 시인과 농부
15. 황가식품(화쥬)
14. 문경새재쌀 만들레식품

전시 및 체험
10. 문경지역자활센터
9. 도암공방
8. 옛고을황토
7. 문경관광리조츠 체험 안내소
6. 친환경쌀 홍보 전시

∴ 축제 프로그램 운영

· 공식 행사 개막식(19:00), 본 행사, 시상식

· 기획전시 행사 찻사발국제교류전, 문경전통도자기명품전, 도예명장특별전,
　　　　　　　전국찻사발공모대전, 국제찻사발공모전, 어린이도공전

· 특별 행사 문경전통발물레경진대회, 축제발전심포지엄, 찻사발 깜짝경매,
　　　　　선조도공추모제, 문경문화 퍼포먼스, 국제도자기 워크숍, 도예인과
　　　　　만남, 망댕이가마 불지피기

· 체험행사 도자기 괭물 체험, 도자기 빚기, 망댕이가마 제작 시연, 찻사발 그
　　　　　림그리기, 도자기 흙 체험, 찻사발 낚시, 찻사발 모자이크, 찻사발
　　　　　소원달기, 찻사발 탁본

· 부대 행사 대형 말차 나눔행사, 문경야생차 덖기, 주막거리, 차인의 날 행사

∴ 축제 총감독 스토리

2012년의 축제는 문화체육관광부 지정 우수축제에서 2년 만에 최우수축
제로 승격해 진행되었다.

나는 개막식을 위해 대한민국 최고의 소재와 공연 출연자를 확보해 작품
연출을 한다. 작년에 대한민국 최고의 공연 퍼포먼스팀과 작품을 했다. 감
동을 주었고 최고라는 찬사도 받았다. 그러나 매년 최고의 퍼포먼스팀을
바꿔가며 공연하기란 쉬운 일이 아니다. 그렇다고 개막식에 예산을 많이
사용할 수도 없고 똑같은 공연팀이 다시 나오면 주제 퍼포먼스를 새롭게
구성, 연출해도 비슷한 장르의 퍼포먼스가 나올 수 없다. 매년 대한민국
최고의 퍼포먼스팀을 찾아 구성, 연출해야 하는 것이 연출자들에게는 커다
란 스트레스다. 그러나 다른 지자체 축제팀들이 "감독님 정말 좋았습니다.
환상적입니다"라고 말하며 총감독으로 선정하는 경우도 있는 만큼 개막식
공연은 중요하다. 문경전통찻사발축제도 2009년 개막식의 연출작품과 운

영 능력을 보고 나서야 총감독으로 인정하고 총감독으로 활동할 수 있도록 열심히 지원해 주었던 것 아닌가?

매년 연출을 하다보면 작년 개막식에 참석한 사람들은 작년에 감명있게 퍼포먼스를 본 것을 기억하며 올해 개막식도 기대 심리를 갖고 관람한다. 그리고 관람 후 "감독님 작년보다 개막식 연출이 못한 것 같아요, 이젠 능력에 한계가 왔나 봐요" 라고 나름대로 관람평가를 한다. 이런 말을 들으면 자존심이 상하고 모멸감은 극에 달하며 감독이 받는 스트레스는 어마어마하다. 연출과 진행은 다르다. 대다수 지자체에서 개막식 연출하는 것을 진행과 같은 개념으로 인식하고 있다. 아니 축제 담당자들 대다수가 연출이란 것을 이해 못하는 경우가 많다. 그냥 무대 위에 공연팀 올리고 진행하면 연출이라고 생각을 하는 담당 공무원이 많다.

단지 매끄러움의 차이가 있을 뿐 진행은 누구나 할 수가 있다. 축구 경기로 예를 든다면 초등학교 축구 경기나 대학교 아니 국가대표 축구 경기도 똑같은 축구 경기이다. 그러나 레벨과 퀄리티의 차이는 비교할 수 없을 정도로 크다. 연출 또한 같은 상황이라고 볼 수 있다.

나는 야간 개막식 연출작품은 최대한 축제가 실행될 정시에 맞춰 전날 출연진과 시나리오와 스태프를 그대로 갖추어 함께 리허설을 한다. 그게 나의 지론이고 작품에 대한 자존심이다. 야간 행사의 최종 리허설을 주간에 하는 것은 아니라는 생각이다. 또한 행사 몇 시간 전에 리허설 몇 번하고 최고의 작품을 만든다는 착각도 이상한 것이라고 본다. 극한 상황에서 리허설을 제대로 못하거나 아예 할 수가 없는 현장의 경우도 있다. 이런 경우는 스태프와 미팅을 반복해 실행처럼 리허설을 한다.

지금까지 개막식 연출 후 대다수 지자체 담당자들에게 극찬을 받아왔다. 행사장을 지나가면 주위에서 개막식을 감동으로 봤다는 칭찬들을 듣거나 막걸리 한잔하고 가라는 인사도 많이 받는다. 그러나 지금은 개막식 무대

행사에 예산을 많이 사용하지 않는다. 가수 공연도 가능한 제외하고 그 축제의 주제를 살려 최저의 예산으로 주제 퍼포먼스를 만들고자 노력한다. 2012년에는 야외 공연장에서 오후 7시에 개막식을 진행했다. 주간 행사는 광화문 앞 광장에 터를 닦아 무대를 설치해 지역 공연을 축제기간 상설로 운영했다.

처음 총감독의 운영 방식을 택하는 공무원은 총감독에 대한 필요성과 업무의 역할 등에 대해 분석을 하고 선정한다. 기본계획과 예산 등 전반적인 변화를 시도하기 위해 기존의 자료와 전체 예산서를 모두 보내주고 함께 작성한다. 그러나 담당이 바뀌면 새로운 축제 담당자들은 축제에 총감독이 왜 필요하고 어떻게 진행해야 하는지에 대해 분석도 하지 않고 참여한다. 그 과정에서 총감독의 역할에 대한 이해 부족으로 함께 만드는 체제가 아니라 대행사 취급을 받아 제대로 운영을 못하는 경우가 있다. 문경전통찻사발축제에서도 2009년~2011년에는 전체의 예산이 넘어와서 전

사진 출처: 제이비 컴즈

체 기본계획을 세우면서 함께 만들어갔지만 담당자들이 바뀌면서 전체 예산이 넘어오지 않고 점점 역할이 정해진 상태에서 넘어오는 상황이 되었다.

축제 담당자들은 총감독에 대한 인식과 어느 부분을 어떻게 함께 만들어야 하는지에 대한 이해를 해야 한다. 총감독 체제에 대한 인식을 제대로 하지 못하면 입찰 제도로 다시 회귀하는 경우가 나온다. 이벤트성 축제와 관광산업형 축제에 대한 이해 폭이 적은 데에서 생기는 현상이라고 본다.

2013년 문경전통찻사발축제(문화체육관광부 지정 최우수축제)

2013년 축제는 '찻사발에 담긴 전통, 그 깊은 울림!'(사토에서 찻사발까지)라는 주제로 찻사발이 완성되기까지의 시대적·물리적 과정을 함축적으로 담았다. 기획전시는 예년과 같이 '문경전통도자기명품전'을 진행했으며, 새롭게 추가된 '창작 사랑 찻사발 콘테스트', '찻사발 스쿨' 체험행사와 놀이 형식으로 배울 수 있는 '찻사발 스토리텔링' 등이 돋보였다. 또한 이번 축제에서는 도자기 퀵 서비스를 운영해 축제를 찾은 방문객들의 편의를 개선했다.

기존 프로그램의 내용을 보강하고 찻사발 제작의 전반적인 과정과 그 속에 담긴 본질적인 이야기를 들을 수 있는 '찻사발 스토리텔링', 가족·친구·연인들과 함께 찻사발을 만드는 '사랑 찻사발 콘테스트' 등의 새로운 프로그램 개발에도 힘써 좀 더 내실 있는 축제로 도약해 2014년 대한민국 대표축제 선정의 목표를 확고히 했다. 당시 3회째를 맞이하는 '문경전통발물레경진대회'는 해가 거듭될수록 참가자가 늘어나고 관심이 증가해 명실상부한 축제의 대표 프로그램으로 자리를 잡아가고

사진 출처: 문경시

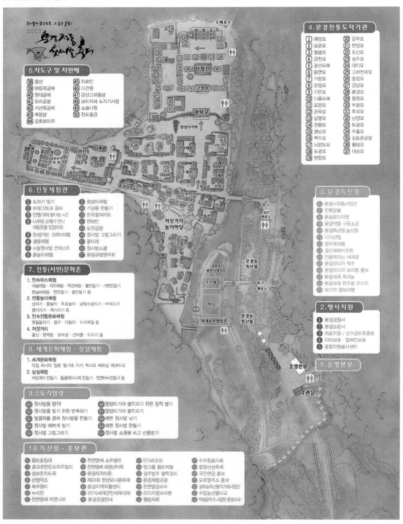

있었다. 또한 축제를 진행하는 세트장 부지까지 셔틀버스를 추가해 축제를 방문하는 관람객들의 편의를 개선했다.

∴ 축제 개요

· 기 간 2013. 4. 27.(토) ~ 5. 5.(일) 9일간
· 장 소 문경새재 오픈세트장
· 주 최 문경시
· 주 관 문경전통찻사발축제 추진위원회
· 후 원 문화체육관광부, 중소기업청, 경상북도, 한국관광공사,
　　　　한국지역진흥재단
· 예 산 11억7300만 원(국비 3억 원, 도비 3억 원, 시비 4억 원, 자부담 1억7300만 원)
· 주 제 찻사발에 담긴 전통, 그 깊은 울림!(사토에서 찻사발까지)

∴ 축제 프로그램 운영

· 공식 행사 개막식(14:00), 시상식
· 기획전시 행사 문경전통도자기명품전, 도예명장특별전, 전국찻사발공모대
　　　　　　　전, 어린이도공전, 찻사발국제교류전, 국제찻사발공모전
· 특별 행사 선조도공추모제, 축제발전심포지엄, 문경전통발물레경진대회,
　　　　　　찻사발 깜짝경매, 망댕이가마 불지피기, 국제도자기 워크숍,
　　　　　　문경문화 퍼포먼스
· 체험행사 도자기 괭물체험, 창작 사랑 찻사발 콘테스트, 망댕이가마 속
　　　　　　체험, 찻사발 스쿨, 찻사발 스토리텔링, 찻사발 그림그리기,
　　　　　　찻사발 모자이크, 찻사발 탁본
· 부대 행사 문경 특산물관, 대형 말차 나눔행사, 문경야생차 덖기, 차인의
　　　　　　날 운영 등

∴ 축제 총감독 스토리

2013년 문경찻사발축제를 이끌어가는 조직이 또 한번 모두 바뀌었다. 잦은 인사이동이 문경만의 일은 아니지만 자주 바뀌는 인사이동 때문에 축제의 새로운 구상에 대한 어려움이 있다. 축제의 발전을 저해시키는 부분이라고 본다. 그나마 다행인 것은 담당자들이 축제 진행을 전적으로 지원해주었다는 것이다.

5년 동안 총감독을 하고 있는 상황이라 절대적인 신뢰가 생겼다고 생각한다. 2013년에는 개막식 장소와 주간 무대 공연을 새롭게 행사장 안으로 넣고자 했다. 2012년에도 실행하려 했으나 여건상 못했다. 축제장의 입구 도로와 세트장과 사이에 있는 밤섬에 터를 닦고 무대를 설치해 밤섬을 활용하는 동선을 구성했다. 무대 이전으로 개막식도 야간에서 주간으로 옮겨 오후 2시에 열었다. 작품 연출은 주간보다 조명 등을 활용한 야간이 수월하다. 주간의 퍼포먼스 연출은 야간보다 집중이 떨어지고 산만한 면이 있기 때문이다. 그래서 전년도와 비교되지 않을까하는 우려 속에 연출을 진행했다. 나는 그럭저럭 무탈하게 연출한 것 같아 다행이라 생각하고 있었는데 주변에서 최고의 개막식 작품 연출이었다는 극찬의 평가를 해주어 마음 한편으로 안도를 했다.

그동안 총감독하면서 글로벌 축제로의 도약을 위해 항상 새로운 변화를 시도했으나 축제 담당자들이 매년 바뀌는 운영 조직 시스템 때문에 축제 운영에 의견과 소통의 한계 부분은 어쩔 수가 없었다. 2013년에도 갑작스러운 축제팀장, 주무관이 인사이동으로 인해 전반적인 축제 연속성과 변화에 개혁적인 시도는 어려웠다. 4년 동안 주축이 되어 이어온 총감독의 연출과 함께 일부분 변화 속에 행사를 마무리 했다. 언젠가 2009년의 송만식 팀장 같은 소신, 열정, 개혁적인 추구, 오픈된 마인드 등을 가진 분이 와서 또 한번 개혁적인 변화를 시도해 진정한 글로벌 축제로 도약하기를 바랄

뿐이다.

처음 총감독을 선정하기 위해서는 많은 담당자들이 총감독과 입찰 및 자체 진행에 따른 방법에 대해 많은 비교 분석을 한다. 총감독 체제에 대해 확실한 인식 속에 총감독의 경력을 확인하고 신뢰할 수 있는지를 재차 검토한다. 그런 과정을 거쳐 총감독을 위촉하고 축제를 함께 만들어 가기에 한번 선정되면 지속적으로 진행된다.

그러나 내가 총감독을 지원하거나 수행하면서 어려움을 느끼는 경우는 크게 두 가지이다. 첫째는 후임의 인사이동으로 인해 축제의 방향성이나 총감독에 대한 인식 부족으로 일괄입찰제도를 선호해 총감독 체제를 그만두는 경우이다. 둘째는 단체장과 아는 관계자가 단체장에게 부탁을 해 단체장이 총감독을 선정하는 경우이다. 나의 경험상 지속적으로 총감독을 하다가 제외되는 경우는 거의 이 두 가지 상황이었다.

어떤 축제에서는 단체장의 선거캠프들이 축제에 나눠 먹기 식으로 참여해

사진 출처: 제이비 컴즈

진행되는 특별한 경우도 보았다. 2013년을 마지막으로 2014년 문경전통 찻사발축제에서 내가 물러나면서 축제 총감독 경험이 없는 사람이 총감독을 맡았다. 어떻게 축제 전문 감독을 제외시키고 총감독 경력이 없는 자를 선정했는지 이유를 모르겠다. 비리가 있다는 언론 기사들로 인해 공무원 비리 조사가 시작되었고 나는 5년 동안 축제를 총감독했었다는 이유로 오랫동안 참고인 조사를 받으면서 많은 스트레스를 받았다. 결론은 공무원 비리 문제가 없는 것으로 해결되었으나 그 과정에서 오랫동안 조사를 받은 나는 시간적, 정신적 및 물질적으로 많은 피해를 보았다. 잘 해오던 축제 감독에서 물러난 것도 속상했지만 그로 인해 어수선한 시기를 보냈다.

2017년 문화체육관광부 지정 대표축제로 승격되었다. 축하드린다. 지속적인 대표축제로 유지하기 위해서는 부족한 몇 가지를 보완해 진정한 대표축제로서 자리 잡기를 바라며 또한 글로벌 축제로 도약할 수 있도록 알찬 프로그램 구성과 연출을 했으면 하는 바람이다.

나는 축제에 총감독 체제를 처음으로 도입했다. 나 역시 1995년대에는 총감독이란 체제보다는 대행사 체제로 운영했다. 그러나 축제를 본격적으로 진행하면서 진정한 관광산업형 축제는 대행사 체제로는 발전할 수 없다는 것을 느끼게 되었다. 그러면서 전문가의 길을 가느냐, 사업가의 길을 가느냐에 대한 갈등과 회의를 느꼈다.

돈을 벌기 위해서는 대행사 체제로 가는 길이 맞다. 그러나 축제의 구성, 연출 작품을 위하고 축제의 본질을 지키려면 총감독 체제에서 전문성을 가지고 가야 한다. 그러한 갈등 속에 사업가의 길을 접고 축제 전문가의 길, 즉 총감독으로 나아가기로 결정했다. 그 후 축제 현장에 총감독 체제를 도입시켰으며 이를 더욱 굳건히 하기 위해 JB축제연구소를 설립해 지금까지 운영해 오고 있다.

문경전통찻사발축제가 더 크게 도약하려면

문경전통찻사발축제의 현장 여건은 좋다. 하지만 외부 관광객의 비율이 90% 이상 되는 축제로 문경 시민의 참여율은 높지 않은 편이다. 현재는 도예인들이 주축이 되어 진행되고 있어 도예인의 축제이지 문경시민축제가 아니라는 말도 나온다. 문경은 옛길 천년의 전통문화 길을 보유하고 있다. 또한 사극 세트장이 반영구적으로 건설되어 대다수 사극은 문경 오픈세트장에서 진행하고 관광명소로서 활용하고 있다. 문경새재 길 주변에는 다양한 관광지와 레포츠가 있다. 관광객은 일탈을 원한다. 그러나 찻사발의 전시 판매는 마니아 또는 정적인 분위기로서 즐거움을 주는 반면 일탈 면에서는 부족하다. 문경전통찻사발축제는 관광지로서 손색이 없는 환경 여건을 갖춘 축제이기에 읍, 면, 동의 지역민의 공감대 형성을 끌어내고 시민과 함께 전통문화의 킬러 콘텐츠를 만들어 낸다면 대한민국 메이저 축제로서 관광산업형 상품을 만들어 낼 수 있을 것이다.

일괄입찰로 대행사를 선정해 운영하면 연속성과 지속성이 없고 지역 인프라를 육성하지 못한다. 대행사의 위탁 비율이 커진 만큼 지역의 정체성이 사라져 지역민의 외면을 받게 되고 관내 공무원 또한 관심도가 떨어지기 마련이다. 콘텐츠 또한 매년 똑같아 달라진 게 없다는 평가를 받게 된다. 즉 관광콘텐츠보다는 이벤트성의 축제 공연, 전시·판매 위주의 축제로 진행되고 있다는 것이다. 장소와 환경여건 등은 대한민국 메이저급이다. 그러나 지역민이 만들어내는 분명한 콘텐츠와 지역 인프라를 육성하지 못한다면 관광산업 축제로서 외면을 받을 수 있다. 축제 관계자가 이벤트성 축제와 관광산업형 축제를 구별할 수 있는 마인드를 갖고 관광산업형 축제를 향한 길에 대한 인식을 정확히 할 때 대한민국을 이끌어가는 대표축제로서 자리 잡을 수 있을 것이다.

02 박종부가 총감독한 무주반딧불축제

전라북도 무주군은 충청남도, 충청북도, 경상남도, 경상북도, 전라북도 등 5개 도가 만나는 중심에 위치해 있는 총인구 2만여 명 규모의 군이다.

무주군은 국립공원인 덕유산을 중심으로 사계절이 아름답기로 유명하다. 소백산맥을 기준으로 삼한 시대 때 동쪽은 변지, 서쪽은 마한에 속해 있었고, 삼국 시대에는 변진의 무풍 땅은 신라에 속해 무산현이라 했으며, 마한의 주계 땅은 백제에 속해 적천현이라 불렸으나 통일신라 이후에는 무산을 무풍으로, 적천을 단천으로 개칭했다. 이후 고려 시대에 단천을 다시 주계로 바꾸었다. 조선 태종에 이르러 무풍과 주계가 통합되어 무주현으로 개칭되어 지금의 지명을 얻었다. 무주의 주요 관광명소로는 구천동 33경으로 불리는 라제통문 등이 있으며 주산업은 농·과수업으로 사과, 배, 고추, 느타리버섯 등이 유명하며 이에 사과축제, 머루축제 등을 개최하고 있다. 군의 심벌은 자연과 인간을 주제로 지역의 깨끗한 환경을 무공해 청정지역이라는 브랜드화를 통해 지역의 우수성을 드러낸다.

무주반딧불축제는 1997년도부터 시작된 국내 최초 생태환경축제로서 청정 환경의 지표 곤충인 반딧불이 보호와 '깨끗한 무주, 부자 되는 군민'의 로하스(Lifestyles Of Health And Sustainable) 군정을 실현하고자 한다. 맑은 물, 깨끗한 공기, 오염되지 않은 대지의 청정 환경에서만 자생하는 반딧불이를 보존하기 위해 자연훼손과 환경을 파괴하지 않고 인간과 자연이 공생하는 지속 가능한 발전을 추구하며 서로의 가치를 느끼고 학습할 수 있는 기회를 마련하고자 한다. 국제심포지엄 개최 등 학술 및 환경관련 프로그램을 진행함과 동시에 단순한 인간 중심의 자연보호 활동을 넘어 인간이 자연 속에 동화되는 삶의 터전을 만들고자 한다.

무주의 고유한 문화와 전통에 기초해 지역주민이 직접 준비하고 농경·산골의 문화자원들이 축제장에서 시연·재연되어 관광객과 함께 참여하며 학습해 나가는 것을 목표로 한다. 무주군은 이와 같은 일련의 활동들을 통해 무주라는 브랜드와 이미지를 타지에 소개하는 자리가 되고자 축제를 개최한다.

나는 1999년 이전까지 서울 주변의 축제들을 총감독했고 지방의 축제를 전문적으로 총감독하기 시작한 것은 그 이후다. 1999년 1월에는 태백산눈축제를 총감독했고 그때 당시 문화체육관광부 지정 예비축제였던 대관령눈꽃축제를 총감독했다. 오랫동안 방송연출과 방송전문 대행을 해왔기에 방송에 대한 많은 노하우가 있었고 그런 이유로 개혁적인 사고를 가지고 있던 김옥배 주무관을 만났다. 김옥배 주무관은 밴드 음악을 하던 분으로 음악과 방송에 조예가 깊고, 공연 등에 대해 공유하는 점이 많았다. 그때 당시 김세웅 군수님은 항상 새로운 것을 추구했고 지방 축제에서 탈피해 모든 것을 중앙과 연결해 대한민국의 메이저 축제 더 나아가 글로벌 축제로의 도약을 꿈꿨다. 군수님은 지방 축제이지만 모든 부분을 대한민국 최고만을 선택하길 원했고 내가 당시 프로농구 올스타전 등의 생방송 연출과 방송전문대행사를 하고 있었기에 저비용으로 큰 효과를 낼 수 있다는 것에 대해 큰 기대감을 가지고 있었다. 나는 2천만 원의 비용을 받고 총감독으로 위촉되어 축제를 함께 하게 되었다. 이를 계기로 나는 2000년부터 2008년까지 무주반딧불축제 총감독으로 일했다.

2000년 무주반딧불축제

제4회 무주반딧불축제에서는 모든 프로그램들을 '호(好) 반응, 고(高) 경제파급, 관광객 유입, 참가자 배려'에 초점을 맞추어 전략적인 프로그램들을 기획했다. 호(好) 반응 프로그램과 고(高) 경제파급 프로그램 등의 대회를 전국 규모로 개최했다. 또한 지역주민들의 적극적인 홍보 활동으로 관광객들의 관심을 끌었다. 다양한 가족 단위 프로그램들이 호평을 받아 무주반딧불축제의 위상을 높였다. 특히 이 해에 처음 구성한 '반딧불이 생태체험관'은 초가집 모양으로 조성해 관람객들에게 '형설지공'의 분위기를 느낄 수 있게 했다.

∴ 축제 개요

제4회 무주반딧불축제(문화관광부─새천년밀레니엄축제)

· 주제 반딧불이의 신비, 무주의 신비, 자연의 신비

· 부제 축제의 숨결(하늘), 아름다운 대지(땅), 천년의 물결(물)

사진 출처: 무주군 자료집

· 개최 연도 1997년
· 기간 2000. 6. 10. ~ 2000. 6. 14.(5일간)
· 주최/주관 무주군/무주반딧불축제제전위원회
· 장소 한풍루, 공설운동장, 남대천, 반딧불이 서식지
· 축제 프로그램 반딧불이 신비탐사, 다슬기 방사, 반딧불이 생태관, 반딧골 사랑 자전거 달리기, 반딧불이 되살리기 세미나, 환경농업 세미나, 환경정책 세미나, 반디환경 발명품 전시회, 환경사랑 가족실천 가족건강 걷기대회와 환경웅변대회, 환경그림그리기대회

∴ 축제 총감독 스토리

나는 무주에서 총감독으로 참여해 전반적인 프로그램 계획을 세웠다. 군수님이 메이저 축제로 도약하기를 원하고 있는 상태에서 나는 개막식 축하공연은 인천방송 TV와 연결해 1500만 원에 가수 15개 팀과 예고 스파

사진 출처: 무주군 자료집

트 30회를 내보냈다. 예고 스파트가 나가면서 전국에서 축제에 대한 문의가 왔다. 그때 당시 인천방송이 박찬호 야구를 중계하고 있는 터라 야구시간에 축제 CM광고가 나가면 광고 효과가 아주 높았다. 마지막 날은 SBS 라디오와 2천만 원에 연결해 가수 문희준 등 15명 정도를 섭외해 폐막 축하공연을 진행했고 전국에서 팬클럽들이 버스를 대절해 오는 분위기를 만들어냈다. 전국어린이동요제는 EBS와 연결해 전국방송을 하는 방식으로 퀄리티를 높였다. 전국반딧불가요제를 만들어 JTV 라디오와 연결함으로써 인기를 끌었다. 전체의 기본구성에 따라 배분된 실·과·소를 찾아다니면서 전체 운영안과 큐시트, 시나리오 및 연출계획 만들어 전체가 하나의 작품으로 연결될 수 있도록 했다. 무주반딧불축제의 개막식은 거의 도민

사진 출처: 무주군 자료집

체전 개막식 수준으로 진행되었다. 사전행사, 퍼레이드, 식전행사, 개막식 및 개막 퍼포먼스, 축하공연 등으로 구성하고 연출했다. 나는 무주 공무원들을 대동하고 KBS, MBC, SBS 등 방송사들을 찾아다니면서 함께 홍보를 지원하기도 했다. 전반적으로 중앙의 노하우로 변화를 꾀하며 퀄리티를 높였다. 신속한 일처리와 직거래로 예산을 절감시켜 주었고 전체의 기본계획부터 함께 만들면서 조화로운 연결 속에 연출을 한 관계로 분에 넘치는 칭찬과 인정을 받아 그 후 2008년까지 무주에서 시행하는 거의 모든 이벤트 행사를 연출했다. 행복한 시기였다.

2001년 무주반딧불축제

∴ 축제 개요

제5회 무주반딧불축제(문화체육관광부 지정 우수축제)

· 주제 희망의 빛을 세계에, 꿈의 빛을 온누리에

· 부제 축제의 숨결(하늘), 아름다운 대지(땅), 천년의 물결(물)

· 기간 2001. 8. 25. ~ 2001. 8. 29.(5일간)

· 장소 한풍루, 공설운동장, 남대천, 반딧불이 서식지

· 축제 프로그램 반딧불 번성 기원제 및 다슬기 방류, 국제환경세미나, 형설지공 마당극, 반딧불신비탐험, 형설지공 체험의 장, 반딧불이 되살리기 서명운동, 대한민국환경사진공모전, 자연생태사진전, 밀렵도구 전시, 반딧불시화전

∴ 축제 총감독 스토리

2001년의 반딧불축제는 담당 공무원들이 부일기획과 함께 하고자 했으나 다른 기획사에 대행을 맡기게 되었다. 그 대행사에서 총감독으로 내정되어

온 분들은 평소에 잘 알고 있었고 서로 교류도 하는 사이었다. 대행사는 인지도 있는 이벤트사였다. 그러나 현장에서 산전수전 다 겪은 나의 일하는 방식과 노하우, 방송사 섭외력 등에서 업무적인 차이가 너무 많이 났다. 나는 기본계획서를 작성하고 배분된 단체나 실·과·소를 찾아다니면서 일하는 스타일이나 그 기획사는 금액이 산정된 내용만 실행하려는 마인드라 나와는 운영 스타일이 다른 관계로 무주에서 불신과 불화 속에 행사를 마무리 하는 상황이 된 해였다.

2002년 무주반딧불축제

대전-진주를 잇는 고속도로의 개통으로 인근 도시와 경남권 관광객들의 접근성이 높아져 무주가 가진 산골 오지의 이미지를 개선하는 데에 큰 도움이 되었다.

축제에 참여하는 관람객들이 환경에 대해 천천히 알아갈 수 있는 프로그램을 구성하면서 축제 일정에 따라 다양한 프로그램을 구성했다. 이외 날짜에 상관없이 상설로 운영된 '반딧불이 되살리기 서명운동' 행사를 했다. 반딧불이 생태에 대한 적극적 홍보 및 온라인 홍보 강화, 관람객들에게 행사 참여에 대한 메리트를 상정 및 구체적 참여 프로그램 기획, 환경보존에 대해 쉽게 접근할 수 있는 프로그램 개발, 체험과 교육의 이중성을 내포하는 행사로서 살아 있는 자연의 학습장으로의 유도, '무주반딧불축제 환경사진전'을 사후 피드백 행사로 전환해 축제가 끝나도 축제에 대한 기억을 떠올릴 수 있게 했다. 전체적으로 남녀노소가 즐길 수 있는 프로그램을 구성하고, 볼거리와 참여행사를 유치해 젊은 청소년들을 위한 오락거리, 볼거리 공연, 참여행사, 외국인들을 위한 한국의 토속적인 행사, 전 국민을 위한 테마 행사, 지역 주민들을 위한 볼거리 행사, 교육적 내용을 담은 행사를 준비해 전 세대를 아우르는 홍보효과를 얻고자 했다.

∴ 축제 개요

제6회 무주반딧불축제(2002년 한국방문의 해 문화관광부 지정 축제)

· 주제 자연주의가 좋다. 반딧불이와 함께

· 부제 축제의 숨결(하늘), 아름다운 대지(땅), 천년의 물결(물)

· 기간 2002. 8. 23. ~ 2002. 8. 27.(5일간)

· 장소 지남공원, 공설운동장, 남대천 수변공원, 반딧불이 서식지

· 축제 프로그램 천연기념물 어름치 방류, 반딧불 되살리기 촛불시가행진, 전국 환경종합예술대전(웅변, 글짓기, 사생대회, 표어공모 등), 찾아가는 반딧골 영화제, 반딧불이생태관, 반딧불이 자연학교 탐방

사진 출처: 무주군 자료집

2002년에 다시 무주반딧불축제 총감독으로 선정되었다. 2002년에도 전년의 기획사가 들어왔지만 담당 공무원들이 거부하고 나를 선택했다. 나는 방송사와 연결해 새로운 프로그램을 만들었고 세련된 개막식 연출 등으로 인정을 받았으며 구관이 명관이란 칭찬을 들었다.

2002년에는 전북 최초로 군단위에서 도민체전이 진행되었다. 나는 도민체전 총감독으로서 개·폐막식의 전반적인 기획, 연출과 함께 전야제 방송을 유치했다. 당시 전야제는 전주 KBS와 녹화방송으로 6000만 원에 구두계약이 되어 있었다. 그 상황에서 나는 방송국을 찾아가 생방송의 우수성을 강하게 유도해 녹화방송을 생방송으로 돌리고 6000만 원의 예산 또한 4000만 원으로 계약할 수 있게 해 주었다. 나는 그때 방송에서만 2000만 원의 예산을 줄여주었으니 총감독 비용은 이것으로 벌어준 것이고 나머지는 덤으로 행사를 지원해 주는 것이라고 농담을 했다. 무주에서 지역 인프라가 없는 상태에서 적절하게 외부 공연 등을 연결해 성황리에 도민체전을 마무리 했다.

2003년 무주반딧불축제

축제의 대표 프로그램인 '반딧불이 신비 탐험'과 '생태체험관'을 전년보다 보완했다. 올해의 새로운 프로그램으로는 무주와 한국의 전통식품을 알리고 다양한 미디어를 활용해 환경보호에 대해 알리는 '멀티미디어 캠프' 등의 이벤트를 특별히 구성했다.

행사기간 동안 반딧불이가 많이 발견되는 지역으로 매일 저녁마다 무료 셔틀버스를 운행해 반딧불이를 보기위해 축제를 방문한 관람객들에게 편의를 도모했다.

∴ 축제 개요

제7회 무주반딧불축제(2003년 문화체육관광부 지정 우수축제)

· 주제 자연주의가 좋다, 반딧불이와 함께

· 부제 축제의 숨결(하늘), 아름다운 대지(땅), 천년의 물결(물)

· 기간 2003. 8. 22. ~ 2003. 8. 30.(9일간)

· 장소 지남공원, 공설운동장, 남대천 수변공원, 반딧불이 서식지

· 축제 프로그램 전국환경종합예술대전, 패러글라이딩대회·환경마라톤대회, 반딧골영화제, 민속놀이경연, 추억의 애니메이션, 반딧불동요제, 반딧불가요제, 반딧불이 신비 탐험과 생태체험관, 제1회 무주전통식품 한국대전

∴ 축제 총감독 스토리

2003년에는 무주반딧불축제를 준비하면서 해외 반딧불축제를 벤치마킹하

사진 출처: 무주군 자료집

라는 군수님의 지시가 내려와 우리는 축제 관련 공무원 20여 명과 함께 일본 반딧불축제를 스케치하기 위해 오사카 주변에 있는 반딧불축제마을을 다녀왔다. 그때 당시 일본의 반딧불축제는 60여 년의 역사가 이어져 오고 있었다. 일본 또한 산업화로 인해 환경이 파괴되어 반딧불이 사라지는 상황에서 반딧불축제를 만들었다고 한다. 산의 계곡으로부터 이어져 내려오는 하천의 굴곡과 유속, 깊이를 고려해 반딧불이를 살게 한 결과 축제기간에는 수십만 마리가 축제장을 덮어 장관을 이룬다고 한다. 축제기간 동안에는 집집마다 상점을 개설하는데 멀리 고향을 떠나 살고 있는 출향인사들도 휴가를 내어 동참한다. 출향인사들은 부스 등의 운영에 참여를 하는가 하면 현(군 단위)의 지역민이 모두가 참여하는데 의의를 두고 돈을 기부한다고 한다. 바로 지역민 모두가 참여에 의미를 두고 함께 만들어가는 축제의 모습이다.

이것이 진정한 축제의 모습이 아닌가? 우리나라에서는 자원봉사로 참여하는 일부 사람들이 벼슬을 한 것처럼 유세를 부리는 경우가 있다. 아직까지 자원봉사의 순수한 참여의식이 우리에게는 부족한 면이 있다고 본다. 이러한 문화의식이 성숙되어야 축제의 발전에 큰 역할을 할 것이다.

대한민국 축제는 국비, 도비, 지방비(시비, 군비, 구비)와 기타 금액으로 이루어진다. 그러나 일본은 순수 민간단체에서 적은 금액으로 진행된다. 즉 홍보예산 등의 낭비되는 예산은 거의 없다. 현수막 등과 지역 언론사, 방송사에 배정되는 예산이 없고 외부의 공연비용도 거의 없다. 오랫동안 지역민이 순수성을 가지고 참여해 아기자기한 지역 공연으로 이끌어가는 축제로 정착되어 있다. 우리나라에서 5억 원의 예산으로 하는 축제를 일본에서는 1억5천만 원 정도에 축제를 이끌어간다. 우리나라도 나누어 주기 식의 예산배분이 아니라 축제에 대한 순수성을 가지고 지역민이 참여해 함께 만들어 갈 수 있는 시대가 빨리 오기를 기다린다.

2004년 무주반딧불축제

주제 '자연주의가 좋다, 반딧불이와 함께', 부제 '생명평화의 불빛, 반딧불이와의 아름다운 추억'으로 개최되었다. 무주반딧불축제의 인기 프로그램인 '반딧불이 관찰 탐험'과 '자연학습생태관' 등 익숙한 프로그램을 비롯해, 환경파괴에 대한 영화를 상영하는 '영화제', '환경마라톤' 등의 환경보호 성격을 띠는 프로그램들도 관람객을 기다리고 있다. 이 해에는 새로운 프로그램으로 점점 사라져가는 우리나라의 전통 장인 기술을 보존하기 위해 '무주 전통공예 한국대전, 전통식품 한국대전' 등을 선보였다. 또한 친환경 농업세미나, 생명평화 심포지엄 등의 환경보호와 관련된 이벤트를 기획해 축제를 찾는 관람객들에게 환경보호에 대한 시사점을 던졌다. 무주를 찾은 관광객 60만 명, 경제 효과 83억 원. 반딧불축제의 특성상 야간에 진행되는 프로그램이 많아 축제를 찾은 관람객 대부분이 무주에서 1박을 해야 하기 때문에 주변 상권에 경제적 효과가 크다. 또한 반딧불이가 밀집한 청정지역이라는 이미지로 소비자들에게 무주 농산물의 신뢰성을 높였다.

∴ 축제 개요

제8회 무주반딧불축제(2004년 문화체육관광부 지정 우수축제)

· 주제 **자연주의가 좋다, 반딧불이와 함께**

· 부제 **생명평화의 불빛, 반딧불이와의 아름다운 추억**

· 기간 **2004. 8. 20. ~ 2004. 8. 28.**(9일간)

· 장소 **지남공원, 공설운동장, 남대천 수변공원, 반딧불이 서식지**

· 축제 프로그램 **'무주 전통공예 한국대전, 전통식품 한국대전'에서 전통 공예, 전통 요리**

∴ 축제 총감독 스토리

오랫동안 동계올림픽 개최지와 태권도공원 유치를 위한 전반적인 이벤트 기획, 연출을 했다. 2004년에는 태권도공원의 유치를 염원하는 소림사공원 등을 접목시켜 구성했고 곤충반디랜드와 연결한 상품을 개발해 운영했다. 또한 예체문화관과 읍내로 축제를 집어넣기 위해 군청 앞마당까지 무대를 설치해 운영했으며 축제장은 점차 확장해 가는 시스템을 갖추었다. 2004년에는 거리 공연을 강화시켜 운영했다. 또한 기본적인 개막식과 형설지공, 곤충전시체험, 동요제, 가요제, 반딧불축구 등 여러 프로그램을 고정으로 정해놓고 그 외 프로그램들이 때와 장소의 이동에 따라 부분행사가 진행된다. 남대천에서는 항상 섶다리 전통혼례 퍼포먼스와 상가 퍼포먼스 등이 이루어지며 송어잡기와 뗏목타기 등의 프로그램이 진행되었다. 무주반딧불축제는 반딧불탐사가 킬러 콘텐츠이며 야간 행사로서 숙박형의 체류로 연계되는 축제로 구성했다.

사진 출처: 무주군 자료집

박종부의 축제 현장 스케치

무주에서는 동계올림픽을 유치하려고 노력했다. 강원도에서는 도차원에서 유치를 준비했지만 전북 무주에서는 도차원이 아니라 거의 군에서 열정을 보였다. 유치 전략은 강원도와 무주군이 펼친 경쟁이었다. 신청은 무주가 먼저 했으나 강원도에게 유치권을 양보하고 강원도가 떨어지면 무주가 유치하기로 합의를 했다. 그런데 강원도가 합의를 무시하고 재유치를 신청한 것이다. 무주에서는 약속을 지키라는 항의 시위로 군수님 이하 공무원과 군민들이 무주에서 대한체육회를 거쳐 강원도청으로 도보행진을 했다. 나는 이 과정에서 전반적인 이벤트를 담당했고 서울 올림픽공원 평화의 문 광장에서 진행된 약속을 지키라는 약속의 손 퍼포먼스는 감동의 연출로서 지금까지도 무주군민에게 회자되고 있다.

국책사업인 태권도공원 유치에 전국에서 신청이 쇄도해 경쟁률이 매우 높았다. 나는 태권도공원을 무주로 유치하기 위해 전반적인 유치 이벤트를 기획·연출했다. 그 결과 무주가 태권도공원 유치에 성공해 태권도공원이 건설됨과 동시에 태권도의 성지 역할을 하고 있다.

2005년 무주반딧불축제

2004년 12월에 기반 조성이 완료된 태권도공원의 성공을 기원하고 무주를 태권도의 본고장으로서 이미지를 확고히 다지기 위해 태권도를 중심으로 프로그램을 구성해 무주반딧불축제를 다른 축제와 차별화하는 전략을 썼다. 개막행사부터 태권도 시범단을 배치했으며 예체문화관에 '태권도 홍보관'을 마련했다. 또한 중국 등봉시와 함께 진행하는 '무술네트워크 구성 및 문화교류' 프로그램의 일환으로 무주반딧불축제에 소림무술단의 시연을 곁들여 좀 더 다채로운 행사로 발돋움 하고자 했다. 이 해 축제에서는 뱃길과 땅을 모두 오가며 할 수 있도록 프로그램의 구성에 변화를 주었다. 이 외 주변 주차장에 대형 에어돔을 설치해 우리 고유의 농경문화를 직접 체험할 수 있는 프로그램을 만들었다. 다양한 관람객의 유형을 고려해 등나무운동장과 남대천에 야외영화관을 마련해 연인과 가족끼리 찾은 관람객들에게 좋은 평가를 받았다. 특히 남대천에 설치된 워터스크린 영화관은 물 분수에서 발생하는 물방울을 스크린으로 이용해 새로운 재미를 느끼게 만들었다.

∴ 축제 개요
제9회 무주반딧불축제(2005년 문화체육관광부 지정 우수축제)

· 주제 자연주의가 좋다, 반딧불이와 함께
· 부제 축제의 숨결(하늘), 아름다운 대지(땅), 천년의 물결(물)
· 슬로건 태권도와 함께하는 무주반딧불축제
· 기간 2005. 6. 4. ~ 2005. 6. 11.(8일간)

사진 출처: 무주군 자료집

· 장소 지남공원, 공설운동장, 남대천 수변공원, 반딧불이 서식지
· 축제 프로그램 제1회 반디컵 어린이태권도대회, 반딧불이 생태탐사

∴ 축제 총감독 스토리
2005년에도 무주반딧불축제의 총감독으로 선정되어 새로운 프로그램의 변화를 위해 많은 노력을 했다. 예를 들면 반디랜드와 연결해 매력적인 프로그램을 기획하고자 노력했다.

함평은 나비를 주제로 진행되는 축제로 유치원생과 어린이들이 많이 참가한다. 무주도 청정지역에서 펼쳐지는 환경축제라서 많은 유치원생과 초등학생 등을 유치할 수 있다고 본다. 적어도 이 방면에 풍부한 노하우가 있기에 내가 많은 도움을 줄 수 있을 것이라고 생각했으나 여건은 그렇지 못했다. 축제를 기획하려면 2월내지 3월에 시작을 해야 하는데 총감독 계약 여부가 축제를 두 달 정도 남기고 결정되었기 때문이다. 사정을 알면서도 도와주지 못하는 점이 아쉬웠다. 나중에 안 사실이지만 계약이 늦어진 이유는 일종의 라인과 같은 인간관계에서 누구하고 계약하라는 지시가 내려오기 때문이었다. 담당 공무원들이 차일피일 미루며 거부하다가 나와 계약을 했던 것이다. 즉 담당자들이 무주반딧불축제는 박종부 감독과 해야 한다는 신념으로 다른 업체를 밀어내고 나와 계약하기 위해 시간을 끈 것이다. 지금도 그때 나를 믿어준 담당 공무원들에게 감사를 드린다.

2006년 무주반딧불축제

개최 10주년을 맞아 제10회 무주반딧불축제에서 그 동안의 경험에서 얻은 노하우를 통해 차별화된 환경축제로 인정받고, 축제에 대한 자부심을 토대로 격에 맞는 만족도 높은 프로그램을 개발·운영하며, 나아

가 관람객들의 편의까지 신경을 쓰기 위해 노력했다. 10주년을 기념해 기획한 남대천 '섶다리 밟기' 프로그램은 지역 주민들이 직접 재료 손질부터 축조, 공연까지의 모든 과정을 협업으로 진행해 높은 화제를 모았다.

또한 '전통혼례 행렬'과 '농악놀이', '상여행렬' 등의 재현 행사를 통해 어른들에게는 과거의 향수를 느끼게 하고, 어린이들에게는 호기심과 역사문화에 대한 관심을 불러일으켰다. 곤충박물관과 식물원이 결합된 '반디랜드'는 2천여 종에 이르는 전 세계 희귀곤충 표본과 150여 종의 열대식물을 전시해 다양한 방법으로 자연의 소중함을 느끼게 해줬다는 평가를 받았다.

이외에도 반딧불축제의 역사를 주제로 꾸민 '반딧불축제 하이라이트 사진전'은 축제를 찾은 관광객에게 반딧불축제를 더욱 알리는 계기가 되었다. 전국 규모의 대회를 열어 축제에서 다양한 재미와 기쁨을 느낄 수 있게 기획했다.

∴ 축제 개요

제10회 무주반딧불축제(2006년 문화체육관광부 지정 우수축제)

· 주제 자연주의가 좋다, 반딧불이와 함께

· 부제 축제의 숨결(하늘), 아름다운 대지(땅), 천년의 물결(물)

· 슬로건 생명평화의 빛을 그대에게

· 기간 2006. 6. 2. ~ 2006. 6. 11.(10일간)

· 장소 무주군 일원(등나무 공설운동장, 한풍루 지남공원, 예체문화관, 남대천 수변공원, 반딧불이 대량 서식지 등)

· 축제 프로그램 전 세계 희귀곤충표본, 반딧불축제 하이라이트 사진전, 천연염색과 도자기, 목공예 전통수공예체험과 모심기, 새끼꼬기, 디딜방아 등

의 농경문화 민속놀이 체험, 추억의 먹거리장터, 전국노인솜씨경연대회, 반디컵 어린이축구대회, 전국환경종합예술대전

나는 2000년 무주반딧불축제의 총감독을 시작했다. 그리고 한 해를 쉬고 2002년부터 2006년까지 다시 총감독을 맡아 축제를 성장시켜 왔다. 그때그때의 콘셉트에 따라 관광객의 만족도를 높이려고 다양한 시도와 많은 노력을 했다. 무대는 등나무운동장, 군청마당, 한풍루 등에도 설치해 관광객을 분산시키고 시내권역을 활성화시켜 지역경제에 도움이 되는 축제가 될 수 있도록 노력했다. 남대천에서 섶다리 설치와 레이져쇼 등을 특화해 다양하게 시도했다. 반디랜드를 설치해 상설 전시관으로 활용했고 반딧불체육관, 청소년수련관, 공예체험관 등 많은 시설물이 건설되어 축제에 활용되었고 축제장이 매년 확장되어 지금은 축제장소로서는 대한민국 메이

사진 출처: 무주군 자료집

저급의 장소를 보유하고 있다. 다만 주차장이 협소한 것이 현재까지도 문제점으로 남는다.

축제 장소가 매년 확장되어 온 것은 3선으로 임기를 마치신 김세웅 군수님의 열정이 큰 역할을 했다. 관광객이 주간에도 반딧불을 볼 수 있도록 공무원들이 밤에 직접 나가 반딧불이를 채취해 축제장에 공간을 만들어 주간에도 반딧불 탐사를 할 수 있도록 했다.

나는 2000년부터 2006년까지 무주의 전반적인 이벤트를 담당하며 제2의 고향이라 생각하고 일했으며 그 결과 신뢰를 받으며 활동을 할 수 있었다. 총감독으로서 오랫동안 전 부서 및 읍, 면 관계자와 함께 일을 하다 보니 나를 모르는 공무원이 거의 없었다. 새롭게 구성·연출된 축제의 구성 개발 퍼포먼스로 작품을 만들어 군민과 관광객에게 감동을 주었다.

나는 무주의 축제에 나의 온 힘을 쏟아 부으며 연출을 했다. 총감독 비용으로 3천만 원을 받았지만 자금이 부족한 경우에는 오히려 자비를 몇 천만 원씩 협찬해 프로그램이 원만하게 연출되도록 했다. 항상 개막식 다음 날 행사장 주변에서는 공무원 및 군민들이 개막식 정말 감동적으로 봤다는 말과 함께 "막걸리 한잔 하고 가라, 국수 한 사발 먹고 가라"는 따뜻한 정이 어린 말을 건네주었다. 나는 이것을 보람으로 느끼며 살았고 무주에서 따뜻한 정을 듬뿍 받아 행복했다.

시간은 빨리 흘러 무주 톨게이트 입구 만남의 광장 휴게소 기공식을 한 것이 엊그제 같은데 지금은 준공이 되어 운영되고 있다. 서울, 경기의 주요 도시에서는 거의 축제 대행사를 선정해 위탁하고 관리·감독하는 시스템으로 운영되기 때문에 공무원들이 열정을 갖고 직접 참여해 축제를 진두지휘하는 모습을 거의 볼 수 없다. 축제에 대한 본질적인 방향은 거의 잃고 진행되는 시스템이라고 본다.

대도시 지역문화가 같이 어울릴 수 있는 문화의식에 있어 아쉬운 점이 있다. 그러나 지방은 자립도가 서울보다 많이 낮은 관계로 자체 상품을 만들어 내서 생산적인 도시를 만들고자 하는 열정이 대도시보다는 크다. 어떤 지자체는 공무원들이 솔선수범해 열정적으로 만들고 참여하며 더 나아가서 자체 상품 개발을 주 업무로 인식하고 운영하기도 한다. 자립도가 높은 도시는 충분한 예산으로 진행한다. 그러나 열악한 지자체는 여러 방법을 통해 국비 등의 예산을 지원받아 지역경제 활성화에 도움이 될 수 있도록 노력한다. 즉 절박함을 가지고 축제를 운영한다는 것이다.

2007년 무주반딧불축제

환경과 전통, 그리고 무주의 산골문화를 잘 이해하고 체험할 수 있도록 기획했다. 반딧불이 생태보존지역 조성을 통해 반딧불이 신비 탐사 프로그램으로 구성했으며 최첨단 시설을 갖춘 '반디랜드 천문과학관'의 개관, 사랑의 빛거리 조성, 그리고 낙화놀이 등의 프로그램이 추가되어 진행되었다.

사진 출처: 무주군 자료집

∴ 축제 개요

제11회 무주반딧불축제(2007년 문화체육관광부 지정 우수축제)

· 주제 세계를 하나로, 무주를 세계로

· 부제 반딧불 빛으로 하나 되는 세상

· 슬로건 반딧불이 사랑이 시작됩니다.

· 기간 2007. 6. 9. ~ 2007. 6. 17.(9일간)

· 장소 지남공원, 공설운동장, 남대천 수변공원, 반딧불이 서식지

· 축제 프로그램 육군 군악대와 취타대의 퍼레이드, 환경예술대전, 환경을 소재로 한 동요제·가요제·영화제, 반딧불이 자연학교, 형설지공 체험, 반디랜드 곤충박물관

∴ 축제 총감독 스토리

2007년에는 김세웅 군수의 3선 임기가 끝나고 새로운 군수가 취임하면서 축제의 모든 것이 달라졌다. 전임 군수는 대한민국의 메이저 축제를 꿈꾸며 대한민국 최고만을 원했다. 방송사든 축제 관련 공연이든 관계자들을 대한민국 최고만을 찾았다. 그 결과 축제는 높은 고지를 향해 달려갈 수 있었다. 그러나 단체장이 바뀐 이후의 축제는 대한민국의 메이저급 시스템을 유지하기 어려웠다. 참여하는 업체도 퀄리티보다는 관계성에 따라 선정 여부가 결정되곤 했다.

2008년 무주반딧불축제

2008년 반딧불축제에서는 기존 '형설지공 체험장'을 보완·확대해 낮에도 반딧불을 관찰할 수 있는 대규모의 '생태체험관'으로 탈바꿈했다.

또한 기존에 일률적으로 진행되었던 개·폐막식을 대폭 수정해 관람객들과 하나가 될 수 있는 내용으로 선보였으며, 반딧불이를 테마로 공연과 퍼포먼스를 배치해 반딧불축제만의 또 다른 차별점으로 강화했다. 반딧불축제를 세계적인 축제로 도약시키기 위해 기존의 '반딧불이 국제환경 심포지엄' 뿐만 아니라 '건강도시 심포지엄'과 '국제관광학술 심포지엄' 등 대규모 국제 학술행사를 유치해 무주와 무주반딧불축제를 세계에 알렸다. '섶다리 밟기'의 성공적인 반응을 토대로 '방앗거리 놀이', '기절놀이' 등의 무주 지역의 전통놀이를 정규 프로그램으로 채택했다. 이는 단순히 축제의 프로그램이라는 의미를 넘어 지역 주민들과 함께 만들고 상생하는 축제로 나아간다는 점에 큰 시사점을 가진다. 이와 같이 보여주는 축제에서 즐기는 축제, 배우는 축제로 변화하기 위한 노력을 통해 2009년 대한민국 여름축제 선호도 조사 1위, 문화체육관광산업형 축제 중 가장 가보고 싶은 축제 2위라는 소비자들의 반응과 2009년 한국지방자치브랜드대상 축제부문 대상, 2010 문화체육관광부 지정 우수축제라는 영광을 이끌어냈다.

∴ 축제 개요
제12회 무주반딧불축제(2008년 문화체육관광부 지정 우수축제)
· **주제** 세계를 하나로, 무주를 세계로
· **부제** 반딧불 빛으로 하나 되는 세상
· **슬로건** 반딧불이의 사랑이 함께 합니다
· **기간** 2008. 6. 7. ~ 2008. 6. 15.(9일간)
· **장소** 지남공원, 공설운동장, 남대천 수변공원, 반딧불이 서식지
· **축제 프로그램** 반딧불이 국제환경 심포지엄, 건강도시 심포지엄, 국제관광학술 심포지엄, 섶다리 밟기, 방앗거리 놀이, 기절놀이 등

∴ 축제 총감독 스토리

2007년에는 주최 측과 관련된 3개 업체에게 축제가 나누어 발주되어 매우 어렵고 혼란스럽게 진행되었다. 그런 힘든 경험을 했음에도 불구하고 2008년 또다시 관련된 서울의 업체에게 대행을 위탁했다. 나는 그동안 총감독으로서 연출료를 받고 진행했기에 방송과 공연 및 시설장치물 등을 섭외해주면서 직거래로 계약하는 시스템을 만들어 운영해왔다. 그러나 2008년에 선정된 대행사는 전체의 행사 예산만 보고 기대감에 참여를 했지만 총감독료 외에는 모두 직거래하는 관계로 수입이 되지 않자 마찰이 생겼다. 급기야 공개방송 등도 직거래 하지 말고 대행사를 거쳐 대행료 10%를 주고 운영하라는 요구를 하다가 보름 남겨 놓고 계약이 파기 되었다. 나에게 대신 진행해 달라는 급한 요청이 와서 총감독으로 계약을 하고 2주 만에 준비에 들어갔다. 전체 축제 예산들이 배정된 상태라 개막식 연출을 새롭게 하기에는 어려움이 있었다. 나는 등나무운동장에서 펼쳐지

사진 출처: 무주군 자료집

는 개막식에 조명 등 출연진과 세트를 전면적으로 새롭게 구성, 연출하면서 추가된 예산을 자비로 투자해 메시지가 있고 화려한 작품의 연출을 선보였다. 모두가 "구관이 명관이다. 정말 감동적인 연출을 보았다"고 극찬을 했다. 그리고 전체의 축제가 성황리에 끝났다. 담당자들은 미안함 마음에 2009년에도 총감독으로 의뢰하고 싶어 했다. 그러나 이미 관련된 업체를 대행사로 선정하는 시스템으로 운영되고 있었다. 아쉬움은 있지만 들러리 서고 싶지 않아 참여를 하지 않고 있다. 김세웅 군수님이 대한민국 메이저 축제 더 나아가 글로벌 축제를 목표로 전국에서 최고만을 고집했지만 단체장이 바뀌면서 많은 변화가 생긴 것이다.

사진 출처: 무주군 자료집

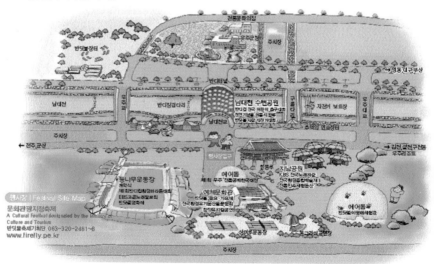

무주반딧불축제가 더 크게 도약하려면

2017년도 현재 무주반딧불축제는 문화체육관광부 지정 최우수축제로 예산이 15억8500만 원이다. 무주반딧불축제의 조직 구성 역시 대한민국 최고라고 생각한다. 무주반딧불축제 추진위원회는 예전에 무주에서 동계유니버시아드를 운영할 때의 조직 구성으로 매년 운영하고 있어 축제팀의 3~4명이 상설로 1년을 준비한다. 3개월 전에는 기획단이 구성되어 축제팀이 총괄팀을 맞고 그 외 예술팀, 환경팀, 시설팀, 총무팀, 홍보팀으로 나누어 팀당 3~5명씩 총 25명 내외의 인원으로 운영된다. 이들은 매년 차출되는 팀원들로 50% 가량은 같은 사람들로 노하우를 갖고 참여한다. 또한 처음부터 10년 넘게 참여하는 기획단 인원은 준전문가라고 할 수 있으며 실·과·소에서 참여해 매년 행사를 이끌어감으로써 공무원들도 상당한 노하우를 가지고 있다. 매년 축제장을 확장해 지금은 상당한 규모의 축제장을 보유하고 있다. 대한민국에 몇 안 되는 축제장 여건을 가지고 있다. 예산도 매년 증액되어 어느 정도의 예산을 갖추고 있지만 지역의 인프라가 약한 면이 약점으로 작용된다. 또한 2007년부터 축제에 많은 기획사들이 적극적으로 참여를 하고 있는데 축제 운영 역량에 대한 검토가 제대로 이뤄지지 않으면 축제에 대한 본질을 잃어버릴 우려가 있다. 지금도 주차장에 대한 어려움은 있으나 그 외에는 나름대로 좋은 여건을 가지고 있다. 현재의 운영시스템이 정체성을 벗어나서 운영되고 있는 면이 축제의 발전을 저해시키고 있다고 본다. 능력 있는 파트너와 함께 축제만을 생각하는 정책을 가지고 추진한다면 메이저 축제로 입지를 다지며 글로벌 축제로 한 단계 더 도약할 수 있는 여건을 갖춘 축제라고 말할 수 있다. 지금까지 도와주신 김정국 과장, 맹갑상 과장, 오종석 과장, 김진표 과장, 윤명채 과장, 주홍규 과장, 김남호 과장, 김경복 팀장, 문창원 팀장, 박태승 팀장, 강광석 팀장, 김동필 팀장, 박길춘 팀장, 유창국 주무관, 임경택 주무관, 김삼중 국장님께 감사를 드린다.

제 03 장
박종부가 총감독한
대한민국 축제 현장 스토리

사진 출처: 제이비 컴즈

나는 사업보다는 작품에 무게 중심을 두고 연출해왔다. 축제를 진행하면서도 대행보다는 축제의 진정성에 대해 고민을 했다.

오랫동안 현장에서 총괄로 진두지휘하다보니 축제라는 것이 몸에 배어 항상 머리보다는 몸이 먼저 움직인다. 축제를 대행사 체제로 진행하면 성공하기 힘들다는 것을 인식하게 되면서 사업이냐 작품이냐를 놓고 오랫동안 많이 고민했고 이를 결정하기까지 많은 시간이 걸렸다. 나도 돈을 벌고 싶은 게 솔직한 심정이기 때문이다. 그러나 나는 사업적인 마인드에서 벗어나 작품을 만드는 전문가의 길을 걷기로 하고 JB축제연구소를 설립해 집중적으로 축제의 발전방향에 대한 연구를 하고 있다.

대행사체제에서는 지역의 콘텐츠 개발보다는 공연·전시 위주의 이벤트성 축제로 구성한다. 또한 축제에 대한 기본계획부터 참여가 아니라 무대를 중심으로한 부분적인 대행 체제로 운영되는 것이다. 비전문가인 공무원이 축제의 기본계획서와 운영계획, 홍보계획, 예산계획을 작성하고 일정 부분을 대행에 위탁하기 때문에 입찰제도가 문제라고 생각하는 것이다. 이벤트 축제로 단발로 간다면 대행사 입찰제도가 맞을 수 있을 것이다. 그러나 축제의 진정성을 가지고 관광 콘텐츠의 축제가 목표라면 처음부터 장기 계획을 세우고 실행해야 한다는 것이 나의 지론이고 그래서 나는 기본계획부터 모든 것을 함께 설계하며 작품 연출을 할 수 있는 체제를 도입해 만들고자 했다.

처음 총감독 체제를 도입해 안착시키기까지 공무원들을 설득하기가 매우 힘이 들었다. 총감독이 왜 필요한지, 왜 중요한지에 대해 이해를 못한 상황에서 대화하는 것이 벽에 대고 말을 하는 것 같았다. 그러나 1999년 대관령눈꽃축제, 태백산눈축제를 시작으로 2000년 무주반딧불축제에서 총감독의 역할을 이해하기 시작했고 다른 축제에서도 무주군과의 총감독 계약관계를 설명해주고 설득하면서 오늘날의 총감독 체제를 정착시키는데 일조를 했다.

지금은 많은 곳에서 총감독에 대한 요청이 오고 있다. 이는 대행사 체제에서는 축제 콘텐츠의 변화가 어려워 매년 똑같은 데다 예산 낭비라는 소리마저 들어 회의를 느끼고 있기 때문이다. 또한 매년 직접 기본계획을 작성하다보니 전문성의 중요성에 대해 알게되고 축제의 방향성에 대해 길을 잃은 상태임을 인식한 덕분이라고 볼 수 있다. 그나마 이렇게라도 바꿔 보려고 노력하는 공무원들에게서는 열정을 느낄 수가 있다. 이젠 축제 담당자들도 제대로 된 인식이 필요한 시점이라고 본다. 제3장에서는 문화체육관광부 지정 축제 총감독으로 축제에 직접 참여해 진행한 과정들을 기술해 보았다. 많은 참고가 되었으면 한다.

01 박종부가 총감독한 문화체육관광부 지정 축제 현장 스토리

  * 최우수, 우수, 유망 축제의 전·현 구분은 2017년 기준

  * 축제 시기와 예산은 2017년 문화체육관광부 보고서 기준

❶ 보령머드축제(명예대표축제)

보령시는 충청남도 서해안에 위치해 있다. 인구가 10만여 명이다. 신라 시대 웅주도독부 산곤현으로 불리다가 고려 시대 웅주(현 공주) 보령현으로 개칭된 이후 계속 보령으로 불렸으며 일제강점기에 오천, 남포가 통합되고 1995년 인근 대천시와 보령군이 통합되어 현재의 보령시가

되었다. 주요 관광지로는 대천해수욕장, 무창포 바닷길 등이 있다. 슬로건은 '시민이 행복한 희망찬 새 보령!'이다.

- **축제 기획 의도** 보령머드의 우수성을 국내외에 알리고 보령의 다양한 명소를 홍보함으로써 축제기간 외에도 외래 관광객을 유치해 지역경제 활성화 도모 및 지역 이미지를 창출하는 발판을 마련하고자 한다.
- **최초 개최 연도** 1998년
- **축제 시기 및 예산** 7월(10일간), 2017년 예산 28억2000만 원
- **축제 장소** 대천해수욕장 및 시내 일원
- **주최/주관** 보령시/(재)보령머드축제조직위원회
- **주요 프로그램** 머드 체험, 공연, 축제 & 뷰티 박람회, 세계축제 & 머드도시 홍보관 등

축제 현장 스토리 여름이면 누구나 바다를 가고 싶어 한다. 보령에서는 매년 대한민국 대표축제인 보령머드축제를 개최한다. 보령머드축제는 기본 인프라를 가지고 머드체험 위주로 진행된다. 보령머드축제는 해외에도 많이 알려져 있고 그로 인해 많은 외국인들이 참여한다. 2003~2004년도에 총감독을 할 때는 아침 10시부터 개장을 했지만 머드 체험탕에 들어오는 한국 사람들은 눈을 씻고 봐야 할 정도로 극소수였다. 먼저 들어온 외국인들이 분위기를 잡으면 그때부터 한국 사람들도 체험행사에 참여하는 상황이었다. 하지만 지금은 상황이 많이 변했다. 한국 사람들도 적극적으로 체험행사에 참여해 함께 즐기는 축제가 되었다. 이처럼 외국인들의 적극적인 마인드가 축제에 활기를 주는 경우도 있지만 반대로 축제의 진행에 문제가 되는 경우도 있다. 한국 사람들은 외국인에게 친절하다. 하지만 외국인들에게 베푸는 과잉 친절과 너그러움 때문에 문제가 생기곤 한다. 간혹 공개

방송 중에 무대로 뛰어 올라오거나, 머드탕 속 외국인들이 지나가는 사람에게 머드를 뿌리기도 한다. 또한 여자들을 번쩍 들어 머드탕에 집어넣기도 한다. 그들은 즐거움을 표현한 행동이지만 갑작스럽게 당하는 사람은 당혹스럽고 불쾌할 수밖에 없다. 외국인들에게는 축제 기간에 맥주가 빠질 수 없는데 맥주를 마시고 아무데나 버린 빈 병은 자칫하면 위험물로 변할 수 있다. 남을 배려하지 않는 외국인들의 이기적인 행동들이 눈살을 찌푸리게 하는 경우가 생기곤 했다. 보령머드축제는 성공 축제로 많은 외국인이 방문하는 축제이다. 이젠 이런 문제점들을 해결할 방안들을 모색해서 글로벌 축제로 기획, 연출을 하고 세계적인 축제로 도약해야 하는 단계이다.

• 발전 방향 보령머드축제는 매년 브랜드 가치가 높아졌고 외국인을 상대로 많은 인프라를 형성해 왔다. 그 덕에 글로벌 축제로 도약하고 있다. 그러나 과연 국내에 있는 외국인이 아닌 해외에 있는 외국인의 경우 자발적으로 머드축제를 즐기기 위해 찾는 인구는 과연 얼마나 될까? 진정한 글로벌 축제는 외국인의 입장에서 볼 때 관광상품의 가치가 있어야 한다. 외국인들의 눈길을 끄는 세계적인 관광상품이 되기 위해서는 축제의 콘텐츠와 연계상품이 있어야 한다. 대천해수욕장에서 펼쳐지는 머드축제는 연계행사의 조건이 나름대로 좋은 편이다. 다만 공간의 한계성이 있다. 진정한 글로

사진 출처: 보령시

벌 축제 상품을 만들고 싶다면 적어도 동시간대 2만 명을 수용할 수 있는 축제장 여건을 만들어야 한다. 즉 입장권을 내고 들어갈 수 있는 머드탕 등의 구역이 수만 명을 수용할 준비가 되었을 때 가능할 것이다. 또한 수만 명이 일정 시간에 함께 머드 전투를 펼친다면 이것이 바로 킬러 콘텐츠가 되는 것이다.

❷ 논산강경젓갈축제(전 최우수축제, 현 우수축제)

논산시는 충청남도에 위치해 있다. 총인구 12만 명. 삼국 시대에는 계백장군이 이끄는 5천 결사대와 신라의 김유신이 이끄는 5만 군대가 백제 최후의 결전인 황산벌 전투를 벌인 곳이다. 주요 관광지로는 계백장군유적지와 관촉사 등이 있고 이외 육군훈련소가 위치해 있다. 특산물은 딸기와 오골계이다. 주요 산업은 건설업과 제조업이며 논산시의 캐치프레이즈인 '예스민(YESMIN)'은 예가 스며있다는 의미와 YES의 의미를 동시에 보여주며 논산이 예학, 선비의 고장이며 긍정적인 활력을 갖고자하는 뜻을 보여준다.

강경읍은 논산시 서부에 있는 읍이다. 논산천, 강경천이 논산평야를 가로질러 금강으로 유입되는 곳으로, 수로과 육로를 잇는 큰 포구로 번성했다. 원산항과 더불어 '조선 2대 포구'로 불렸던 항구로 하항(河港)이었고, 100여 척의 배가 드나들 정도로 큰 포구였다. 쌀을 비롯한 해산물 등의 집산이 활발해 금강 유역에서 생산되는 농산물을 전국적으로 유통시키는 중심지였으며, 전국 각지의 상품을 유입해 금강 주변 지역으로 분배시키는 역할도 했다. 강경장은 평양·대구와 함께 조선의 3대 시장으로 번성했다. 특산물로 젓갈이 유명하다. 법원, 검찰청, 경찰서 등 논산시의 주요 공공기관이 위치한다.

- **축제 기획 의도** 젓갈을 통한 다양한 문화적 체험과 정신적 건강을 추구할 뿐만 아니라 지역경제 활성화에 기여하는 경제산업축제이다.
- **최초 개최 연도** 1997년
- **축제 시기 및 예산** 10월(5일간), 2017년 예산 8억3500만 원
- **축제 장소** 강경포구, 젓갈시장, 젓갈전시관 일대
- **주최/주관** 논산시/강경젓갈축제추진위원회
- **주요 프로그램** 아시아 젓갈 페스티벌, 젓갈 퍼레이드, 강경포구 재현 행사, 보부상 난전 재현놀이 등

- **축제 현장 스토리** 나는 2003~2004년에 총감독으로 참여했다. 내가 '강경 젓갈축제'에 참여하기 전에는 시쳇말로 사람 죽는 축제로 많은 매스컴의 주목을 받았다.

내가 만났던 모 축제팀장은 "마라톤하다 죽고, 뗏목 타다 죽고, 경찰서에 왔다갔다하다보니 축제가 끝났더라"고 말했다.

전민호 팀장은 나에게 "상황이 이러하니 총감독이 필요한 것 같더라"며 "현재는 감독료가 책정이 되어 있지 않은데 내 자비라도 내놓아 책정해주 겠다"며 열정적인 자세로 총감독을 해줄 것을 요청했다. 이러한 소신과 열

사진 출처: 논산시

정이 오늘날의 축제를 만들었다고 본다.

나는 이를 계기로 축제에 참여했다. 처음에는 새로운 체제의 도입으로 생길 마찰을 감안해 총감독 대신 자문위원이라는 직함을 달고 전체의 미팅에 참가했다. 그러면서 점차 룰을 바꾸어 나가며 총감독이란 명칭을 거부감 없이 사용할 수 있게 되었다.

내가 종합 연출 및 총감독을 할 때, 시스템 업체가 다른 라인으로 참여해 함께 진행하게 되었다. 하지만 몇 년 동안 축제를 총감독하면서도 총감독과 시스템 업체가 매년 싸우는 상황이 생겼다. 어느 날은 축제장의 운영본부에서 축제 담당 공무원이 이유 없이 맞고 있었다. 모르는 사람이 와서 때리는데 말리는 사람이 없었다. 시스템을 맡은 사장의 동생이 와서 공무원을 때리고 있는데 왜 맞기만 하느냐고 물으니 동네의 선후배 관계라 어쩔 수 없다는 말을 했다.

행사장에서는 자고 일어나면 축제 담당자들도 모르는 사건들이 새롭게 일어나 업무가 다른 방향으로 추진되곤 했다. 시스템 업체와 단체장이 밤에 미팅을 하고 나면 새로운 일들이 생기는 것이었다.

대한민국의 모든 시스템 업체가 그런 것은 당연히 아니지만 현장에서 안하무인격인 업체, 실수 연발인 업체, 기본 마인드가 되어 있지 않은 업체들을 목격할 때가 간혹 있다. 내가 참다못해 "신경 좀 써서 실수 좀 하지 말라"고 충고하면 "뭘 그렇게 신경 쓰냐, 대충하지"라는 답변이 돌아왔다. 이러한 일들로 빈번하게 부딪히게 되어 결국에는 몇 년 동안 애착을 갖고 연출하던 '논산강경젓갈축제'를 지역 이벤트사에 넘겨주고 물러나게 되었다.

내가 참여하기 전에는 축제장 운영 미숙으로 인해 방문하는 관광객이 없어 식당 부스를 운영하겠다는 신청자조차 없었다고 한다. 나는 타성에 젖어 전년도 축제 답습에만 연연하던 기획단과 조직체를 개혁했다.

내가 축제를 맡기 전에는 축제장에 사람이 없어 먹거리 식당 부스가 들어오지 않아 식당 주인들에게 사정해 부스를 유치했다고 한다. 그러나 축제를 변화시킨 이후로 관광객이 몰려 인산인해를 이루었고 그 다음 해에는 부스 신청이 초반에 매진되었고 갑자기 젓갈상가가 늘어나기도 했다.

진행하면서 말 못할 힘든 일도 많았지만 축제가 성공했다는 자부심으로 위안을 삼았다. 현재는 새로운 개발을 하지 못해 정체성에 빠져 진행되고 있다. 축제는 말이나 이론으로만 하는 것이 아니다. 풍부한 노하우와 장인의 마인드가 있는 사람들이 필요하다고 본다.

• **발전 방향** 음식이 다방면으로 발달하고 건강이 중요시 되면서 젓갈의 고유한 이미지가 변화하고 있는 관계로 많은 상가들이 어려움을 겪고 있다. 이런 때일수록 돌파구를 찾아야 한다. 나름대로 장소 여건은 좋은 편이나 축제를 만들어가는 사람들의 마인드가 변해야 되지 않을까 하는 아쉬움이 든다. 내가 상상해보는 축제는 강경포구의 재현 거리에 그 시대의 젓갈 전시 판매장이 구성되고 강경읍과 논산시민이 적극적으로 참여해 시장 분위기를 만들어 가는 것이다. 이론이 아닌 현실이고, 모방이 아닌 독창적인 강경만의 콘텐츠를 찾고 전문 연출로 작품을 만들어갈 수 있어야 메이저 축제로 발전할 수 있을 것이다.

---

❸ 하동야생차문화축제(전 최우수축제)

하동군은 경상남도 최서단에 위치해 있다. 인구가 4만8000여 명이다. 삼한 시대에는 변한 12국 중 하나인 낙노국부터 백제 시대까지는 다사(한다사)로 불렸으나 통일신라 시대에 경덕왕에 의해 하동이라는 지명을 얻었다. 주요 산업은 화개면을 중심으로 하는 야생 녹차 재배이다.

쌍계사, 화개장터, 청학동 등이 유명한 관광지이다. '새로운 하동, 더 큰 하동!'이라는 슬로건을 가지고 지금까지의 관행은 과감히 버리고 위기를 기회와 도전으로 바꾸는 행정을 하고자 한다.

- **축제 기획 의도** 한국의 차 문화를 직접 체험하고 지리산 문화 유적 답사를 통한 관광과 우리나라 최초의 차 시배지인 지리산 야생녹차의 우수성을 널리 알리고자 한다.
- **최초 개최 연도** 1996년
- **축제 시기 및 예산** 5월(4일간), 2017년 예산 6억5000만 원
- **축제 장소** 하동군 화개면, 악양면(차문화센터 일원)
- **주최/주관** (사)하동야생차문화축제 조직위원회
- **주요 프로그램** 300두리차회 – 대한민국 차인 열전, 만등만다 – 차로 하나 되는 세상 하동차문화학교, 시배지 헌다례, 하동 녹차시장, 대한민국 다례 경연대회, 채엽교실(야생찻잎 따기), 템플스테이 등

- **축제 현장 스토리** '하동'하면 화개장터나 쌍계사가 먼저 떠오른다. 하동에는 섬진강과 섬진강 속의 솔밭 등 자연과 어우러진 관광지가 많다.
하동야생차문화축제에 2004년도에는 대행사로 참여해 전체를 진두지휘했

사진 출처: 제이비 컴즈

제11회 하동야생차 문화축제와 함께 하는

고, 2년 뒤인 2006년부터는 4년간에 걸쳐 총감독 제도를 도입해 축제를
연출했다.

그때는 녹차하면 보성을 머릿속에 떠올리던 시절이었다. 하동에서는 차가
생산되는지도 모르는 사람들이 많았다.

'하동야생차문화축제'를 총감독하고 동시에 '보성다향제'를 컨설팅하면서
느낀 것은 '하동야생차문화축제'는 축제를 이벤트화하고 독립적으로 진행
해 나간 반면, '보성다향제'는 자연적인 여건이 좋았음에도 변화를 주지 못
하고 보성차밭이 아닌 운동장에서 축제를 함으로써 관람객들에게 알려지
지 않는 축제가 되었다는 것이다.

'하동야생차문화축제'는 작지만 특색을 가지고 주변의 자연과 화개장터,
쌍계사의 풍치와 함께 운영된다.

그 결과 지금은 하동야생차하면 질적으로 상승한 차 맛으로 주가를 높이
고 있다. 이젠 하동야생차도 대한민국이 아니라 일본, 중국으로 진출해 세
계 속 차의 축제로 도약할 때라고 본다. 시야와 마인드를 좀 더 넓게 보았
으면 하는 바람이다.

· 발전 방향 하동야생차문화축제는 문화체육관광부 지정 최우수축제로 선
정되었으나 기간제에 걸려 명예졸업을 했다. 그다음 국비 및 도비가 끊기
면서 축소해 운영하고 있다. 매우 안타까운 상황이다.

그러나 차의 브랜드 가치가 많이 상승해 지역경제 활성화에 매우 도움을
주고 있다. 그동안 자생력을 확보하지 못한 것이 일찍 명예졸업 한 이유라
고 할 수가 있다.

지금부터라도 지역의 인프라와 대중적인 킬러 콘텐츠를 만들어 글로벌 산
업축제로 방향을 모색하며 기획, 연출할 때 경쟁력 있는 축제를 만들어갈
수 있을 것이다.

❹ 충주세계무술축제(전 우수축제)

충주시는 충청북도의 북부에 위치해 있다. 인구가 20여만 명이다. 탄금대, 충주호, 중앙탑, 중원고구려비 등이 있다. 삼한 시대에 마한에 속해있었으며 삼국 시대에는 각국이 차지하고자 하는 주요 요충지였다. 고려 충렬왕 때에 지금의 지명인 중추라는 이름이 붙었다. 큰 산업 단지가 여럿 조성되어 있어 공업도시로 알려졌으나 현재는 '활기찬 경제, 역동하는 충주, GOOD Choong ju'라는 슬로건을 가지고 기업도시로서의 인프라 확충에 주력하고 있다. 주요 특산물로는 사과가 있으며 충주사과시험장에 사과과학관이 건립되어 있다.

- **축제 기획 의도** '택견'의 세계화와 '무술의 도시' 충주 브랜드 강화 및 전통무술의 저변을 확대해 국민 건강증진에 기여하며 지역 시민의 참여를 통해 시민 화합의 장을 제공하고 나아가 외래 관광객을 유치해 지역경제를 활성화시키고자 한다.
- **최초 개최 연도** 1998년
- **축제 시기 및 예산** 9월(7일간) 격년제 실시, 2017년 예산 17억 원
- **축제 장소** 세계무술공원
- **주최/주관** 충주시/중원문화재단/세계무술연맹
- **주요 프로그램** 국제무예연무대회, 무술을 테마로 한 주제공연, 전시 체험프로그램 운영 등

- **축제 현장 스토리** 나의 고향은 충주이다. 축제 전문가이며 총감독으로서 전국을 돌아다니며 활동하면서도 마음 한편에는 충주의 관광산업형 축제 발전에 대한 기대가 컸다. 이형국 국장님이 계장이었던 시절 인연이 되어 2

년 동안 축제 총감독을 맡았다. 고등학교 졸업 후 서울로 오면서 거의 충주로 내려갈 기회가 없다가 그 기회로 많은 분들과 함께 하는 시간이 되었다. 하지만 총감독제에서 대행사 체제로 축제 운영 체제가 바뀌면서 그만두었다.

2009년부터 이웃 동네인 문경시에서 총감독 제도를 도입해 문경전통찻사발축제와 사과축제, 오미자축제, 한우축제 등을 총감독으로 참여해 진행했다. 충주에서는 서울에서 내려와서 행사를 하니 이방인 취급을 하는 경우도 있었다. 충주에서 문경 축제장까지는 30~40분이면 가는 거리였기에 2010년 충주로 집을 이사해서 문경의 축제일을 하면서도 또 한편으로는 충주의 발전을 위해 노력했다. 사무실은 그대로 서울에 두고 일이 있으면 충주에서 서울로 출퇴근하곤 했다. 고향인 충주의 관광과 축제의 상황들이 너무 잘 보여 충주의 발전에 도움을 주고자 순수한 마음으로 접근을 했으나 충주시 시장이 업자 취급하며 할 만한 것을 가지고 오라는 소리에 매우 불쾌했다. 뭔가 일을 하나 맡아보려고 기웃거리는 모습으로 보는 것 같았다. 내가 가지고 있는 노하우를 고향에 재능기부 하고 싶은 마음, 순수하고 진심어린 마음이 짓밟히는 느낌이어서 더 이상 충주의 축제에 관해서는 말도 꺼내지 않았다.

나는 내 고향이 관광도시로서 세계 속의 축제도시가 되기를 진심으로 바

사진 출처: 제이비 컴즈

랐다. 그래서 한가위 큰잔치라고 명칭을 짓고 자비 5천만 원을 들여 시민 대상으로 한가위 축제를 만들어 성황리에 끝냈다. 그렇게 충주를 변화시키려 많은 노력을 했으나 그 꿈을 이루지 못하고 끝내 2016년 1월 서울로 집을 다시 옮겼다. 매우 가슴 아픈 일이었다.

연말이 되면 전국 축제 담당 공무원 등이 문화체육관광부 지정에 대한 정보 교환을 위해 많은 소통을 한다. 그러나 충주에서는 관심이 적었다. 결국은 2016년 우수축제까지 승격되었으나 탈락하고 말았다. 이시종 충청북도 도지사가 충주시장 시절 무술축제를 만들었으나 한국당이 시장을 맡으면 축제의 예산을 삭감하고 민주당이 시장을 맡으면 축제의 예산을 증액하는 등 축제가 정치적으로 변동이 많다. 현재는 길을 잃은 상태로 돌파구가 필요하다.

· 발전 방향 충주의 세계무술축제는 택견을 모티브로 만들어진 축제이다. 90년대에는 나름대로 인지도와 흥미가 있었다. 그러나 2010년부터 존폐위기의 기로에 섰다. 충주 MBC 방송프로그램에 패널로 참여해 축제를 살려야한다고 주장하기도 했다. 단체장의 의지에 따라 혹은 시기에 따라 관심도가 떨어져 항상 새로운 돌파구가 필요했다. 게다가 해마다 하던 세계무술축제를 격년제로 바꿔 관심에서 더 멀어졌다.

현재의 축제는 답습형 축제로 진행되고 있어 식상하고 외부 관광객에게 그다지 사랑을 받지 못하고 있는 것이 현실이다. 축제 전문가와 함께 새로운 인식으로 축제를 만들어간다면 가능성도 있다. 누가 이러한 마인드를 가지고 지원을 할 것인가에 대한 고민이 깊다. 무술축제가 발전하려면 정치와 관계가 없는 상황에서 축제에 대한 깊은 관심을 가지고 관광객이 원하는 축제를 향하여 기본부터 새롭게 구성, 연출해 가는 방법이 방안이라고 생각한다.

시연과 대회가 중심이 아니고 시민이 참여해 같이 꾸며갈 수 있는 축제, 즉 지역 인프라를 육성해야 할 것이다. 그리고 수만 명이 동시에 참여할 수 있는 무술 퍼포먼스를 만들어 간다면 충분히 발전 가능성이 있다고 생각한다. 축제장은 총감독들의 연습장이 아니다. 관광산업형 축제에 대한 개념을 상기하면서 축제 전문 총감독을 선정해야 할 것이다. 일탈의 관광산업형 축제를 연출하는 것은 공연예술 분야의 연출과는 거리감이 있다. 관광과 여행, 산업과 연계할 수 있는 축제 전문 감독이 적합할 것이라고 조언한다.

---

❺ 영동난계국악축제(전 우수축제)

영동군은 충청북도 남부에 위치한 인구 5만여 명의 소도시다. 신라 시대 이전까지 길동으로 불렸으나 경덕왕 때 영동으로 개칭되었다. 영국사, 옥계폭포(박연폭포) 등 경관이 아름다운 장소가 많다. 지역의 주요 특산물로는 포도와 감이 있어 매년 포도축제와 곶감축제가 진행된다. '국악과 과일, 그리고 자연'이라는 지역 이미지를 차용해 '레인보우 영동'이라는 슬로건을 홍보하고 있다.

- **축제 기획 의도** 국내 유일의 국악축제로 우리나라 최고의 악성인 난계 박연 선생의 음악 업적을 기리고 전통문화예술의 진흥을 위해 열리고 있다.
- **최초 개최 연도** 1965년
- **축제 시기 및 예산** 10월(4일간), 2017년 예산 6억6000만 원
- **축제 장소** 영동 하상주차장 일원, 난계사 등
- **주최/주관** 영동군/(재)영동군축제관광재단
- **주요 프로그램** 타북식, 숭모제, 난계거리퍼레이드, 조선 시대 어가행렬 및 종묘제례(악) 시연, 국악기 제작 및 연주체험 등

• 축제 현장 스토리 대한민국을 흥분의 도가니로 몰아넣었던 2002년 월드컵 이벤트를 함께 한 뒤 6년 만인 2008년 영동군과 다시 인연을 맺었다. 2000년도부터 무주반딧불축제 총감독을 맡아 진행하고 있을 때 매년 옆 동네 영동에서 난계국악축제를 추진하는 공무원들이 찾아와 함께하고 싶어 했다.

대한민국에는 인물축제를 하는 지역이 몇 군데 있다. 그러나 어디에서나 인물축제들은 한계에 부딪쳐 어려움을 겪고 있다. 영암 왕인 박사를 모티브로 한 '영암왕인문화축제'나 이순신 장군을 모티브로 한 '이순신축제', 춘향이를 모티브로 한 '춘향제' 등 모두가 콘텐츠 빈곤이라는 어려움을 안고 있는 축제라고 볼 수가 있다. 그나마 '영동난계국악축제'는 악기와 연관된 음악을 다루고 있기 때문에 좀 더 우위를 점하고 있지만 국악이란 면에서 젊은 층의 외면을 받고 있는 게 현실이다.

이러한 모든 어려움을 딛고 성공한 축제로 가려면 현실적인 조직구성과 국제화에 맞추어 질을 높여 많은 관광객을 유치하고 매년 변화 속에서 생산적인 축제를 만들어가야 한다.

• 발전 방향 영동군은 난계 박연 선생의 고향으로 유명하기 때문에 박연 선생의 업적을 널리 알리며 다양한 악기를 만들고 있다. 그러나 문화자원으로서 박연 선생의 가치에 대한 군민들의 이해도와 관련 행사에 대한 참여

사진 출처: 제이비 컴즈

도는 제고할 필요가 있다. 관외의 관광객도 그렇지만 지역에서 그 인프라 구성을 갖추지 못하고 있는 게 한계점이라고 본다. 그동안 난계기념사업회에서 축제를 진행하는 상황에서 연계성과 조직력 등은 어려움 중의 하나였다. 내가 총감독하던 2008년에도 열악한 조직체 때문에 무척 힘들었다. 2017년에는 축제 재단이 설립되어 재단에서 진행하고 있다. 축제가 발전하는데 가장 중요하다고 할 수 있는 참여자의 마인드와 역할이 요구된다. 난계국악축제가 발전하고자 한다면 새로운 구상을 해야 한다. 현재 무대와 부스 위주의 프로그램에서 완전히 탈바꿈을 하지 않으면 어려울 것이다. 물론 난계국악축제는 모티브가 무대 공연이기에 무대 공연을 완전히 벗어날 수는 없다. 그러나 관광산업형 축제로 도약하려면 어울림의 콘텐츠를 개발해야 한다. 또한 메이저 축제로서 손색이 없는 큰 그림과 지원이 있을 때 성공 가능성이 높아진다. 즉 전국의 국악인들이 함께 참여해 공연을 즐길 수 있는 마당이 되어야 할 것이다. 해외 초청작들이 들어와서 명실상부한 국악의 고장으로서 명맥을 만들어 갈 때 대한민국에서 사랑받는 축제가 되고 그 이상의 축제로 꿈을 꿀 수 있을 것이다. 추상적인 운영체제보다는 축제의 실무를 제대로 알고 추진할 수 있는 조직체를 갖추는 게 관건이라고 본다.

❻ 영주풍기인삼축제(전 우수축제)

영주시는 경상북도 북부에 위치해 있다. 인구가 11만여 명이다. 통일신라 때는 내령군으로 불리다 고려 때 강주로 개칭되었고 이후 1143년에 순안현, 1413년에 영천군으로 바뀌어 사용되다가 1995년에 영주시로 정해졌다. 부석사, 소수서원 등이 유명하다. 지역의 주요 특산물로는 풍기인삼, 영주사과, 영주한우 등이 유명하다. 지역 슬로건인 '36.5 소백힐링 영주'는 사람의 체온과 같은 북위 36.5도에 위치했다는 지리적 특징과 소백산의 이미지를 보여준다.

- **축제 기획 의도** 영주 지방에서 자라는 풍기인삼만의 장점을 강조해 다른 지역 인삼과의 차별화와 우수성을 알리고, '지구촌의 건강한 삶을 책임지는 만고의 영약 풍기인삼'이라는 슬로건과 함께 세계적인 건강축제로서 자리 잡고자 한다.
- **최초 개최 연도** 1998년
- **축제 시기 및 예산** 10월(9일간), 2017년 예산 8억 원
- **축제 장소** 경북 영주시 풍기읍 남원천변
- **주최/주관** 영주시/(재)영주문화관광재단
- **주요 프로그램** 풍기인삼 퍼포먼스, 풍기인삼 설화 마당극, 음악회, 풍기인삼 홍보관, 산삼 보디빌딩대회, 인삼캐기체험, 인삼깎기대회, 인삼&건강체험 존 등

- **축제 현장 스토리** 영주는 소백산에서 흐르는 계곡물의 운치가 매우 아름답다. 온천을 하고 맑은 계곡 물속에 발을 담그고 감상에 젖다보면 황홀하기 그지없다. 내가 풍기인삼축제에 총감독으로 참여하게 된 계기는 지금 생각해도 아이러니하다. 축제와 관련해 축제 담당자를 찾아가면 대화가

사진 출처: 제이비 컴즈

통하지 않던 상황이었다. 게다가 거의 자체적으로 축제를 준비하거나 지역 방송사와 밀착된 축제로 진행되었기에 포기하고 있었다. 내가 보령머드축 제를 총감독하고 있을 때 풍기인삼축제 담당 김유철 계장이 보령머드축제 를 벤치마킹하러 왔다가 총감독 체제를 이해하고 의뢰하고 싶다고 했다. 하지만 공연비, 시스템비 등은 책정되었어도 총감독 및 종합 연출료는 책 정이 되어 있지 않은 상황이었고, 2개월간의 협상 끝에 결국은 도와주기로 하고 연출에 임해 잘 마무리했다. 그러나 그 다음 해에는 같이 진행했던 축제 담당자들이 바뀌고 다시 지방세로 회귀해 그만두었다.

• 발전 방향 풍기하면 소백산 줄기에서 이어지는 온천과 부석사, 선비촌 등 관광지와, 사과 등의 특산물을 가지고 있다. 인삼하면 금산은 유통지로서, 풍기는 인삼의 품질로서 유명하다. 축제는 크게 지역축제와 관광산업형 축 제로 분리할 수가 있다. 지역축제는 지역민의 화합에 목적을 둔 축제이다. 만일 관광산업형 축제를 목표로 한다면 전국적인 가치를 만들어 낼 수 있 어야 한다. 그런 관점에서 볼 때 전문성이 부족한 지역 방송사와 함께 할 때까지는 관광산업형 축제로의 도약은 힘들 것이라고 본다. 풍기인삼축제 는 풍기역과 역 앞 광장, 상가, 둔치 모두를 축제장으로 구성할 때 축제다 운 축제를 만들어 갈 수가 있을 것이다. 또한 민간단체와 행정조직이 조건 없이 생산적인 축제를 위해 머리를 맞대어 기획·연출할 때 관광산업형 축 제로서 발돋움하고 다시 찾고 싶은 축제로 만들어 갈 수 있을 것이다.

좋은 인삼을 구매하기 위해 풍기로 간다는 말도 있을 정도로 풍기인삼은 가치가 높다. 현대의 축제는 남들과 비슷하게 구성해서는 인기를 얻기 어 렵다. 뭔가 돌파구를 찾아야 하지 않을까 생각한다.

현재 협소한 공간 둔치에서 인위적으로 구성하는 축제를 풍기역 주변과 연 계해 축제도시로 만들어가는 것이 풍기인삼축제를 브랜드화 할 수 있는 방법이라고 본다. 그러기 위해서는 철저한 기본계획이 바탕이 되어야 가능할 것이다. 축제 전문가의 기본계획이 없다면 메이저 축제로서 글로벌 축제로 도약할 수가 없을 것이다. 전국에서 사랑받는 풍기인삼축제를 만들어 낼 수 있는 자질이 필요하다. 그다음 글로벌 축제로 발전하기 위한 기본계획과 방향을 구성해야 할 것이다.

이제는 메이저 축제 즉 글로벌 축제로의 도약을 위한 마인드를 가져야 하지 않을까 생각한다. 지금은 축제 재단이 생겨 전문가를 영입해 운영하고자 노력을 하고 있다. 그러나 그 운영시스템에 대해서는 좀 더 지켜 볼 필요가 있을 것이다. 아직까지 우리나라에서는 공연 등 특화된 이벤트성 축제를 제외하고 일반 축제에서 재단 운영시스템으로 성공한 축제는 많지 않기 때문이다. 재단 운영시스템이 오히려 독이 될 수도 있다. 2017년의 축제를 보면 가치를 높이거나 콘텐츠를 살리지 못한 채 이벤트성으로 진행되고 있다. 15년 전에 비해 달라진 게 별로 없다는 얘기다. 이러한 상황과 시스템이라면 관광산업형 축제로서의 가치를 만들어가는 길은 요원할 뿐이다. 자생력이 없는 재단, 콘텐츠를 만들어내지 못하는 재단이라면 본래의 설립 취지를 생각해 과감한 개선이 이뤄져야 한다.

❼ 순창장류축제(전 우수축제, 현 유망축제)

순창군은 전라북도 남부에 위치해 있다. 인구는 3만여 명이다. 마한 시대에는 오산, 옥천으로 불렸고, 백제 시대에는 도실, 남북국 시대에는 순화로 개칭되다가 현재의 지명인 순창은 고려 때에 지어졌다. 노령산맥과 섬진강을 끼고 있다. 내장산국립공원, 강천산군립공원, 섬진강 등 자연관광자원이 풍부하다. 주산업은 농업으로 특히 고추가 훌륭해 지역 특산품으로 고추장이 널리 알려져 있으며 지역 슬로건인 '순창이 참

좋다' 또한 고추와 장독대를 형상화 하고 있다.(함께하는 발전 행복한 순창)

- **축제 기획 의도** 장류를 테마로 다양한 체험거리와 볼거리, 푸짐한 먹거리를 통해 군민에게는 문화 향유의 기회 제공과 관광객에게는 장류의 맛과 멋을 제공하고 잊혀져가는 전통장류문화를 재조명하고자 기획되었다.
- **최초 개최 연도** 2006년
- **축제 시기 및 예산** 10월(3일간), 2017년 예산 8억5400만 원
- **축제 장소** 순창전통고추장민속마을, 순창읍 일원
- **주최/주관** 순창군/순창장류축제추진위원회
- **주요 프로그램** 순창고추장 상설체험 마당, 순창고추장 임금님 진상행렬, 2017인분 고추장 떡볶이 만들기, 장류주먹밥 모자이크, 장류를 테마로 한 각종 체험 및 공연, 전시 행사 운영 등

· 축제 현장 스토리 순창하면 고추장이 떠오른다. 나는 미스코리아 및 지역의 미인선발대회의 기획·연출을 많이 했는데 1990년대 후반 미스순창 고추장 아가씨 선발대회를 기획, 연출하기도 했다. 2006년은 제1회 '순창장류 축제'가 새로 탄생되는 시점이었다. 하동야생차문화축제 총감독을 맡고 있던 당시 서울로 올라오는 길에 순창에 오후 6시 넘어 도착하게 되어 5분

사진 출처: 제이비 컴즈

이라는 짧은 시간 축제 담당자와 이야기를 나누었고 그 후로 여러 번 연락이 와서 총감독 체제에 대한 질문에 답을 하고, 군수님과 미팅을 한 후에 총감독을 맡게 되었다.

축제팀장이 군수에게 "축제를 만드는 첫해인 만큼 풍부한 노하우가 있는 총감독을 선임해 같이 만들어가야 한다. 행정적인 공무원들만으로는 성공적인 축제를 만드는 데에 있어 한계가 있다"고 설득을 했었다는 말을 나중에 들어 알게 되었다. 축제장이 외진 곳에 있지만 많은 관광객의 유입으로 문화체육관광부 지정 축제로서 자리매김해 가고 있다. 더욱더 성숙되고 생산적인 축제로 가고자 한다면 관광객과 소비자의 추억이 될 수 있는 체험행사와 국제화에 맞추어 기획, 연출을 하는 것이 필요하다고 본다.

· 발전 방향 나는 평소에 순창고추장을 즐겨 먹는다. 밥에 순창고추장과 참기름만 넣어 비벼먹을 정도로 순창고추장을 좋아한다. 지금은 다양한 양념장이 나와 맛을 더 하고 있다.

고추장으로 유명한 순창에는 순창고추장단지가 있어 분위기가 더 살아난다. 또한 2016년 장을 보관하는 창고에 착안해 발효소스 토굴을 만들었는데 현대기술을 접목해 만든 세계 유일의 장 저장고이다. 토굴 내에 전시용품과 카페까지 갖춘 명소로 만들어 가고 있다. 또한 2017인분 떡볶이 만들기 행사 등 많은 대중이 참여하는 프로그램들은 축제의 가치를 높여준다. 현재의 축제장은 나름대로 확장해 여러 가지 풀어갈 수 있는 여건을 가지고 있다. 여러 가지 콘텐츠가 다양하게 있으나 확실한 콘텐츠를 더 보강해 만들어 갈 필요가 있다. 부족한 부분은 아직 아쉬움으로 남지만 열정이 있으니 조만간에 만들어 낼 것이라고 본다. 좀 더 조직적이고 현실적인 운영시스템을 갖추고 글로벌 축제의 가치를 지닌 구성을 한다면 가능성이 높다고 본다.

❽ 서천한산모시문화제(전 우수축제)

서천군은 충청남도 서남부에 위치한 소도시로 인구가 6만여 명이 있다. 고려 말기에 해적질을 일삼던 왜구를 진압하기 위한 진포해전이 발발한 곳이다. 장항산이 개통되어 번창하기도 했다. 주요 관광지로는 마량리 동백나무 숲, 금강하구둑 철새도래지, 한산모시마을, 신성리 갈대밭과 8가지 테마 체험이 가능한 농산어촌 체험마을과 교육농장, 국립생태원이 있다. '행복한 군민, 희망찬 서천'이라는 슬로건은 서천 발전의 궁극적인 목표인 '행복'과 '서천'을 나타낸다. 지역 특산품으로는 생산 과정이 유네스코 세계무형유산으로 등록된 한산모시가 있다.

- **축제 기획 의도** 유네스코 인류무형문화유산인 '한산모시 짜기'의 우수성을 국민에게는 물론 외국 관광객 등에게도 널리 알려 한산모시산업의 경쟁력을 강화시키고, 한편으로는 축제로서 볼거리도 풍성하게 만들어 누구나 즐길 수 있는 축제가 되고자 한다.
- **최초 개최 연도** 1989년
- **축제 시기 및 예산** 6월(4일간), 2017년 예산 8억 원
- **축제 장소** 충남 서천군 한산면 한산모시관 일원
- **주최/주관** 서천군/한산모시문화제추진위원회
- **주요 프로그램** 한산모시글로벌패션쇼, 저산팔읍 길쌈놀이, 맛자랑 경연대회, 전통모시 현대모시 체험 등

- **축제 현장 스토리** 나는 서천군의 축제를 20여 년 동안 스케치해 왔다. 거의 매년 입찰을 통해 진행하는 관계로 확 달라지는 모습은 찾아보기 힘들었다. 대부분 공간이 협소한 모시관 주변에서 기획, 구성, 연출하고 있어

축제 구성에 한계성을 가지고 있었던 것이다.

그러던 중 축제 담담 팀장인 김맹선 팀장과 파트너로 4년여 동안 현장에서 컨설팅을 하다가 서로 의기투합해 최우수축제를 향한 목표의식을 가지고 총감독으로 참여했다. 그 이전에는 입찰을 통한 대행사 체제로 운영된 관계로 소외된 지원 단체나 실·과·소를 참여시키고 협소한 축제장을 확장하기 위해 산을 깎아서 축제장을 확장해 축제 관련 시설물들을 모두 설치했다. 그러나 2015년 6월 축제를 5일 앞두고 메르스가 확산되는 악재가 일어났다. 이로 인해 축제는 연기되다가 결국 취소되었다.

어쩔 수 없이 소 잃고 외양간 고치기와 같은 얘기가 되어버렸지만 내가 늘 주장했듯이 축제를 운영하는데 있어서 입찰체제가 아닌 지역 인프라 구축에 더 주력했다면 축제는 쉽게 취소되지 않았을 것이라는 생각을 해본다. 입찰대행사 체제로 운영함으로써 공무원과 지역민의 관심도가 저조하고 참여율이 적었던 측면도 축제 취소에 작용을 했을 것이라고 본다. 나는 주어진 예산과 장소만을 가지고 축제를 구성하지는 않는다. 장기적인 안목에서 성장 가능성을 분석하면서 점차적으로 발전할 수 있는 여건을 만들어 간다. 그만큼 담당공무원에게서도 열정이 있어야 같이 할 수가 있다고 본다. 그때 당시 김맹선 팀장의 열정과 축제에 대한 관심도는 아주 높게 사고 있다. 김맹선 팀장같이 소신과 열정을 가진 사람이 지속적으로 축제

사진 출처: 제이비 컴즈

를 담당했다면 지금은 최우수축제로 승격되지 않았을까 하는 생각을 해본다. 그 후 2016년 1월 인사이동으로 인해 열정이 높던 김 팀장은 다른 데로 가고 새로운 분들과 함께 2015년의 데이터를 업그레이드한 상태로 축제를 진행해 최고의 작품을 만들었지만 더 이상의 확장은 해 나가지 못했다. 1년간 축제가 쉬는 동안 축제에 대한 개념과 공감대가 계속 이어지지 못한 점이 매우 아쉬웠다.

· 발전 방향 한산모시문화제는 협소한 장소의 관계로 방문객의 체류 시간을 확보하는데 어려움이 있었다. 지금은 나름대로 공간을 확장하고는 있지만 보다 더 크게 확장해 나갈 필요가 있다. 모시라는 것이 고가품인데다 대중적인 상품이 아니어서 콘텐츠를 새롭게 만들어 정착시키는데 어려움이 있다. 그러나 유네스코문화유산에 등재될 정도로 가치를 인정받고 있다.

모시도 시대의 흐름에 따라 다루기 쉽고 대중성 있게 생산해 단가를 낮춘다면 가치가 높기에 산업의 축제로 가능할 것이다. 또한 축제장의 확장과 지역 인프라를 육성해 함께 만들어가는 시스템, 즉 모시체험문화와 콘텐츠가 있는 프로그램의 개발과 대중성 있는 명품 패션쇼로서의 입지를 강하게 다져 나간다면 모시의류 패션쇼의 명소로서 가치를 높여 생산적인 축제로 만들어 갈 수 있을 것이다.

---

❾ 괴산청결고추축제(현 유망축제)

괴산군은 충청북도에 위치해 있다. 총인구가 3만 8000여 명으로 구성되어 있다. 지역명은 태종 무열왕(김춘추) 때 신라의 찬덕 장군이 적군에게 항복하지 않고 자결한 일을 기리기 위해 '가잠성'을 '괴양'이라고 부른 것에서 유래했다. 육군학생군사학교가 위치해 있으며, 지역 내 관광지로는 속리산국립공원, 화양동계곡, 연풍향교, 연풍성지 등이 있다. 주요 특산품은 감자, 대학 찰옥수수, 청결고추 등이 있으며, '유기농 괴산! 장수 도시!'라는 슬로건으로 괴산이 전국에서 100세 이상의 어르신이 가장 많은 지역인 이유를 이러한 유기농·친환경 농산물임을 강조하고 있다.

· 축제 기획 의도 괴산군은 조선 시대부터 고추를 재배한 지역으로 매년 본격적인 고추 출하시기를 맞아 축제를 개최한다. 우리나라의 농업경제와 국민 식생활의 중심에 있는 괴산고추를 브랜드화 해 괴산을 찾는 소비자들에게 알리고자 한다.

· 최초 개최 연도 2001년

· 축제 시기 및 예산 8월(3일간), 2017년 예산 7억3800만 원

· 축제 장소 문화체육센터, 미니축구장, 종합운동장, 동진천 일원

· 주최/주관 괴산군 문화관광과/괴산축제위원회

· 주요 프로그램 황금고추를 찾아라, 전국고추요리경연대회, 고추 달린 물고기를 잡아라, 고추잠자리 마당(캠핑체험) 운영 등

· 축제 현장 스토리 전국에 많은 고추 생산지가 있지만 괴산청결고추축제를 이끌어가는 분들에게 앞서가는 이벤트 마인드가 있었기에 '괴산청결고추축제'가 문화체육관광부 지정 축제까지 올라 갈 수가 있었다고 본다. 괴산고추축제는 지금은 관광과 축제팀에서 기획을 하고 있지만 예전에는 유통센터에서 기획을 했다. 옆 동네 음성에서는 지역축제로서 한계성을 가지고 운영되었지만 괴산은 전국 축제로서 자리매김했다. 유통센터에 방문해 함께 직접 재배한 상추 등을 뽑아 꽁보리밥과 함께 쌈을 싸먹기도 했다. 우리 회사에서 컨설팅을 하면서 축제에 관한 시야를 넓혀주었고, 문화체육관

광부 지정 축제에 선정되기까지 일조를 했다는 자부심과 뿌듯함이 밀려오기도 한다. 고추축제 개막식의 식전 행사로 괴산군민 5만 명의 밥을 지을 수 있다는 대형 가마솥의 제막식과 나눔의 이벤트행사는 더할 나위 없는 즐거움을 주었던 것 같다.

지금은 틀에 박힌 입찰제도 속에서 지역 방송사와 함께 운영하다보니 더이상 발전이 되지 못하고 있는 상황이 아쉽다. 축제에서는 먼저 즐거움이 있어야 한다. 무더운 여름에 둔치에서 이루어지는 만큼 물놀이와 연계된 상품으로서 정체성을 찾아간다면 옛날의 향수를 다시금 누릴 수 있는 가치가 충분히 있다고 본다.

· 발전 방향 나는 오랫동안 괴산고추축제를 총감독했기에 내용에 대해 나름대로 깊이 알고 있다고 생각한다. 임각수 전 군수님은 대한민국에서 다섯 손가락 안에 드는, 축제에 대한 열정을 가지고 계신 분이었다. 축제와 관련해 방문하면 직접 안내를 해주시고 어떤 시기에는 1박 2일 일정에서 저녁과 아침, 점심 등 3식을 같이 하는 경우도 있고 또한 축제장과 관광안내를 직접 받는 경우도 있었다.

그러나 군의 재정이 약해서 그런지 예산이 거의 늘지 않는다는 게 아쉬움이다. 욕심이 있다면 축제를 구성하는데 있어 예산부터 조금씩이라도 올려

사진 출처: 제이비 컴즈

나갈 것이라는 생각을 하는데 어떤 복안을 갖고 있는지 모르겠다. 매년 거의 비슷한 예산을 갖고 새롭게 구성하고 추진하다보니 좀처럼 눈에 띄는 변화를 만들지 못한다. 괴산군의 고추시장이 대한민국 고추시장의 단가를 주도한다고 한다. 그만큼 명성과 생산량을 가지고 있다. 그 가치를 살려 메이저 축제로 도약할 수 있는 전문성을 가지고 구성, 연출했으면 좋겠다. 더 이상 변화를 하지 못하고 있는 이유는 좁은 견문과 닫혀있는 마인드 탓이다. 또한 지역이라는 테두리에서 벗어나지 못하고 있는 자문과 구성, 연출 및 운영시스템도 그 원인이라 볼 수 있다. 좀 더 열린 마인드로 외부와 소통하며 견문을 넓혀 관광산업형 축제로 만들어가길 바란다.

---

❿ 태백산눈축제(전 유망축제)

태백시는 강원도 남동부에 위치해 있다. 총 인구 4만8000여 명. 삼한시대에 진한에 속한 국가인 실직국의 지역이었으며, 고구려 때 사직국, 신라 때에 북령을 거쳐 삼척군으로 개칭되었다. 태백산맥에 의한 고지대로 과거에는 탄광도시로 많은 발전을 이루었으나, 잇따른 폐광의 여파로 쇠퇴를 겪으며 현재는 'Always Taebaek'이라는 지역 슬로건을 주제로 태백산 등지의 자연자원을 이용해 사계절 내내 방문할 수 있는 관광도시로의 변화를 가져오고 있다. 주요 특산물은 태백산맥의 높은 지형을 이용한 고랭지 채소 종류가 있다.

• **축제 기획 의도** 탄광도시에서 관광도시로 변화하는 태백시를 태백산의 설경을 통해 이미지화 하고 축제를 통해 홍보하고자 시작했다. 현재는 대한민국의 대표적인 겨울축제로 자리매김했으며 나아가 국제적인 축제로의 도약을 꿈꾸고 있다.

- **최초 개최 연도** 1994년
- **축제 시기 및 예산** 1월(10일간), 2017년 예산 10억1500만 원
- **축제 장소** 태백산국립공원, 황지연못, 365세이프타운 등 시내 일원
- **주최/주관** 태백시 관광문화과/태백시 축제위원회
- **주요 프로그램** 눈 조각 전시, 개막행사, 전국 대학생 눈 조각 대회, 눈꽃등 반대회 및 눈 미끄럼틀 등 겨울 체험 프로그램

· 축제 현장 스토리 나는 90년대 중반에는 스포츠의 개막 쇼, 올스타전 등 공중파 TV 빅쇼를 현장에서 진두지휘하며 연출했기에 방송에 익숙하고 TV, 라디오 등 공개방송 전문 대행사를 했기에 방송의 흐름에 강했다. 1999년 태백산눈축제 때문에 지역을 방문하니 B급 가수 400만 원 씩 3개 팀으로 개막 축하쇼를 위해 준비하고 있었다. 3개 팀 합치면 1200만 원인데, 300만 원 더 쓰면 가수 15개 팀과 TV 녹화방송, TV 예고파트 30회를 해준다고 제안해 태백의 눈축제를 수주했다. 나는 빙등제 담당자들을 컨설팅했다. 또한 '태백눈축제'의 컨설팅과 심사위원을 맡으면서 2010년의 눈축제에 앞서 관계자들을 하얼빈의 빙설제와 빙등제에 모시고 다녀왔다. 한국에서 최고라고 생각하며 자부심이 강했던 이들은 중국의 빙설과 빙등제의 대형작품을 보면서 입을 다물지 못했다. 이처럼 답사를 통해 축제를 벤치마킹하게 되고 시야를 넓힐 수 있었던 계기가 되었다. 태백의 눈 작품이 약 6m×40m 크기의 작품이라고 보면 중국의 작품은 약 40m×200m의 눈 작품이기 때문이다. 빙등 또한 높이 40여 미터와 넓이 몇 백 미터로 구성된 작품들이 즐비하다. 쑹화강에서 무한대로 얼음을 채취해 작품을 만들 수 있게 하는 눈의 도시가 바로 하얼빈이라고 본다. 중국은 일정한 박스에 눈을 다져가며 쌓는 방법으로 운영되고 있었지만 태백은 눈을 쌓고 구멍에 물 눈으로 채워나가는 방식으로 운영되던 것이 현실이었다. 그

후 한국의 눈 쌓는 방법과 조각하는 방법에 있어 많은 변화가 일어났다. 눈 조각은 날씨의 기온차가 있긴 하지만 눈 쌓는 방법에 따라 아름다움의 차이가 생기는 것이다. 태백은 매년 가뭄과 따뜻한 날씨 때문에 곤욕을 치른다. 예전에는 없던 겨울 가뭄이 생기고 기온이 상승하는 자연현상이 일어나는 것이다. 지금은 매번 입찰을 통해 일괄입찰 하는 방법으로 운영하는 시스템이기에 지역 인프라를 양성하지 못하고 있는 점이 아쉬움으로 남는다. 2010년 경 태백에도 이정우 팀장과 여걸 같은 손순옥 주무관 등의 열정에 의해 많은 변화를 유도했고 문화체육관광부 지정 축제에 선정되기도 했지만 그 이후 담당 직원들이 바뀌면서 쇠락의 길로 들어섰다. 다시 한번 '열정' 공무원이 나타나길 고대해본다.

· 발전 방향 태백의 산은 명산으로 유명세를 떨친다. 탄광지에서 지금은 관광지로 탈바꿈하고 있다. 그러나 정책이 문제라고 본다. 온난화라는 기후 변화도 해결해야 할 문제라고 본다. 현실적인 관광상품의 축제 구성과 운영시스템에 대한 변화도 필요하다. 태백이 겨울관광지로 도약하고자 한다면 겨울관광지의 이미지를 안고 개혁적인 변화를 시도할 때 가능할 것이다. 또한 운영조직시스템도 현실적으로 바꾸어 지역 인프라를 육성해 함께 만들어 갈 수 있는 시스템이 정착되어야 할 것이다. 특화된 이벤트성의 축제

사진 출처: 제이비 컴즈

도 필요하겠지만 정책성이 있는 산업축제로 만들어 가는데 있어 이론과 비현실적인 자문보다는 현실성 있는 자문단들의 지원으로 다시 한번 탈바꿈해 겨울도시의 이미지로서 관광상품을 만들어 갈 수 있는 장기적인 계획이 필요하다고 생각한다. 좀 더 열린 마음으로 넓은 세상을 바라보면서 운영 시스템을 바꾸어 갔으면 하는 바람이다.

⑪ 함양산삼축제(전 유망축제)

함양군은 경상남도 서부에 위치해 있다. 총인구 4만여 명. 신라 말기 경덕왕 때 함양군수로 부임한 최치원이 풍수지리에 따라 인공 숲인 대관림을 조성한 뒤 천령군이라는 이름을 붙였으며 현재 지명은 고려 시대에 붙여졌다. 지리산국립공원, 남덕유산 농월정, 함양상림 등이 관광지로 유명하다. 주산업은 농업이며 지역 특산물 꿀과 한우의 명산지이다. 2020 산삼항노화엑스포의 개최를 준비하며 '항노화 중심, 역동하는 함양'이라는 슬로건을 통해 항노화 미래산업 육성을 통해 함양의 지역 브랜드를 확고히 하며 군민이 행복한 지역으로 만들고자 한다.

- **축제 기획 의도** 지리산의 원시적인 산지자원을 토대로 21세기 세계 최고의 건강웰빙 먹거리를 생각해 국민 건강에 이바지하며, 산양삼을 명품화해 고려 산삼의 시장을 회복함으로써 산삼산업의 세계 중심지를 목표로 한다.
- **최초 개최 연도** 2003년
- **축제 시기 및 예산** 9월(10일간), 2017년 예산 8억5000만 원
- **축제 장소** 함양상림공원 일원
- **주최/주관** 함양군/함양산삼축제위원회
- **주요 프로그램** 산양삼캐기체험 및 황금산삼을 찾아라, 심마니 여정, 산삼주

제관, 심마니 역사문화 체험장, 산삼항노화 국제교역전 및 농·특산물 수출 상담회, 농산물 엑스포, 국제교류행사, 산양삼 전시·판매·공연, 각종 경연 대회 등

· 축제 현장 스토리 함양에는 함양을 이끌어가는 정말 열정이 대단한 분들이 몇몇 있다. 이들은 축제에 대한 열정으로 사비까지 털어 축제를 이끌어 간다. 나는 2011년 함양산삼축제 총감독으로 참여해 전체적인 행사를 재구성하고 문화체육관광부 지정 축제가 될 수 있도록 전략과 전술을 짜서 지원해 주었다. 위원회 등 모든 분들이 일을 할 수 있도록 도와주었다. 그리고 운 좋게 그해 2012년 문화체육관광부 축제에 선정되었다. 그 뒤에는 열정적으로 축제를 이끌어 간 정민수 팀장이 있었기 때문에 가능했다. 그의 열정은 경상남도 전역에 거의 정평이 나 있을 정도였다. 그러나 정 팀장이 인사이동으로 바뀌고 축제도 쇠락의 길을 걸었다. 그만큼 축제 담당자들의 마인드와 열정이 중요하다. 잘 되는 축제는 단체장의 지원과 담당자들의 열정을 볼 수가 있다. 쇠락의 길로 가는 축제는 단체장의 관심도가 높지 않거나 담당자들에게서 열정이 느껴지지 않는다. 그런데 뜨거운 열정을 가지고 열심히 노력을 하는데도 성과가 안 나타난다면 그 지자체는 축제에 대한 전략과 전술을 수정해야 한다. 축제다운 축제로 만들려면 구성

사진 출처: 제이비 컴즈

할 수 있는 내용이 필요한데 그렇지 못한 경우가 대부분이다. 축제가 한 단계 도약하기 위해서는 내용이 중요하다. 함양에는 현재 정민수 과장 외에 양병호 팀장, 박윤호 팀장, 조무숙 팀장이 패기와 열정으로 힘을 쏟고 있고, 그들이 있기에 비전이 있다고 생각한다. 함양은 지금도 산삼엑스포의 개최를 위해 열심히 달려가고 있다.

· 발전 방향 함양은 상림숲과 자연환경의 관광지를 많이 보유하고 있으며 지리산에서는 약초가 많이 생산된다. 하지만 이런 가치의 자원을 활용하는 방법에 있어서는 아쉬움이 있다. 또 열정적인 공무원이 있는 반면에 그렇지 않은 공무원들도 있다. 해마다 축제를 누가 맡느냐에 따라 그 축제의 성장 속도가 정해진다. 그러나 함양은 새롭게 운영시스템을 갖추고자 노력하고 있다. 이러한 운영시스템이 현실적으로 정리되어 열정 있는 공무원들이 이끌어 간다면 빠른 시간 내에 대대적인 변화 속에 산삼엑스포를 향해 돌진할 것이라고 믿는다. 현재 소신과 열정이 있는 분들이 준비하고 있어 빠르게 성장할 가능성이 높은 축제라고 본다.

---

⑫ 홍성역사인물축제(전 유망축제)

홍성군은 충청남도 중서부에 위치한 소도시로 인구는 9만여 명이다. 후삼국 시대 왕건과 견훤의 운주전투가 있었던 지역이다.

3·1 독립운동 기념비, 조양문, 홍주의사총, 성삼문 선생 유허지, 김좌진 장군 생가지, 한용운 선생 생가지 등 근대 독립운동에 관련된 관광자원이 많다.

국내 최대의 축산 단지로 홍성한우·한돈이 지역특산물이며, 이외 광천김, 토굴 새우젓 등이 있다. '미래로(美來路) 홍성'이라는 슬로건을 통해 사람, 미소, 웃음을 연상시키는 모티프를 통해 즐거움과 행복이 살아 숨 쉬는 홍성의 모습과 홍성인의 온화하고 따뜻한 마음을 표현하고 있다.

- **축제 기획 의도** 홍성 출신의 고려 말 명장 최영 장군, 사육신 성삼문, 한용운 선사, 김좌진 장군, 한국무용의 본류인 한성준 선생, 현대미술가 이응노 선생과 같은 역사 인물에 대해 홍보하며 외래 관광객에게 홍성에 대한 이미지를 제고하고자 한다.
- **최초 개최 연도** 2004년
- **축제 시기 및 예산** 9월(10일간), 2017년 예산 10억 원
- **축제 장소** 홍성군 홍주성 일원
- **주최/주관** 홍성군/홍성역사인물축제추진위원회
- **주요 프로그램** 고려 최영 무과마을, 조선 성삼문 한글마을, 일제강점기 한용운 독립마을, 일제강점기 김좌진 독립군마을, 근대 한성준 전통춤마을, 근대 이응노 미술마을

• 축제 현장 스토리 홍성내포축제는 나에게 있어서 인연이 깊은 축제였다. 그동안 추진위원회가 있었지만 거의 관에서 주도적으로 진행을 했고 2008년도에는 민간 조직으로 모든 예산과 업무를 이양해 관리만 했다. 그때 축

사진 출처: 제이비 컴즈

제위원회에는 팀장과 남자직원 1명, 여자직원 1명을 채용해 일하고 있었다. 단 3명의 직원이 실질적으로 축제를 모두 이끌어가야 하는 상황이었기 때문에 어려움이 많았다. 행정적인 업무에 있어서 축제계가 축제를 운영한다면 계장 1명 또는 소속계원 3~6명, 나아가서 과 직원, 더 나아가서 타과 부서의 협조 체제에서 지원을 받게 된다. 예산 또한 축제예산이 아니라 다른 계나 과로부터 공연 및 시설물에 대해 정당하게 예산 지원을 받을 수가 있다. 그러나 민간 조직으로 넘어가면 추가예산과 공무원의 지원을 받기는 어려워진다. 이러한 상황을 예상해 관과 축제 추진위원장이 총감독과 연출팀을 선정해 지원했지만 추진위원회 기획단의 팀장은 "내가 모두 할 수가 있는데 왜 연출팀이 오느냐"는 불만을 표시하며 연출팀에게 업무를 주지 않고 단독으로 진행했다. 그런데 행사 직전에 업무가 밀리며 진행이 어려워졌다. 이때 나는 급작스럽게 업무를 받아 처리할 수밖에 없었고 어려움은 있었으나 다행히 별 탈 없이 마무리했다. 한 명의 과욕으로 인해 많은 사람을 힘들게 한 사건이었다. 기획단의 3명은 행정 지원만 해주기도 부족한 인력이다. 연출팀이 작품을 잘 만들 수 있도록 지원해 주는 역할을 잘 해야 한다고 본다. 축제 담당자들의 비생산적인 욕심은 전체를 망가뜨리고 결국은 실패의 축제를 만들고 급기야는 지역경제에 손실을 안겨준다.

• 발전 방향 홍성에서는 내포구역을 역사적으로 넓게 풀어 축제를 하고자 했다. 홍성은 김좌진 장군 등 많은 역사적 인물들을 배출한 지역이라 지금은 인물축제를 한다. 그러나 인물을 주제로 축제를 만들어 간다는 것은 쉽지 않은 일이다. 인물축제로 대표적인 축제가 이순신축제이다. 축제는 스토리가 있어야 하는데 난세의 영웅 이순신은 그래도 스토리가 있는데 그외 인물은 스토리를 만들어 내기가 쉽지 않다. 현재의 홍성을 보면 좀 더 넓은 시야로 축제를 구성하는 것이 바람직하다는 생각이 든다. 그것이 지

역권의 축제에서 벗어나 관광산업형 축제로서 사랑 받을 수 있는 길이라고 본다. 축제를 제대로 만들려면 공무원 몇 명이 담당하는 것이 아니라 축제만을 위한 상설 조직체를 만들어 축제에 대한 전문성을 가진 학자나 현장 전문가들이 참가해 함께하는 축제로 만들어야 될 것이다.

⑬ 아산성웅이순신축제(전 예비축제)

아산시는 충청남도 북부에 위치한 총인구 28만여 명의 도시다. 백제 시대부터 기록이 남아있으며 조선 시대 왕들이 애용했다고 전해지는 한국에서 가장 오래된 온천인 온양온천과 충무공 이순신 장군의 영정을 모신 현충사가 있다. 삼성전자 디스플레이와 현대자동차 공장이 위치하고 있어 제조업이 발달되어 있다. 이에 인공지능 또는 인공 지능기술을 상징해 세계최대의 LCD단지가 있는 첨단산업도시임을 상징하는 'Smart Asan'이라는 슬로건을 통해 지역 이미지를 홍보하고 있다.

• **축제 기획 의도** 매년 이순신 장군의 탄신일인 4월 28일을 전후로 진행되며 이순신 장군의 애국·애족정신과 충효정신을 기리며 그 분이 일생동안 행해왔던 삶의 궤적을 참여와 체험을 통해 배운다.

사진 출처: 제이비 컴즈

- **최초 개최 연도** 1962년
- **축제 시기 및 예산** 4월(3일간), 2017년 예산 12억 원
- **축제 장소** 현충사 은행나무길
- **주최/주관** 아산시/(재)아산문화재단
- **주요 프로그램** 이순신 장군 출정식, 무과재연 퍼포먼스, 도전 이순신 골든 벨, 충무공해상대전 및 각종 전시행사 등

· 축제 현장 스토리 2003년 이순신축제를 변화 · 발전시키려는 담당자들의 부탁으로 총감독으로 참여했다. 대대적인 변화 속에 구성, 연출을 했다. 나는 총감독으로서 진두지휘했고 축제 관련 모 교수께서는 홍보관을 맡아 실행했다. 그때 당시 친분이 있던 문화체육관광부 축제 사무관님이 평가차 오셔서 저녁식사를 모 교수하고 같이 하자는 제안을 받고 그렇게 하자고 했다. 그런데 어떻게 업자와 같이 식사를 하느냐고 교수가 반문하더라는 소리를 들었다. 총감독을 맡아 총괄하고 있는 나와 홍보관을 맡아 실행을 하고 있는 모 교수는 같은 업자가 아니던가. 그 이후 2004년에는 시장이 순천향대학교 총장에게 이번에는 순천향대학교에서 총감독을 맡아 진행해 보라는 제안을 했다. 순천향대학교 예술교수가 축제감독을 맡고 학생들이 참여해 축제를 진행했는데 예술교수가 축제 전문가가 아니라서 관계자들과 많은 마찰 속에 힘들게 진행되었다. 2004년 나는 그동안 해오던 조선문화존(조선문화zone) 저잣거리 등을 연출했다. 행사장에서 만난 총감독 교수는 예술감독으로 활동하다가 총장 지시로 처음 해 본 축제였는데 혼란과 마찰로 많은 스트레스를 받고 대인 기피현상까지 생겼다는 하소연을 했다. 단체장 지시로 비전문가에게 축제를 맡겨서 생기는 이런 폐단은 축제 발전을 저해시키는 요소라고 말하고 싶다.

· 발전 방향 아산성웅이순신축제는 현충사를 보유하고 있는 역사단지에서

관광지로 유명세를 떨쳤다. 학창시절 수학여행 필수 코스 중의 하나였다. 이순신의 탄생지로서 여느 지역에 비해 축제가 지니는 역사적 가치가 높음에도 이에 대한 인식이 뚜렷하게 높지 않아 안타까움이 든다. 세계사에서 손꼽히는 해전 영웅이자 대한민국에서 최고로 존경받는 인물인 이순신 장군이 지닌 가치는 두말할 필요도 없이 크다. 대한민국에 두루 퍼져 있는 이순신 장군의 개인적·역사적 현장을 하나로 연계해서 더 큰 가치를 지닌 세계적인 축제로 도약했으면 하는 바람이다.

⓮ 무안연꽃축제(전 예비축제)

무안군은 전라남도 서부에 자리 잡고 있다. 총인구 7만9000여 명으로 전라남도에서 인구가 가장 많은 군에 속한다. 1914년 조선총독부가 목포부와 무안군으로 분리하기 전까지는 목포지역과 통합되어 있었다. 태봉 시기 궁예 세력에 참가하고 있었던 해양 세력의 왕건은 견훤의 후백제를 밑에서 치고 올라가기 위해 나주를 점령하고자 목포에 도착해 나주 지역을 복속했다는 이야기가 전해진다. 아직 널리 알려지지 않았지만 톱머리 해수욕장, 홀통유원지 해수욕장, 조금나루유원지 해수욕장이 훌륭하고 해안일주도로도 마련되어 있어 여름 피서

사진 출처: 제이비 컴즈

지로도 손색이 없다. 서남권의 중심도시로 재탄생하기 위한 다짐을 '군민위한 감동행정, 잘사는 행복무안'이라는 슬로건으로 보여주고 있다.

- **축제 기획 의도** 다른 종의 연꽃과 차별화 된 무안 지역 회산 백련만의 특징을 동양 최대 10만 평이라는 회산 백련지를 통해 홍보하고 축제 기간 외에도 사람들이 찾고 싶은 지역으로 기억에 남기고자 한다.
- **최초 개최 연도** 1997년
- **축제 시기 및 예산** 8월(4일간), 2017년 예산 3억1000만 원
- **축제 장소** 일로읍 회산백련지 일원
- **주최/주관** 무안군
- **주요 프로그램** 개막행사 '금혼식', 세계의 연꽃 전시, 수생식물생태전시관, 수상유리온실(백련 홍보관, 수석전시관), 백련지 잔치마당, 황토골 무안 요리경연대회, 더위사냥 '물총 페스티벌' 등

- **축제 현장 스토리** 서울에서 무안까지 가서 총감독 체제를 도입하고 종합연출 대행 건을 수주해 운영했다. 이때가 문화관광부 지정 축제로서 자리매김하고 있을 때였다. 동양최대라고 하는 10만여 평의 연꽃단지 무안은 매년 조금씩 시설물을 확장해 축제장을 조성해 가고 있었다. 여름에 열리는 백련축제는 주간보다는 저녁 6시 무렵 주변의 관광객이 모여들기 시작해 축제장이 인산인해를 이루곤 했다. 단지 단점이라면 들어오는 입구가 좁아 붐비는 시간엔 들어오는 데만 몇 시간이 걸린다는 것이다. 그러나 매년 논을 임대해 주차장을 늘려가는 모습에는 앞서가는 분위기를 볼 수 있다.

- **발전 방향** 무안연꽃축제 단지의 인프라는 많이 구성되어 있다. 그러나 20

여 년간 지켜본 무안은 관광산업형 축제에 대한 열정이 그다지 높지 않다는 것이 아쉽다. 축제가 장기적인 정책과 계획 속에 체계적으로 진행되는 것이 아니라 그때그때 수시로 이루어지는 시스템은 발전성이 없다고 본다. 나름대로 주변의 여건은 잘 갖추고 있어 이것을 제대로 활용하고 사전에 철저한 준비 속에 체계적으로 열정을 가지고 만들어갔으면 하는 바람이다.

⓯ 대관령눈꽃축제(전 예비축제)

대관령은 강원도 강릉시와 평창군을 연결해주는 태백산맥의 대표적인 고개이다. 태백산맥 중앙에 자리해 있어 고려사에 기록할 정도로 대관령은 다른 지역으로 들어가는 초입이자 신성한 영역으로 여겨졌다. 과거부터 지금까지 많은 사람들이 이용하고 있는데, 과거 선조들이 이용하던 산길은 대관령 옛길이라는 이름으로 남아 등산객들에게 아직도 환영받고 있다. 800m 이상의 고지대이기 때문에 여름에도 덥지 않고 시원하고 열대야가 없다는 장점이 있어 여름에 찾는 관광객이 많다.

• **축제 기획 의도** 풍부한 적설량을 자랑하는 고원지대라는 대관령의 특징을 활용해 모험, 동심의 세계를 만끽할 수 있는 겨울축제로 발전해 나가고자 한다.

사진 출처: 제이비 컴즈

- **최초 개최 연도** 1998년
- **축제 시기 및 예산** 2월(10일간), 2017년 예산 9억 원
- **축제 장소** 횡계리 송천일대
- **주최/주관** 대관령면축제위원회
- **주요 프로그램** 눈조각 전시, 세계 길거리 음식체험, 알몸마라톤, 겨울철 레포츠 체험, 동계올림픽 홍보 및 종목 체험 등

축제 현장 스토리 문화관광부 지정 축제가 되었을 때인 1999년도에 대관령눈꽃축제를 총감독했다. 이때는 축제들에게서 허수가 많은 시기였다. 아직도 허수가 존재하지만 축제 선정 취지에 부응할 수 있도록 올바르게 평가함으로써 재탄생해야 한다고 본다. 대관령눈꽃축제는 '하늘아래 첫 동네'라는 의미를 갖고 산골축제를 지향한다. 또한 용평리조트 입구에서 행사를 진행하면서 용평리조트를 찾는 관광객을 유입하기 위한 방법으로 운영되곤 했다. 1999년에는 눈이 오지 않아 눈꽃축제를 진행하기 힘들었다. 그즈음 1000만 원에 SBS 라디오 공개방송을 유치해 코요테 등 최고의 가수들 15개 팀을 섭외해 공연을 했었는데 지금 생각해 보면 그 시기가 낭만이 있었던 것 같다. 눈이 내리지 않아 눈 조각 만드는데 힘은 들었어도 즐겁게 진행했던 축제였다.

발전 방향 1999년 겨울축제로는 대관령눈꽃축제가 최고로 인정받던 축제였다. 그다음에 인제빙어축제와 태백산눈축제가 있었다. 다른 축제도 나름대로 운영시스템을 갖추고 있겠지만 대관령눈꽃축제는 대관령면에서 주축이 되어 진행하는 축제인 만큼 예산이 넉넉하지 못한 상태에서 운영되었다. 그때는 나름대로 예산이 책정되었다고 보지만 지금은 다른 축제들이 워낙 많은 예산을 집행해 진행하는 관계로 축제의 정체성 등에서 많이 밀리고

있다. 지금은 2018년 평창동계올림픽과 연관되어 많은 지원을 받아 나름 대로 크게 진행하고 있지만 올림픽이 끝나면 지원금 부족과 자생력이 높지 않을 것으로 본다. 축제가 도약하려면 대관령눈꽃축제만이 가진 확실한 콘텐츠와 지역 인프라를 육성해 자생력 있는 메이저 축제로 만드는 것이 답이다. 또한 운영시스템도 현실적으로 바꾸어나가야만 자생력 있는 축제로 만들어 갈 수 있을 것이다.

02 박종부가 총감독한 대한민국 주요 축제 현장 스토리

❶ 신촌문화축제

서울시의 서부에 위치한 서대문구는 동쪽은 종로구와 중구, 남쪽은 마포구, 서쪽은 은평구에 접해있다. 안산, 백련산, 북한산 등 자연 녹지가 풍부하다. 인구는 31만 명 안팎이다. 서대문구는 특히 연세대, 홍익대, 이화여대 등 우리나라에서 대학이 많은 구에 속한다. 젊음의 거리답게 지역 상권도 발달한 편이다.

- **축제 기획 의도** 서대문구에서는 서울시의 예산을 지원받아 연대 앞 신촌거리의 대학상권을 살리기 위한 일환으로 1992년에 신촌문화축제를 개최했다.
- **최초 개최 연도** 1992년
- **축제 시기 및 예산** 매년 5월에 4일간 진행했으나 지금은 없어졌다.
- **주최/주관** 서대문구청/신촌문화축제추진위원회

- **주요 프로그램** 축하공연, 락공연, 대학공연, 기업홍보마케팅 상품전시 등

축제 현장 스토리 1992년에 시작된 신촌문화축제는 일정 금액을 지원해 주고 축제를 맡은 기획사가 대학상권에서 협찬지원금을 받아서 축제를 만들어야 하는 관계로 매우 힘들게 진행되었다. 신촌문화축제를 제4회인 1995년부터 2년간 진행했다. 서대문구청 예산 5000만 원에 대학상권에서 1억5000만 원을 협찬 받아 2억짜리 축제를 만들어 주는 시스템이었다.

처음에는 이벤트사들이 어렵지 않게 생각하고 참여했지만 생각만큼 협찬이 제대로 이루어지지 않자 축소 진행하게 되었고, 그 결과 주최 측과 기획사 간에 불신이 커졌다. 나는 그때 농구대잔치 올스타전 등을 연출하면서 쌓아온 대외적인 신뢰와 인지도를 가지고 있는 상황에서 거래처인 그레이스백화점(현 현대백화점)의 추천 속에 대행사로 선정되어 있었다. 앞서 진행된 축제들이 적자였기에 나 또한 적자를 볼 각오로 참여했고, 결국 메인 협찬사가 되어 지원금과 협찬비 외 자비 약 2억 원을 투자해 5억 원 규모의 축제로 구성, 연출해 서울의 대표 축제로 성공시켰다. 그때 적자를 감수하고 자비까지 투자하며 축제를 진행한 이유는 신뢰 관계를 중요시 여기는 성격 때문이기도 했다. 또한 이 축제를 협찬 유치 계기로 삼아 기업 판촉마케팅 팀과 인연이 되기를 바란 점도 있었다.

사진 출처: 부일기획(현 제이비 컴즈)

축제에서는 적자를 본다고 해도 신뢰와 이미지를 남긴다면 기업 판촉 및 홍보 마케팅과의 인연으로 다른 행사의 실행에서 소득을 얻을 수 있을 것으로 기대했기 때문이다. 2년여 동안 약 4억 원을 투자했다. 이를 인연으로 삼성신용카드의 CI 발표 행사를 수주할 수 있었다.

❷ 칠곡낙동강세계평화문화축전

칠곡군은 경상북도 서남부에 위치해 있다. 총인구 12만 명이다. 신라 시대 팔거리현에서 고려 때 팔거로 바뀐 후 조선 인조 때 가산산성 축조 이후 칠곡도호부로 승격되면서 개칭되었다. 주한 미군 캠프 캐롤이 주둔하고 있는 지역으로 가산산성, 관호산성과 각종 전적 유산까지 남아있다. 임진왜란부터 한국전쟁까지 호국의 역사를 간직한 지역의 특징을 '호국 평화의 도시 칠곡'으로 이미지를 전달하고자 한다.

- **축제 기획 의도** 6·25전쟁의 마지막 보루로서 반전의 기틀을 마련하고 평화 정착의 계기가 된 낙동강 칠곡 지구에서 과거 전쟁의 참혹함과 호국선열의 값진 희생을 되새기며 지금 누리고 있는 평화의 소중함에 대해 생각해보게 한다.
- **최초 개최 연도** 2013년

사진 출처: 제이비 컴즈

- **축제 시기 및 예산** 9월(3일간), 2017년 예산 17억 원
- **축제 장소** 칠곡보 생태공원(칠곡호국평화기념관 일원)
- **주최/주관** 칠곡군/낙동강세계평화 문화 대축전
- **주요 프로그램** 진입로(호국의 다리 속으로), 55일간의 혈투 등 체험 프로그램, 무기 전시(수리온부터 K-9 자주포까지 최신무기전시), 너는 나의 평화다(대형 평화마을) 및 무대 행사, 연계 행사, 학술 행사 등

· 축제 현장 스토리 낙동강 전투의 승리가 없었다면 대한민국이 사라졌을지도 모른다. 전쟁을 테마로 하는 축제는 역사적으로 상처가 깊고 한이 많이 맺힌 축제라고 본다. 이 축제는 입찰을 통해 대행사 체제로 진행한다. 18억(2014년 예산)이 넘는 큰 예산의 행사라서 이벤트사가 대행사의 이름을 빌려 입찰에 참여하고, 대행사에게는 소정의 금액을 이름 빌린 값으로 지불한다. 결국 시작부터 예산이 적게나마 낭비되고 있는 것이다. 행사의 안정성을 위해 이런 제도를 실행한다고 하지만 뭔가 새로운 정책이 필요하다고 본다. 나는 2014~2015년 총감독으로 참여해 대행사를 감리하는 역할을 주로 했다. 예산은 제대로 편성되었는지 프로그램은 제대로 추진되고 있고 낭비는 없는지에 대한 감리 역할이다. 축제 전문성이 없는 공무원이 하기 힘든 부분을 감리했다. 총감독으로 참여해 3,300만 원을 받고 축제 담당자들의 정신적인 지주 역할을 했다. 신속한 일처리로 인력절감과 질적 상승 및 수억 원의 예산을 절감해 주었다. 축전은 나름대로 깔끔하게 정리된 상태에서 운영되고 있지만 대행사에 가는 입찰 금액이 큰 만큼 지역의 인프라 육성에는 한계를 가지고 있는 것이 현재의 모습이다.

행사의 메인 이벤트였던 낙동강 전투 재연행사는 뮤지컬 공연으로 변경해 진행한다. 꼭 추천하고 싶은 프로그램이다. 이번 축전은 국방부 '제8회 낙동강 지구 전투전승행사'와 통합 개최되어 진행되고 있다. 낙동강 지구 전

투전승행사는 대단한 가치가 있는 프로그램으로서 한번은 꼭 관람할 필요가 있는 행사라고 생각한다.

• 발전 방향 역사적인 교훈을 뒤돌아 볼 수 있는 축제로서 의미가 깊다. 이러한 의미를 가지고 우리는 가치를 만들어가야 한다고 본다. 또한 군부대와 지역 단체들이 좀 더 적극적으로 참여해 만들어가는 축전이 되면 더 좋을 것 같다.

---

❸ 성주생명문화축제

성주군은 경상북도 서남부에 위치한 총인구 4만5000여 명의 지방 소도시다. 가야연맹 중 하나인 성산가야(벽진국)가 위치했으며, 고려의 개국공신인 이총언이 출생한 지역이다. 조선팔경 중의 하나인 가야산(가야산국립공원)이 있다. 지역 슬로건인 'Clean 성주'는 성주의 자부심인 청정 자연환경을 나타내고자 한다.

• 축제 기획 의도 생(生)/활(活)/사(死)를 주제로 한 "생명문화" 축제를 통해 문화관광 자원과 연계한 인간의 삶을 재조명하고 생명의 소중함과 숭고함을 다시 한번 일깨우고 전국에서 처음으로 생명과 문화를 접목한 새로운 축제를 통해 생명과 조화를 이룬 문화예술이 살아 숨 쉬는 축제를 만들어 가고자 한다.

• 최초 개최 연도 2011년

• 축제 시기 및 예산 5월(4일간), 2017년 예산 9억 원

• 축제 장소 성주읍 성밖숲 및 시가지 일원

• 주최/주관 성주군/성주군축제추진위원회

- **주요 프로그램** 태봉안 행렬, 개·폐막 공연, 생명선포식 및 성화봉송, 주제 공연 및 문화공연, 태교음악회, 참외진상, 참외가요제, 해외민속공연 등

- **축제 현장 스토리** 성주하면 떠오르는 것이 성주참외이다. 성주생명문화축 제가 진행되기 전에는 성주참외축제가 진행되었다. 성주에는 대한민국 최 고의 태실단지가 있다. 그래서 '생명'이다. 또한 성주에는 조선 전통 마을단 지인 한 개 마을이 보존되어 있어 활에 대한 이미지를 가지며 성산고분이 있어 사후세계 사에 대한 고민을 하게 된다. 이와 같이 생·활·사의 모티 브를 가지고 진행하고 있다.

처음 생명문화축제를 개최할 때 참외농가 등에서 반발도 있었다. 그러나 나 는 축제 전체가 테마 마당으로서 함께 상생할 수 있도록 기획, 구성, 연출했 고 성황리에 마쳤다. 1회부터 함께 참여해 정착을 시켰지만 이제는 관광산업 의 축제로서 다시 한번 도약의 계기를 삼아야 한다. 성주는 지역의 인프라가 나름대로 많이 구성되어 지역민들이 축제에 참여하고 있는 축제라고 본다.

- **발전 방향** 축제가 많이 성장해 나름대로 탄탄한 구성을 만들어가고 있다. 이제는 현재에 안주하지 말고 새롭게 도약해야 하는 입장이지만 협소한 공 간과 주차장 등의 문제가 대두된다.

사진 출처: 제이비 컴즈

다시 한번 관광산업의 축제로 도약을 하기 위해서는 글로벌 축제에 대한 기본 기틀의 축제 구성을 해야 하고 협소한 장소의 해결이 필요하다고 본다.

---

❹ 서울 강서허준축제

강서구는 서울특별시의 서쪽 경계에 위치해 있다. 총인구 56만여 명. 고구려 시대 재차파의로 불리다가 조선 이후에는 금양현, 금천현, 양천군, 양천현 등으로 행정구의 변화를 겪으며 1963년 서울로 편입되었다. 서울에서 유일하게 벼농사를 짓는 구이다. 인근에 김포공항이 자리하고 있으며 서울과 경기도 사이의 교통 중심지이다. 조선 시대 명의 허준의 고향으로 허준박물관이 위치하고 있다. 현재 마곡지구 개발을 중심으로 지역 발전을 도모하고자 '중단 없는 도약, 명품도시 강서'라는 슬로건을 제정했다.

- **축제 기획 의도** 허준 선생의 따뜻한 애민정신과 그 속에서 피어난 동양 최고의 의학서인 동의보감을 기념해 허준 선생의 인술과 한의학을 사람들에게 알리고자 한다.
- **최초 개최 연도** 1999년
- **축제 시기 및 예산** 10월(3일간), 2017년 예산 3억8800만 원
- **축제 장소** 허준근린공원, 허준박물관, 허준테마거리 일대
- **주최/주관** 강서구청/강서문화원
- **주요 프로그램** 허준과 동의보감관, 약초저잣거리마당, 한방 침, 뜸 체험, 약초체험, 허준콘서트 등 공연, 개·폐막 공연, 주제 공연 및 문화 경연, 기타 건강 특별전, 허준 테마등 및 청사초롱 점등 등 사전 프로그램 운영

· 축제 현장 스토리 허준축제는 그동안 입찰제도로 대행사를 선정해서 진행하다보니 매년 비슷한 내용의 축제 모습이어서 '매년 똑같다, 달라진 게 없다, 예산낭비다'라는 평가를 받았다. 이에 따라 축제 담당자와 팀장은 축제가 지닌 문제점을 해결하고자 단체장 등을 설득해 총감독 체제로 시스템을 바꾸어 진행했다. 나는 축제를 맡아 감독료 3천만 원을 받고 기본계획부터 전반적인 축제의 내용을 주제가 있는 콘텐츠로 바꿔 큰 호응을 받았다. 지역 사람들이 함께 참여해 지역 인프라를 구성하는데 신경 썼고 지역 단체에게 프로그램을 맡겨 함께 만들어가는 시스템으로 운영하고자 노력했다. 그러나 축제의 콘텐츠를 만들어 내기 위해 노력했던 축제팀장과 주무관이 인사이동하고 새로운 분들이 담당으로 오면서 축제에 대한 인식의 부족으로 콘텐츠가 무너지면서 다시 이벤트행사로 회귀했다. 이러한 일들이 강서에서만 일어나는 것이 아니라 대한민국 대다수 전역에서 일어나고 있는 상황으로 안타까움이 매우 크다.

· 발전 방향 도시화되어 있는 문화의식과 협소한 축제 장소에서 실행한다는 것에 대한 어려움이 있다. 그러나 시간이 걸리겠지만 지역 인프라를 육성하고 함께 만들어가는 축제로 완성된다면 허준의 사상과 함께 의료기관 단지의 인프라가 육성되어 세계 속의 한의학 메카로서 선구자적인 역할을

사진 출처: 제이비 컴즈

할 수 있을 것이다. 먼저 축제에 대한 인식과 함께 킬러 콘텐츠 개발의 필요성을 느껴야 할 것이다.

❺ 광주남한산성문화제

광주시는 경기도 중동부에 위치해 있다. 총인구 28만여 명. 백제의 500년 수도였던 위례성이 있던 곳으로 추측되는 지역 중 하나이다. 팔당댐 건설로 인해 팔당호와 경안천 습지생태공원이 조성되어 있다. 아름답고 깨끗한 자연경관을 활용해 'Clean 광주'의 슬로건을 제작했으며 깨끗한 자연처럼 깨끗하고 투명한 행정을 하겠다는 다짐을 담았다. 조선 시대에 백자 생산지였던 영향으로 도자 가마터 등 관련 유적이 많이 발견되었으며, 이에 대한 연구·발굴·보존 등의 목적으로 설립된 광주 경기도자박물관이 있다.

- **축제 기획 의도** 남한산성은 병자호란의 위기와 역사를 슬기롭게 대처한 곳이며 2천년 역사 동안 한번도 함락되지 않은 성으로, 최근 행궁을 복원하면서 신라 시대의 기와 등 유물이 발견되어 남한산성에 대한 역사가 새롭게 조명되고 있으며 다양한 문화예술공연을 통해 우리 선조들의 역사와 삶의 지혜를 알리고자 한다.
- **최초 개최 연도** 1996년
- **축제 시기 및 예산** 9월(3일간), 2017년 예산 2억7500만 원
- **축제 장소** 남한산성 도립공원 일원
- **주최/주관** 광주시/광주남한산성문화제추진위원회
- **주요 프로그램** 왕실시찰 퍼포먼스, 한남루 근무 교대식, 남문수위군점식, 수어사성곽순찰행렬, 남한산성 성곽밟기 등 각종 체험행사

· 축제 현장 스토리 남한산성과의 인연도 우연인지 필연인지 모르게 맺어졌다. 그동안 입찰로 축제를 운영했는데 매번 '똑같다', '식상하다' 등의 비판을 받아왔다. 입찰에 따른 대행사 체제에서는 발전이 없다는 인식을 한 주무관은 처음부터 새롭게 다 바꾸고 싶다는 고민을 했고, 그 대안으로 총감독 제도를 도입했다. 나는 총감독으로 선정된 이후 기존 행사에서 벗어나 행궁을 중심으로 한 주제로 2년 동안 연출했는데 다행히 반응이 좋았다. 그러나 열정적이던 담당 공무원들이 모두 바뀌면서 상황 역시 바뀌고 말았다. 새 담당자들은 축제관광 발전 방향과 콘텐츠에 대한 인식부족으로 이벤트형 행사로 회귀했고 추진위원들은 비전문적인 회의와 관광산업형 축제에 대한 인식부족으로 공무원이 직접 운영하는 시스템으로 바뀌었다. 어렵사리 형성되었던 축제 콘텐츠는 빛을 잃고 축제는 무대공연이 중심이 되는 이벤트행사로 회귀해 버린 것이다. 남한산성축제는 특별한 장소적 공간을 가지고 있다. 타 축제의 경우 장소의 활용을 관내에서 처리하면 되지만 남한산성은 달랐다. 남한산성은 광주시의 땅이면서도 관리는 경기도청이 하고 운영은 문화재청과 현장관리소가 하며 위탁은 문화재단이 하는 삼각관계로 서로 협조가 되지 않으면 진행이 어려운 축제다.

· 발전 방향 천혜의 요새인 남한산성은 유네스코에 선정되었을 만큼 높은

사진 출처: 제이비 컴즈

가치를 가지고 있다. 전설과 민담 등 설화도 많아 스토리텔링하기에도 매우 적합하다. 그러나 협소한 장소 여건과 도로가 2차선 외길인 문제로 축제를 진행하기가 어렵다. 서울에서 서문까지 올라갈 수 있는 케이블카 설치와 글로벌 전통공연장을 지어 공연을 함으로써 가치를 높이고 마을에 전문 단지를 구성하는 것이 관광상품을 만들고 글로벌 축제로 도약하는 방안이라 생각한다.

❻ 증평인삼골축제

증평군은 충청북도의 중부에 위치해 있다. 총인구 3만7000여 명이다. 고구려 때는 도서현으로 불렸으며, 이후 도안현, 청안현 등 변화를 겪다가 1914년 증평이라는 이름을 얻었다. 좌구산휴양림, 좌구산천문대가 있으며, 인근에 단체 휴양도 가능한 율리휴양촌이 위치하고 있다. 주산업은 제조업으로 두산전자, 풀무원, 동양시멘트 등의 공장이 있어 산업단지가 조성되어 있고, 최근 2단지를 건립 중이다. 희망, 행복, 미래라는 키워드로 지역 발전과 군민 복지 모두 신경 쓰고자 '전국 최고의 살기 좋은 증평 건설'이라는 슬로건을 내놓고 있다.

사진 출처: 제이비 컴즈

- **축제 기획 의도** 고유의 특산품인 홍삼포크와 인삼을 널리 알리고 지역의 전통과 농산물의 우수성을 홍보하는데 주력해 농가소득 및 양돈 사업에 이바지 하고자 한다.
- **최초 개최 연도** 1992년
- **축제 시기 및 예산** 9월(4일간), 2017년 예산 3억2500만 원
- **축제 장소** 증평군 보강천시민체육공원 일원
- **주최/주관** 증평군/증평문화원
- **주요 프로그램** 인삼캐기 체험, 농·특산물 즉석경매, 홍삼포크 삼겹살대잔치, 국제청소년페스티벌 등

축제 현장 스토리 금전적인 이득보다는 인간적인 관계에서 총감독을 맡아 6년 동안 증평에서 축제를 컨설팅하고 축제의 기본구성안을 만들었다. 기본계획은 관에서도 관여했지만, 주 실행은 문화원에서 담당했다. 증평에는 전통행사인 들노래와 인삼과 삼겹살을 모티브로 진행한다. 아직까지 예산의 집행이나 관광산업형 축제로의 도약에 대한 미래 계획은 가지고 있지 않으며 현재까지는 지역의 화합축제로서 탄탄하게 자리매김하고 있다.

발전 방향 협소한 장소이지만 냇가에 나름대로 공간을 구성하고 있다. 관광산업형 축제로 도약하려면 의지와 마인드에 대한 변화가 필요하다. 증평의 전통 들노래와 홍삼, 삼겹살을 3가지 테마로 구성해 연출하면 관광산업형 축제로서도 가치가 있다고 생각한다.

---

❼ 청송 도깨비 사과축제

청송군은 경상북도 중동부에 있는 총인구 2만6000여 명의 작은 지방

도시다. 청송이 유네스코 세계지질공원에 등재되어 국가지질공원, 주왕산국립공원과 달기 약수탕 등이 관광명소이다. 청송지역에 남아있는 고택을 이용해 만든 한옥 숙박시설인 민예촌과 청송자연휴양림 등 원하는 여행 테마를 정하기에 알맞은 숙소들도 준비되어 있다. 주산업은 농업으로 고추와 사과가 유명하다. 이런 청정 자연 환경 이미지를 활용해 '자연을 노래하다, 청송'이라는 슬로건으로 관광자원을 홍보하고 있다.

- **축제 기획 의도** 청송사과의 우수성을 대내외에 널리 홍보함으로써 차별화된 청송 친환경 사과의 이미지를 부각시켜 사과 생산 농가의 소득향상을 기하고, 풍성한 수확의 기쁨을 생산자와 소비자가 함께하는 한마당축제로 승화, 발전시키고자 한다. 또한 국민의 일상에서 구전된 도깨비 이야기 등으로 청송군민의 문화와 정서를 담아내고자 한다.
- **최초 개최 연도** 2004년
- **축제 시기 및 예산** 11월(4일간), 2017년 예산 4억5000만 원
- **축제 장소** 청송사과공원 등
- **주최/주관** 청송군/청송군축제추진위원회
- **주요 프로그램** 사과도깨비 퍼레이드 및 사과도깨비 춤 경연대회, 청송군 향

사진 출처: 제이비 컴즈

토음식 및 사과요리 경진대회, '청송을 그린다 展' 전시회, 청송캠핑축제

• 축제 현장 스토리 내가 참여하기 전 청송의 사과축제는 마을 축제 수준으로 진행되고 있었다. 청송사과축제는 강병극 팀장의 열정으로 체제를 바꾸어 오늘날의 대형 축제로 발전할 수 있는 토대를 만들었다. 그동안 문화원에서 진행하던 축제를 사과협회와 추진위원회를 만들어 운영했다. 이렇게 진행 주최가 바뀌는 과정에서 축제담당 공무원과 전년도 행사 참여 이벤트 관계자들 사이에서 갈등이 생겨 멱살잡이하는 일이 생기기도 했다.

나는 이같이 혼돈의 상황에서 총감독으로 참여해 전체의 틀을 바꿨다. 실·과·소와 단체 앞에서 보고를 하는 자리에서도 전년도 축제 관계자들이 이렇게 하면 안 된다며 항의를 했다. 하지만 나는 흔들리지 않았다. 수십 년 동안 총감독하면서 별별 사건들을 다 겪어 이런 일들에는 이골이 나 있었기 때문이다. 다행히 행사가 성황리에 끝나 주위로부터 극찬을 받았고 군수님으로부터 고맙다며 식사 대접을 하고 싶다는 연락이 오기도 했다. 그나저나 축제 운영시스템은 이듬 해 다시 담당자 인사이동으로 인해 개혁적인 변화는 시도하지 못했다.

• 발전 방향 청송사과축제는 청송사과의 특성상 11월에 진행한다. 주변에 있는 주왕산 가는 길인 사과공원에서 진행을 하는데 읍내와 많이 떨어져 있다. 11월 날씨는 춥고, 때에 따라서는 비도 와서 날씨 영향을 많이 받는 축제이다. 이러한 환경을 이겨내려면 좀 더 강한 콘텐츠를 개발해 만들어야 할 것이다. 2017년 축제의 명칭 변경과 도깨비라는 설화를 이용한 소재를 추가해 기대를 모으고 있다. 다시 한번 강병극 팀장같이 소신과 열정이 있는 분이 축제를 맡아 지역세에서 벗어나 전국적으로 소통하며 개혁을 추구한다면 빠른 속도로 발전할 수 있을 것이라고 본다.

❽ 보은대추축제

보은군은 충청북도 중남부에 위치해 있다. 총인구 3만4000여 명. 삼한 시대 진한의 영토로 와산성이라 불렸으며 이후 삼국 시대에는 백제와 신라의 분쟁 지역이 되었다. 조선 태종 때 보은현이라는 명이 붙었다. 알려진 명소로는 가야산과 더불어 팔경에 속하는 속리산이 있다. 국보 3점, 보물 5점을 보유하고 있는 법주사 또한 속리산에 자리하고 있어 많은 관광객들이 찾는다. 지역 슬로건인 '참 좋아you 보은'은 보은의 모든 것들이 다 좋다는 의미로 충청도의 구수한 사투리를 활용해 친근 감 있게 표현하고 있다.

- **축제 기획 의도** 보은황토대추의 수확시기에 맞추어 개최해 보은황토대추의 특징과 장점을 사람들에게 알림과 동시에 보은군을 함께 홍보하고자 한다.
- **최초 개최 연도** 2007년
- **축제 시기 및 예산** 10월(10일간), 2017년 예산 9억 원
- **축제 장소** 뱃들공원 일원(보은군 보은읍 이평리)
- **주최/주관** 보은군/보은대추축제추진위원회
- **주요 프로그램** 대추떡 만들기 체험, 짚공예·새끼꼬기 체험, 대추지게꾼

- **축제 현장 스토리** 내게는 사연이 많아 정이 가는 축제였다. 2008년 6월 입 찰을 통해 기획사가 선정되었으나 기획사 선정과정에 부군수가 관련됐다 고 언론에서 매일 기사가 나왔고 결론은 선정된 기획사가 2008년 8월 포 기각서를 쓰는 바람에 군에서 만들어놓은 기본 데이터로 전자입찰을 보게 되었다. 전자입찰에서 최저가로 쓴 업체가 선정되는 것인데 저가 입찰이라 하니 모두가 한참 미달되는 금액을 작성해 모두 자격 미달이 되었고 오히

려 최고가로 작성해 제출한 우리 회사가 선정되었다. 축제 관련 팀은 비리에 연루되어 빠졌고 임시로 TF팀을 구성해 운영되었다. 축제 장소가 시내에서 약 10km 떨어져 있어 지역민, 공무원들 모두가 회의적이었던 축제였다. 입찰에 선정된 후 3억6천만 원 정도의 예산에 맞추어 진행되는 내용을 보니 전문가 입장에서 볼 때 너무나 허술해서 이 내용으로는 관광객에게 만족을 줄 수가 없을 것 같았다. 예산 내에서 다시 조율해도 된다는 허락을 받고 재정리를 했다. 금전적 이득만을 생각했다면 예산에 맞춰 기획, 연출을 하고 수익을 모두 챙겨갈 수도 있었으나 작품 연출 전문가로서 장인 정신을 가지고 일을 하는 나의 자존심이 허락하지 않았다. 무대 하나를 둘로 나누고, 공연 팀을 더 늘리며, 다양한 존 구성을 하며 부족한 체험행사를 더 많이 유치해 채워나갔고 짜임새 있는 연출을 만들었다. 많은 관광객의 입소문에 의해 기대 이상으로 많은 관광객을 유치했고 소위 대박을 터트렸다는 평가를 들어 자부와 긍지를 갖게 했던 축제였다. 하지만 예산 집행에 있어 기획사로 예산이 집행되었다가 다시 군의 관련 부서로 배분해야 하는 불합리한 시스템으로 인해 차후에 세금을 추징당하는 일이 생기는 등 어려움을 겪었던 축제였다. 지금은 읍내에 축제장을 구성해 지역 상권과 이벤트성 축제로 진행하고 있다.

사진 출처: 제이비 컴즈

· 발전 방향 현재의 대추축제는 많은 관광객을 유치하며 선전을 하고 있지만 판매 위주로 구성되어 운영하고 있어 지역 화합 축제 즉 판매 축제에 가깝다.

이제는 관광산업형 축제로의 도약을 위해 타 축제의 벤치마킹과 전문 지식을 갖춘 전문가의 컨설팅이 필요하다고 본다. 그 외 축제 담당자들 간의 긴밀한 네트워크도 필요하다.

좀 더 생산적인 축제로 가기 위해서는 현재 이벤트성 축제에서 관광산업형 축제로 구성을 전환할 필요가 있다. 그러기 위해서는 관광산업의 축제를 구성, 운영, 연출할 수 있는 축제 전문가들과 소통하면서 자문과 컨설팅을 받고 도약을 할 수 있는 기회를 가져야 한다.

❾ 내장산단풍부부사랑축제

정읍시는 전라북도 서남부에 위치해 있다. 총인구 11만8000여 명. 신라 경덕왕 때 정읍이라는 지명을 얻었으며 조선 시대에는 동학농민운동의 시발점이 된 지역이다. 호남지방의 5대 명산 중에 하나인 내장산(국립공원)이 있는데, 특히 가을에는 단풍구경을 위한 관광객들의 발길이 끊이지 않는다. 전봉준 선생의 생가도 정읍시 이평면에 위치하고 있다.

· 축제 기획 의도 집을 나간 남편이 무사히 돌아오기를 기다리며 부른 망부의 정한이 듬뿍 담긴 백제 가요 '정읍사'의 뜻을 기리고 내장산 단풍의 아름다움을 국내뿐만 아니라 세계적으로 널리 알려 우리 문화의 세계화에 앞서며 미래를 이끌어 나갈 수 있는 지역문화를 만들고자 한다.

· 최초 개최 연도 1990년

- **축제 시기 및 예산** 10월(3일간), 2017년 예산 1억9500만 원(2008년도 5억)
- **축제 장소** 정읍사 공원, 정읍시내 일원
- **주최/주관** 정읍시/정읍사문화제제전위원회
- **주요 프로그램** 정읍사 여인 추모식, 정읍 거리퍼레이드 및 축하공연, 정읍사 문화제 기념식(부도상, 부부대상 시상), 정읍사문화공원 망부상 및 경관조명 점등행사

- **축제 현장 스토리** 내장산단풍부부사랑축제는 내장산의 단풍과 남편을 사모하다 돌아가신 부인상을 기리기 위한 주제를 가지고 축제를 진행한다. 2008년 민간 조직에서는 다른 총감독을 선정하려 했으나 시에서 총감독만큼은 풍부한 노하우가 있고 능력 있는 자가 되어야 한다고 강한 주장을 해서 나에게 총감독의 기회가 와서 연출을 했다. 축제를 이끌어 가는 정읍 사람들 모두가 친절하고 정이 넘치는 장점이 있다. 다만, 시에서는 단풍을 콘텐츠로 어필하는데 반해 정읍사 문화제제전위원회에서는 정읍사를 콘텐츠로 강조함으로써 진행하기 어려웠다.

사진 출처: 제이비 컴즈

- **발전 방향** 정읍하면 내장산이 유명하고 관광도시로 많은 관광객이 다녀
간다. 그러나 지금은 관광지로서 점점 멀어지고 있고, 축제를 진행함에 있
어서도 관광산업형 축제로서의 가치를 만들어가지 못하고 있다. 정읍시는
뭔가 새롭게 개혁적인 변화에 따른 축제에 대해 발전 방향에 대한 모색이
나 새로운 기획, 구성이 필요한 시점이다. 단체장과 축제 관계자들 모두
마음과 열정이 절실하고 같을 때 새로운 축제로 탄생할 수 있을 것이다.

❿ 수원화성문화제, 사랑등불축제

수원시는 경기도 중남부에 위치하며 인구가 120만 명에 가깝다. 삼한
시대 마한에 속한 모수국이 시초로 여겨진다. 이후 매홀, 수성, 수주 등
개칭을 겪으며 고려 충선왕 때 수원이라는 지명을 얻었다. 시 중심에
있는 세계문화유산으로 선정된 수원화성과 조선 정조의 임시 거처였던
화성행궁도 복원되어 관광객들에게 공개되고 있다. 슬로건인 '사람이
반갑습니다. 휴먼시티 수원'에는 시민과 함께 만들어가는 나눔과 소통
을 행정의 최대 가치로 생각하는 수원의 이미지를 담고 있다.

- **축제 기획 의도** 유네스코가 선정한 세계문화유산인 수원화성을 올바로 보
존해 후대에 계승하고, 정조대왕의 지극한 효심과 개혁사상의 산물인 화성
축성의 의미를 기리고자 한다. 이러한 화성에 대한 이미지를 등불로 표현하
고자 했다.
- **최초 개최 연도** 화성문화제 1964, 사랑등불축제
- **축제 시기 및 예산** 9월(3일간), 2017년 예산 화성문화제 15억400만 원, 사랑
등불축제 1억5000만 원
- **축제 장소** [화성문화제: 화성행궁광장, 수원천, 연무대(창룡문) 등 수원화성

일대] [사랑등불축제: 수원천]

- **주최/주관** 수원시/수원문화재단
- **주요 프로그램** [화성문화제: 정조대왕 능행차, 야간무예공연 '야조', 혜경궁 홍씨 진찬연, 세계의상페스티벌 등][사랑등불축제: 화성 이야기]

• 축제 현장 스토리 화성문화제의 총감독을 협의하기 위해 여러 번 재단과 미팅을 했다. 수원화성문화제가 역사는 깊으나 전체의 구성 자체에 문제가 있다고 본다. 그런 분석에 따른 제안을 했고 공감대가 형성됐지만 주변 여건과 분위기가 조성되지 않아 그해는 진행이 되지 못했다. 또한 함께 진행하던 대표이사와 단장 등이 바뀌면서 진행되던 업무는 멈추었고 사랑등불축제를 해달라는 요청을 받고 행궁 앞 매향교 주변 천에서 화성 문화제 모티브로 등을 설치해 진행하는 업무를 했다.

나는 이러한 등불 구성을 하기 위해 중국의 사천성 자공시에서 등 제작 전문가들을 데리고 와서 공장에서 직접 제작해 설치·운영해 성과를 올렸다. 적은 예산이지만 최선을 다해 작품을 만들어 제공했다. 화성문화제는 크게 행궁, 행궁 앞 광장의 무대 프로그램, 연무대 퍼포먼스, 퍼레이드 등 4가지로 구분해 진행한다.

행궁은 협소한 공간으로 인해 관람객들이 여유롭게 즐기기 어렵다. 무대공

사진 출처: 제이비 컴즈

연도 소수를 위한 퍼포먼스이다. 연무대 퍼포먼스 또한 소수를 위한 볼거리 제공이다. 퍼레이드는 대중적인 프로그램으로 가치가 높다. 화성문화축제가 행궁, 무대공연, 연무대의 프로그램에서는 대중적이지 못해 만족도를 높여 주는데 한계가 있다고 본다. 그렇다고 퍼레이드를 메인프로그램으로 홍보하는 상황도 아니라고 본다. 이러한 상황이 관람에 대한 극과 극의 평가를 받는 대목이다.

관광산업형 축제로서의 가치를 높이고자 한다면 어느 시간대에서도 보고 참여하며 즐길 수 있는 프로그램과 공간구성을 해야 할 것이다. 대중적인 관광객이 함께 어울릴 수 있는 메인프로그램을 집중적으로 홍보를 해야 할 것이다. 또한 수원시의 공무원부터 참여와 관심을 가질 수 있을 때 진정한 관광산업형 축제로 도약할 수가 있을 것이다.

• 발전 방향 화성문화제는 넓은 동선을 가지고 있다. 또한 협소한 행궁과 행궁 앞마당에서 진행하고 있다. 협소한 공간에서 축제에 대한 콘텐츠를 살리기가 어렵다. 퍼포먼스 등의 시간 외에는 방문해서 볼거리가 없다. 역사성의 퍼포먼스도 중요하지만 볼거리, 체험거리가 부족한 면이 있다. 재단에서만 진행하는 것이 아니라 수원시청 관계자 등도 적극적으로 참여할 때 축제의 발전이 있을 것이다. 관광산업형 축제로 자리매김 하려 한다면 대대적인 변화의 시스템을 갖추어야 될 것이라고 본다.

⑪ 합천여름바캉스축제

합천군은 경상남도 서북부에 위치한 군이다. 인구가 5만여 명이다. 고대에는 다라국, 사이기국, 초팔혜국 등 여러 나라로 나누어져 있던 지역들이 시간이 지나면서 합쳐졌다. 성주군에도 걸쳐있는 가야산에는 세계기록유산인 팔만대장경과 장경판을 보관하는 장경판전(세계문화유산)이 있는 해인사가 있다. 산청군과 공유하고 있는 황매산은 산 정상 부근에 철쭉과 억새 군락지가 형성되어 있어 봄·가을에 찾는 관광객이 많다. 슬로건인 '水려한 합천'은 물과 수려함의 두 가지 이미지를 동시에 내포함으로써 황강, 합천호, 합천팔경 등의 풍경을 표현하고자 했다.

사진 출처: 제이비 컴즈

- **축제 기획 의도** 황강변 금빛 모래사장에서 펼쳐지는 레포츠축제는 각종 수상 레저 시설과 레포츠를 통해 가족들과 함께 시원한 여름을 보낼 수 있는 여름 관광 휴양지로서 지역 사회의 새로운 발전 자원을 찾고자 한다.
- **최초 개최 연도** 1994
- **축제 시기 및 예산** 7월(3일간), 2017년 예산 2억9200만 원
- **축제 장소** 정양레포츠공원 일대
- **주최/주관** 합천군/합천청년회의소
- **주요 프로그램** 황강 패밀리 컬러레이스, 맨손 은어잡기, 전국씨름대회, 황강 Throw Down, Yellow River Beach

축제 현장 스토리 합천황강레포츠축제로 오랫동안 합천청년회의소 진행으로 진행되어 왔다. 황강은 해수욕장의 모래 이상으로 곱고 많이 깔려 있다. 그래서 강에서 다양한 프로그램이 운영되어 왔지만 대중화 되지 못하고 동우회 클럽이 주로 참여하는 축제가 되었다. 그래서 2016년 JB축제연구소가 발전 방향에 대한 용역을 수행해 제출했다. 2017년에는 축제명을 합천 바캉스축제로 변경해 호응을 받았다.

발전 방향 황강의 축제장 조건은 아주 좋은 편이다. 추진위원회의 조직을 제대로 갖추고 사회단체와 지역민의 호응을 얻을 수 있다면 물과 휴가개념의 축제구성으로서 빠른 시간 안에 대한민국 여름의 메이저 축제로 도약할 수 있는 여건을 가지고 있다. 현재 새로운 체제로 도모하고 있기에 기대되는 축제이다.

제 04 장
대한민국 축제 현장 스케치

01 문화체육관광부 지정 축제

문화체육관광부 지정 축제란 문화체육관광부에서 경쟁력 있는 축제를 선정해 지원하고, 축제들을 육성·발전시키는 정책이다. 지금까지 선정된 축제들을 살펴보면 관광산업형의 축제로는 가치가 부족한 축제들도 더러 있다. 시대별로 대한민국에서 앞서가는 축제들이 선정되었으나 지금은 쇠락한 축제들도 있고 축제의 가치보다는 그 시대의 논리로 선정된 축제들도 있다. 선정될 때에는 지자체 단체장의 열정으로 발전 가능성 있는 축제로 진행이 되었으나 시간이 흐르면서 열정과 정책들이 힘을 잃어버린 상태에서 그 가치마저 희미해진 축제들도 있다.

축제는 이벤트성의 축제와 관광산업의 축제로 분리할 수가 있다. 관광산업형 축제로 도약하고 발전하기 위해서는 탄탄한 기본계획과 명확하고 가치 있는 콘텐츠가 있어야만 한다.

따라서 콘텐츠가 부족한 축제들은 관광객이 오지 않는 지역민의 화합 축제로서의 가치만 존재할 것이다. 내가 현장 스케치한 축제들을 관광산업 측면에서 가능한 객관적인 입장에서 피력하고자 노력했으나 그래도 주관적인 의견이 많이 포함되어 있으리라 생각된다. 이는 보는 시각에 따라 다른 평가가 나올 수도 있는 분야이므로 축제를 만들 때 참고 의견으로 읽어주길 바란다.

＊ 최우수, 우수, 유망 축제의 전·현 구분은 2017년 기준
＊ 축제 시기 및 예산은 2017 문화체육관광부 보고서 기준

❶ 진주남강유등축제(명예 대표축제)

진주는 경상남도 중서부에 위치한 시이다. 총인구 33만여 명. 가야 시대 고령가야로 시작해, 백제 거열성, 통일신라 청주, 강주로 개칭되다가 조선 고종 때 진주라는 지명을 얻었다. 주요 관광지로는 진주성, 진양호, 경남수목원, 청동기박물관 등이 있다. 슬로건인 '참 진주'는 진주시의 천혜 자연환경과 문화, 관광, 교육, 산업 등 도시생활 전 분야에서 매력이 넘치고, 참되고 진실한 모습으로 발전하는 진주를 의미한다.

- **축제 기획 의도** 진주대첩 당시 남강에 유등을 띄워 남강을 건너려던 왜군을 저지한 전술을 사용한 것에 착안해 시작한 축제로, 임진·계사년에 순국한 의로운 넋을 기리고 진주의 전통문화를 국내외에 소개하고자 한다.
- **최초 개최 연도** 2000년
- **축제 시기 및 예산** 10월(15일간), 2017년 예산 40억 원
- **축제 장소** 진주 남강 일원
- **주최/주관** 진주시/(재)진주문화예술재단/진주유등축제제전위원회
- **주요 프로그램** 초혼점등, 창작등 만들기, 소망등 달기, 소망등 띄우기, 시민참여 등 만들기, 읍면동 상징등 거리행렬, 사랑의 다리(부교)건너기, 등 캐릭터 사진찍기, 전통놀이 체험, 전국광역시도 및 기초 자치단체 상징등 전시

사진 출처: 제이비 컴즈

- **현장 스케치 및 발전 방향** 진주유등축제는 재단에서 진행을 한다. 또한 그 시기에 개천예술제, 드라마축제, 시민의 날 등 여러 행사를 같이 진행한다. 그래서 가장 큰 문제점은 주차장이다. 주차 안내를 하고 있지만 초행길인 관광객들은 주차장을 찾기가 어렵다. 이것은 내가 경험한 사실이기도 했다. 현장에서 유등축제를 스케치하다보면 매우 많은 인파가 몰리는데 둔치가 너무 협소해 통행에 어려움을 겪으며 관람하고 있는 것을 느낄 수가 있었다. 그러나 축제의 설치물 등의 규모를 보면 글로벌 축제로 도약할 수 있는 충분한 가치를 지니고 있다. 고가치의 EDM과 연출력을 보완하고 운영시스템을 변화시킨다면 좀 더 확실하게 자리매김을 할 수 있을 것으로 본다. 현재 입장료체제를 갖추어 정착시키고 있다. 매우 바람직한 방향이다. 2017년도 43만 명이 유료 입장을 해 43억 원의 입장료 수입을 올렸다고 한다. 물론 그 외의 수입도 있겠지만 40억 원을 투자해 3억 원의 흑자수입을 올린 것이다. 매우 바람직한 운영체제라고 본다.

---

❷ 안동국제탈춤페스티벌(명예 대표축제)

안동시는 경상북도 중북부에 있는 시로 인구가 16만여 명이다. 신라 초기 때 염상도사가 창녕국을 세웠으나 이후 신라에 흡수되었고, 고려·조선 시대에는 안동도호부로 존재했으며, 현재까지도 경상북도의 상업 중심지이다. 한국 유교의 중심지로 다른 지역보다 도산서원, 병산서원 등의 서원들이 많이 남아있다. 유네스코 세계문화유산으로 선정된 안동 하회마을이 있다. 이러한 지역의 특징을 '한국 정신문화의 수도 안동'이라는 슬로건으로 활용하고 있다.

- **축제 기획 의도** 안동은 시대별로 편중되지 않고, 종교적으로 편향되지 않은

다양한 문화들이 온전히 전승되어 온 지역으로, 문화유산의 가치 속에서 정적인 마음의 고요함을 배우고, 탈춤이 가진 신명을 통해 동적인 발산을 체험할 수 있는 기회를 선보이고자 한다.

- **최초 개최 연도** 1997년
- **축제 시기 및 예산** 9월(10일간), 2017년 예산 20억 원
- **축제 장소** 안동 탈춤공원, 시내 일원
- **주최/주관** 안동시/안동축제관광재단
- **주요 프로그램** 국내외 공연단의 탈춤공연, 세계탈놀이 경연대회, 세계 창작 탈 공모전, 인형극, 대동난장 퍼레이드 등

· 현장 스케치 및 발전 방향 안동탈춤축제는 한국 축제의 대명사였다. 그러나 벤치마킹하러간 축제 담당자들에게서는 실망스럽다는 말을 자주 듣는다. 하회마을과 한국을 대표하는 전통 문화 소재인 탈과 탈춤에 많은 기대를 해서 그런지 아쉬움도 큰 것으로 보인다.

축제 현장에 가보면 이것저것 정체성 없이 많이도 배치해 놨다. 장소 자체가 실내체육관 주변에서 개최되는 관계로 분위기 조성도 되지 않는다. 차라리 하회마을에서 했으면 좋았을 것 같다는 생각이 들지만 나름대로 장소에 대한 고민도 있었을 것이란 생각을 한다. 아무튼 탈춤에 대한 콘텐츠는 500여

사진 출처: 안동국제탈춤페스티벌 홈페이지

명 정도 수용할 수 있는 원형무대와 각 몽골텐트 부스에서 작게 운영되는 탈 만들기 등의 프로그램이라고 본다. 그 외 프로그램들은 보편적으로 탈춤에 대한 정체성을 찾기 힘들었다. 난 이런 제안을 해보고 싶다. 안동시민 초, 중, 고, 대, 단체, 기업인 등 2만 명 정도가 모두 탈을 쓰고 나와 함께 즐긴다면 그것이 킬러 콘텐츠가 되므로 그 외 다른 프로그램은 가볍게 진행이 되어도 성공할 수 있다고 생각한다. 2017년 7월에 일본 하카타마쓰리를 다녀왔다. 토요일 새벽 4시50분에 출발하는 가마를 보기 위해 수많은 관중이 인산인해를 이뤘다. 같이 참여해 가마를 메고 달리는 인원이 가마당 1천여 명이 되고 그런 가마가 시간대별로 달린다. 행사에 참여한 4살 아이부터 노인들까지 전통복을 입고 같이 달리는 모습을 보고 감동받았다. 축제 현장에는 텐트, 현수막 등 아무것도 없다. 무대도 없고 설치물이 아무것도 없다. 단 2시간 정도 진행된 후 행사장인가 싶을 정도로 거리가 깨끗해진다. 안동도 아이부터 어른까지 참여해 2만여 명이 함께 탈을 쓰고 어울리는 프로그램을 만든다면 대한민국에서 진정한 대표축제로 인정을 받을 것이다. 현재 안동 탈춤축제의 킬러 콘텐츠의 생산과 강화는 빠른 시일 내에 풀어야 할 숙제다.

❸ 김제지평선축제(현 대표축제)

김제시는 전라북도 중서부에 위치한 시이다. 총인구 9만1000여 명. 금만평야가 펼쳐져 있어 기원전부터 벼농사가 실시된 지역이다. 백제 비유왕 때 건축된 벽골제는 한반도 최대의 고대 수리시설로 여겨진다. 모악산도립공원으로 선정된 모악산에서는 금산사를 비롯한 크고 작은 사찰과 수많은 문화재들을 둘러 볼 수 있다.

• **축제 기획 의도** 역사의 숨결이 살아 숨 쉬는 벽골제(사적111호)에서 한국의

농경문화 체험을 통해 관광객들에게 자연 속의 감동을 제공해 지역경제 활성화의 원동력이 되고자 한다.

- **최초 개최 연도** 1999년
- **축제 시기 및 예산** 9월(5일간), 2017년 예산 18억7000만 원
- **축제 장소** 전북 김제시 일원(벽골제 중심)
- **주최/주관** 김제시/지평선축제제전위원회
- **주요 프로그램** 벽골제전설 쌍룡놀이, 풍년기원 입석줄다리기, 농경문화를 테마로 한 공연, 체험 프로그램 운영

- <mark>**현장 스케치 및 발전 방향**</mark> 김제지평선축제의 특별한 열정은 인정할 수밖에 없다. 신형순 과장은 주무관 시절부터 축제만을 만들었다. 축제를 하면서 계장과 과장으로 승진했다. 이렇게 축제만을 10년 넘게 전담하는 공무원들이 있는 지자체는 화천, 이천, 천안, 김제 등 몇몇 뿐이다. 오랫동안 축제를 진행했기 때문에 연속성이 있고 지역민의 화합을 볼 수가 있다. 김제는 모든 공무원들이 축제에 준전문가로 활동할 수 있을 정도이다. 다채롭게 구성된 축제내용도 매우 아기자기 하다. 시장님의 초대로 같이 간 일행들과 저녁식사를 함께 한 적이 있다. 시장님은 프로그램까지도 제쳐놓고 축제 소개에

사진 출처: 제이비 컴즈

열변을 토할 정도로 축제에 열정을 보이셨다. 농업을 테마로 한 다양한 프로그램에 지역단체들이 참여해 구성, 연출하고 있는가 하면 기반시설을 갖추고자 노력하고 있는 등 그 열정에 찬사를 보낸다. 김제지평선축제에서 햇불 행진을 킬러 콘텐츠로 인정할 수도 있고 안 할 수도 있다. 그러나 글로벌 축제로서 자생력을 가지고 운영하기 위해서는 킬러 콘텐츠를 좀 더 보강해야 한다.

---

❹ 화천산천어축제(현 대표축제)

화천군은 강원도 서북부에 위치한 군이다. 총인구 2만4000여 명. 고구려 시기에는 생천군 또는 야시매로 불렸으며 이후 신라 때 낭천으로 개칭되었다가 조선 고종에 와서 화천이라는 지명을 얻었다. 화천댐 건설로 만들어진 파로호는 관광유람선을 타고 관람할 수 있으며, 가평군과 이어진 화악산에는 법장사, 화음동정사지 등이 있다. 지역 내에 군부대가 많은 관계로 주산업은 군인장병 대상 서비스업이다.

- **축제 기획 의도** 1급수 맑은 물에서만 사는 산천어의 이미지를 활용해 화천군의 청정한 환경을 외래 지역에 소개하고 추위로 움츠리기 쉬운 겨울철에 새로운 놀이체험을 선사해 지역경제에 도움이 되고자 한다.
- **최초 개최 연도** 2003년
- **축제 시기 및 예산** 1월(23일간), 2017년 예산 29억2000만 원(＊추가예산 있음)
- **축제 장소** 강원도 화천군 화천읍 및 3개 면 일원
- **주최/주관** 화천군/재단법인나라
- **주요 프로그램** 산천어얼음낚시대회, 창작썰매 콘테스트, 얼음축구대회, 빙상경기대회, 겨울철 레포츠 체험행사

· 현장 스케치 및 발전 방향 나는 거의 매년 초청을 받아 일행과 함께 1박2일로 축제 기간에 방문을 했다. 보통 오후 2시경 도착해 그 다음날 점심 먹고 돌아온다. 축제장에 도착하면 축제 담당 공무원 3~4명이 일행을 안내해 주면서 축제에 관련된 전문가들과 소통을 하려고 노력하는 의지가 엿보인다. 매년 정갑철 군수님과 김세훈 국장님과 저녁식사 자리에서 축제에 대한 구성과 운영에 있어 설명을 듣고 토론을 하곤 했다. 단체장과 축제를 이끌어 가는 분들의 이러한 열정이 화천산천어축제를 짧은 기간에 대한민국을 대표하는 축제로 만들어 놓았다고 본다. 화천 주민들은 다른 축제들이 따라올 수 없을 정도로 화천산천어축제에 올인하고 열정을 보이며 앞서가는 모습을 보인다. 해외에서도 이색 축제로 조명을 받고 있다. 이 축제의 킬러 콘텐츠는 무엇일까? 빙판 위에서 산천어를 낚는 단순한 콘텐츠이지만 2만여 명이 얼음 위에서 낚시하는 모습은 불가사의 축제로서 국제적인 이슈가 되었다. 이러한 프로그램이 킬러 콘텐츠이고 관광객들은 고기만 잘 잡히면 최고로 행복지수가 높을 것이다. 그 외에 다채로운 겨울 레포츠 행사와 빙등제, 밤낚시 프로그램도 인기가 높다. 화천은 관광객이 접근하지 않던 도시에서 축제 도시 즉 관광 도시로 탈바꿈했고 그 브랜드 가치는 돈으로 환산할 수 없다. 앞으로 온난화로 인한 기후변화가 고민거리이긴 하지만 새로운 아이템을 개발해 잘 극복해 나갈 것이라고 믿는다.

사진 출처: 제이비 컴즈

❺ 강진청자축제(전 대표축제, 현 최우수축제)

강진군은 원래 백제시대의 도무군 지역인 도강과 동음현 지역인 탐진이 영합된 지역으로 도강의 '강'자와 탐진의 '진'자를 합해 강진이라 불려왔다. 현재 강진군은 1읍, 10개 면이고 인구는 약 5만여 명에 이른다. 관광지로는 다산초당, 영랑생가, 고려청자 도요지, 전라병영성지 등이 있다.

- **축제 기획 의도** 강진군에서는 약 500여 년간의 청자문화를 꽃피우기 위해 1973년부터 열어온 '금릉문화제'를 개칭하고 새로 시작하는 의미로 1996년 제1회 청자문화제를 개최했다.
- **최초 개최 연도** 1973년
- **축제 시기 및 예산** 8월(7일간), 2017년 예산 11억2000만 원
- **축제 장소** 강진군 대구면 청자촌
- **주최/주관** 강진군/강진군향토축제추진위원
- **주요 프로그램** 전국 화목가마 장작패기 대회, 전국 청자백일장 대회 등 8개 분야 84개 프로그램

사진 출처: 제이비 컴즈

· 현장 스케치 및 발전 방향 청자축제는 대한민국을 대표하는 축제다. 문화체육관광부 대표축제로 여러 번 선정되었다. 청자촌에서 진행되고 있는 축제로서 박물관과 전통가마 및 도자기 판매전시장과 체험행사로 구성, 연출하고 있다. 여름에 진행되는 관계로 더위 속에 물놀이와 햇빛가리개 등으로 시원함을 느끼도록 하고 있다. 다양한 프로그램을 진행하면서 우수성을 알리고 있으나 대중적으로 함께 즐길 수 있는 체험 프로그램의 구성에 아쉬움이 있다. 대한민국의 전통문화 유산인 고려청자는 대한민국을 대표하고 있다. 해외 방문 시 선물로 가치가 매우 높다.

❻ 자라섬국제재즈페스티벌(전 대표축제, 현 최우수축제)

가평군은 경기도 동부에 위치하며 인구가 6만여 명. 아침고요수목원, 청평댐, 화악산, 남이섬 등의 자연 휴양 관광지가 유명하다. 경기도 내의 군 중에서 가장 농업의 비중이 낮고 서비스업이 주산업이다.

· 축제 기획 의도 한국 재즈의 발전을 위해 국내 재즈 인재를 육성하고 해외 아티스트들과의 국제적 교류를 도모하려는 프로젝트임과 동시에 페스티벌을

사진 출처: 제이비 컴즈

찾는 관광객들에게 재즈에 대해 소개해 재즈의 대중화에 기여하고자 한다.

- **최초 개최 연도** 2004년
- **축제 시기 및 예산** 10월(3일간), 2017년 예산 15억6500만 원
- **축제 장소** 가평읍 자라섬 일대
- **주최/주관** 가평군/(재)자라섬청소년재즈센터
- **주요 프로그램** 국내외 재즈아티스트 공연, 제3회 크리에이티브 뮤직캠프, 전시체험 및 이벤트, 홍보 등

• 현장 스케치 및 발전 방향 자라섬의 재즈페스티벌을 평가하기에는 어려운 점이 있다. 그 이유는 지역의 인프라를 활용해 꾸며가는 일탈 축제하고는 거리가 있기 때문이다. 나름대로 자생력 있게 잘 구성해 이끌어가고 있다고 본다. 이런 공연 장르의 축제는 어떻게 세계적인 아티스트를 잘 초청해 구성, 연출하느냐에 따라 성공 여부가 결정될 것이다. 일반 축제보다는 빠른 시간 내에 자생력을 키울 수 있는 축제라고 본다. 이러한 축제는 예술 축제로 분류해 축제를 육성해야 할 것이다.

❼ 산청한방약초축제(현 최우수축제)

산청군은 경상남도 서부에 위치한 군이다. 인구가 3만6000여 명에 가깝다. 신라 때까지 지품천현으로 불리다가 경덕왕 때에 산음으로 개칭되었으며, 조선 시대 산청으로 개칭되었다. 소백산맥에 둘러싸여 있으며 지리산, 황매산 등이 솟아있다. 이외 문익점이 최초로 목화를 재배한 곳인 배양마을에는 목화시배지가 있으며, 금서면에는 동의보감촌이 조성되어 있다. 브랜드 슬로건인 '지리산 청정골 산엔청'은 지리산의 맑고 푸른 정기를 받아 역동적이면서도 부드러운 아름다움을 상징하고자 했다.

- **축제 기획 의도** 1,000여 종의 약초가 자생하는 지리산의 자연환경과 한의약의 역사성을 배경으로 전통한방과 약초의 본고장으로서 산청군의 위상을 확립하고, 한방약초 관련 산업 육성에 이바지해 지역경제 활성화 및 주민 소득증대를 위한 군민들의 의지결집과 적극적인 동참을 이끌어내고자 한다.
- **최초 개최 연도** 2001년
- **축제 시기 및 예산** 9월(10일간), 2017년 예산 12억3000만 원
- **축제 장소** 동의보감촌 일원
- **주최/주관** 산청군/산청한방약초축제위원회
- **주요 프로그램** 혜민서 한방침 무료진료, 한약재 썰기체험, 정광들 약초캐기, 약초생태관, 한방약초 버블체험, 산청약초관, 항노화산업관, 한방역사관, 약초 및 한방가공식품 판매장터, 산청공예협회 공예품 전시 등

- **현장 스케치 및 발전 방향** 산청한방축제와 관련해 오랫동안 컨설팅을 해왔다. 엑스포 개최를 통해 기반시설을 갖추고 있다. 그런데 축제가 거의 전시와 판매 중심으로 진행되고 있어 관광객의 즐길거리가 부족하다고 생각한다. 축제장 방문자들이 참여하는 체험 프로그램을 개발하고, 축제가 박람회 성격을 뛰어넘어 즐길거리가 있는 축제로 변화, 발전해 관광객의 사랑을 받기를 바란다. 현재 설치되어있는 동의보감촌 자체가 몸과 마음에 힐링을

사진 출처: 제이비 컴즈

줄 것이다. 그러나 축제의 시기에는 킬러 콘텐츠라고 할 수 있는 프로그램을 개발해야 한다고 생각한다.

⑧ 이천쌀문화축제(현 최우수축제)

이천시는 경기도 동남단에 위치한 시이다. 총인구 20만여 명. 삼국 시대 초에는 백제의 영지였으나 이후 고구려, 신라 모두에게 속했었다. 왕조가 바뀌면서 지명의 변천도 잦았으나 조선 태조 때 이천현으로 개칭되었다. 지역의 주요 토산물로는 쌀과 도자기, 땅콩이 있다. 국내 도자기 점토의 절반가량이 생산되고 있으며, 신둔면 인근에 도예촌과 도예전시관들이 다수 조성되어 있다. 슬로건인 'A.R.T ICHEON'은 Active(활력 있는 도시), Rich(풍요로운 도시), Top(최고의 도시)을 의미한다.

- **축제 기획 의도** 과거 임금님께 쌀을 진상하며 쌀의 고장으로 알려져 온 이천에서 수확 철을 맞아 추수의 기쁨을 더불어 나누고자 한다. 또한 쌀 거래의 단계를 단축해 생산자와 소비자 간의 편리를 도모해 지역경제를 활성화시키고자 한다.

사진 출처: 제이비 컴즈

- **최초 개최 연도** 1999년
- **축제 시기 및 예산** 10월(5일간), 2017년 예산 7억4000만 원
- **축제 장소** 이천 설봉공원 일원
- **주최/주관** 이천시/이천쌀문화축제추진위원회
- **주요 프로그램** 농경문화를 테마로 한 공연, 전시, 체험 프로그램 운영, 기타 농산물 판매, 임금님표 이천 홍보 등

- **현장 스케치 및 발전 방향** 나는 시간 여건이 될 때마다 거의 매년 축제를 스케치하기 위해 참여를 한다. 전체의 축제장이 너무 협소하다는 점, 콕 찍어 킬러 콘텐츠라고 할 수 있는 무언가가 보이지 않는다는 단점이 있다. 그러나 서울의 근접거리이고 아기자기하게 즐길 것이 많은 장점이 있다. 프로그램이 다채롭게 구성되어 즐길 수 있는 놀이가 많고 그래서 많은 관광객이 참여한다. 다만 해외 관광객을 유치할 수 있는 공간구성과 킬러 콘텐츠는 아직 부족하다고 본다. 글로벌 축제로 도약을 생각한다면 확실한 킬러 콘텐츠와 공간 확장이 필요하다.

❾ 진도 신비의 바닷길축제(현 최우수축제)

진도군은 전라남도 서남부에 위치한 진도와 인근 섬 256개까지를 총괄하는 군이다. 인구가 3만3000여 명이다. 다도해해상국립공원에 속해 있어 인근의 경관이 아름답고 문화관광자원이 많이 분포되어있다. 군 내에 첨찰산, 여귀산 등의 낮은 산이 많으며 이러한 산지 사이로 하천들이 흐른다. 지역의 유명한 자산으로 민요 진도아리랑과 천연기념물인 진돗개가 있다. 지역 슬로건인 '보배섬 진도'는 귀하고 보배로운 섬이라는 진도의 한자 뜻을 풀이해 지역의 정체성을 보여주고자 한다.

- **축제 기획 의도** 조류의 움직임으로 발생하는 바닷길을 보기위해 국내외 관광객이 몰리는 것을 활용해 여러 중요무형문화재로 선정된 전라남도 진도 고유의 민속예술들을 선보이며 진도와 대한민국을 국내외에 적극적으로 알리고자 한다.
- **최초 개최 연도** 1978년
- **축제 시기 및 예산** 4월(4일간), 2017년 예산 7억2000만 원
- **축제 장소** 진도군 고군면 회동리
- **주최/주관** 진도군/진도관광진흥협의회
- **주요 프로그램** 신비의 바닷길 체험, '신비의 땅을 울려라' 북놀이 퍼레이드, 바닷길 횃불 퍼레이드, 뽕할머니 가족 대행진, 바닷길 소망띠 잇기 등

- **현장 스케치 및 발전 방향** 진도 신비의 바닷길축제의 킬러 콘텐츠는 무엇일까? 바로 새벽 5시경에 횃불을 들고 갈라진 바닷길을 걷는 바닷길 체험이다. 프랑스 신문에 '한국판 모세의 기적'이라는 기사가 나와 유명해진 이 콘텐츠를 제대로 즐겼다면 그 만족도는 높아질 것이다. 외국인에게도 홍보가 되어 많이 참여하는 축제 중 하나이다. 수시로 바뀌는 인사이동으로 축제에 대한 열정에 지속성이 없고 그때그때 다른 편이다. 지금도 훌륭하지만 좀 더 발전을 원한다면 열정을 가진 담당자가 축제를 맡고, 예산 또한 뒷받침되어 전

사진 출처: 제이비 컴즈

체적인 테마존의 구성과 편의시설 등 여러 가지 면들이 보강되면 더 많은 관광객이 찾을 것이다.

❿ 담양대나무축제(현 최우수축제)

담양군은 전라남도 중북부에 위치한 군이다. 총인구 4만7000여 명. 백제 시대 추자혜군, 신라 시대 추성군이었다가 고려 성종 때 담주에서 담양으로 개칭되었다. 주산업은 농업으로 쌀, 나맥, 콩 등을 생산하며, 특히 대나무를 원료로 하는 죽세공품이 유명하다. 조선 시대에 만들어져 당시의 정원 양식을 보여주는 소쇄원, 담양호가 있다. 이외에 죽녹원과 산림청에서 선정한 '가장 아름다운 거리숲'인 메타세쿼이아길이 유명하다. '대숲맑은 생태도시 담양'은 군은 의지와 절개를 가진 담양군민들의 마음을 상징하는 대나무를 형상화했다.

· **축제 기획 의도** 천혜의 부존자원인 대나무를 소재로 대나무 전통문화와 예술을 계승·발전시키고 대나무 신산업 활성화는 물론 농·특산품, 주변 관광자원과 연계한 장소 마케팅을 통해 글로벌 축제로 거듭나고자 한다.

· **최초 개최 연도** 1999년

사진 출처: 제이비 컴즈

- **축제 시기 및 예산** 5월(6일간), 2017년 예산 6억5000만 원
- **축제 장소** 담양 죽녹원, 관방제림 일원
- **주최/주관** 담양군/(사)담양대나무축제위원회
- **주요 프로그램** 대나무 스토리미션, 죽물시장 및 죽물시장 가는 길 재현, 대나무를 테마로 한 공연, 전시, 체험 프로그램

- **현장 스케치 및 발전 방향** 담양대나무축제를 오랫동안 스케치해왔는데 현재의 담양대나무축제는 자연적인 축제 구성에서 인위적이고 현대적으로 바뀌고 있다는 생각이 들어 아쉬움이 남는다. 죽녹원의 다채로운 스토리텔링 프로그램과 함께 좀 더 넓은 시각에서 축제를 구성, 연출했으면 좋겠다는 생각을 해본다. 다각적인 소통과 오픈된 마인드가 필요하다. 현재의 단조로운 축제 구성을 보면 차라리 예전의 축제의 모습이 좋았다는 생각도 하게 한다.

---

⑪ 광주 추억의 충장축제(전 최우수축제, 현 우수축제)

해방 후 1949년 8월 15일 광주시로 개칭되었다. 동구는 1973년 7월 1일 광주시 중부, 동부, 북부출장소를 통합 개청했으며, 1988년 5월 1일 자치구로 승격되었다. 1973년 7월 1일 구제가 실시되어 전라남도 광주시 동구가 설치되었다. 1979년 1월 1일 산수2동을 산수2동과 산수3동으로, 중흥동을 중흥1동과 중흥2동으로 분동했다. 인구는 2015년 통계로 9만 8700여 명이다.

- **축제 기획 의도** 구도심 상권 활성화를 위해 충장로가 가장 번창했던 70~80년대 추억을 특화해 문화예술도시의 이미지와 지역특성을 반영한 타

자치단체와의 차별화된 문화축제로 마케팅함으로써 시대 변화에 따라 침체된 도심 상권의 활성화를 목적으로 한다.

- **최초 개최 연도** 2004년
- **축제 시기 및 예산** 10월(5일간), 2017년 예산 12억3000만 원
- **축제 장소** 문화전당, 충장로, 금남로, 예술의 거리 일원
- **주최/주관** 광주시 동구/추억의7080충장축제추진위원회
- **주요 프로그램** 낭만으로 가는 정거장(추억의 테마거리, 변사극, 국기하강식 등), 행복의 숲으로 가는 정거장(충장미래공작소, 지역문화그룹공연 등), 희망으로 가는 정거장(추억의 콘서트, 충장DJ페스티벌, World-POP 페스티벌 등)

• 현장 스케치 및 발전 방향 광주충장축제를 발전시키기 위해 열심히 노력하는 모습을 본다. 하지만 축제 전체를 구성하는데 단조로운 방향성과 킬러 콘텐츠가 아쉽다. 대한민국 메이저 축제로 도약을 하려면 경쟁력 있는 환경 조성과 프로그램 구성을 해야 한다. 문제점은 우리의 옛 거리 충장로를 단조롭게 구성했다고 볼 수 있었고, 퍼레이드의 내용도 글로벌 퍼레이드와는 아직 거리감이 있다. 열린 마인드로 현실적인 운영시스템을 고려해 볼 필요가 있다. 대도시의 시내에서는 퍼레이드와 공간 구성에 있어 어려움은 있을 것이다. 그러나 경쟁력 있는 축제를 만들고자 한다면 특단의 조치로 프로그

사진 출처: 제이비 컴즈

램 구성에 개혁적인 변화가 필요하다. 국내의 축제들과 경쟁해 압도적인 구성, 연출이 되어야 메이저 축제로 도약을 할 수가 있다. 충장축제는 시내에서 하는 만큼 장·단점을 잘 분석해 프로그램을 구성, 연출해야 할 것이다.

---

⑫ 금산인삼축제(전 최우수축제)

금산군은 충청남도 동남부에 위치한 군이다. 총인구 5만5000여 명. 백제 시대 진내군, 진내을군이라 불리다가 여러 개칭을 거쳐 조선 태종때 금산군으로 최종 개칭 되었다. 대둔산도립공원과 신라 시대 원효대사가 창건한 것으로 알려진 태고사가 있으며, 이외로 둘러볼만한 곳은임진왜란의 의병장 조헌과 700여 명의 의사자들의 유골을 안치해놓은칠백의총이 있다. 주 생산은 인삼으로 전국 인삼 재배 면적의 15%가금산에 있다.

- **축제 기획 의도** 금산인삼의 세계적 브랜드 이미지를 제고해 국제 경쟁력을 강화하고 국내 인삼생산 및 유통 환경을 개선하기 위해 개최하고자 한다.
- **최초 개최 연도** 1991년
- **축제 시기 및 예산** 9월(10일간), 2017년 예산 약 18억 원
- **축제 장소** 충남 금산군 금산읍 인삼엑스포광장
- **주최/주관** 금산군/금산군축제추진위원회
- **주요 프로그램** 전시부문(주제관, 금산인삼관, 영상관, 생활문화관, 국제교역관 등) 학술/교역(국제인삼심포지엄, 국제인삼교역상담회, 세계인삼도시연맹 결성 등) 상설행사(주제공연, 인삼퍼레이드, 거리퍼포먼스, 인삼캐기, 지자체 문화공연 등)

- **현장 스케치 및 발전 방향** 금산인삼축제는 인지도가 높은 축제이다. 나는

금산 옆에서 무주반딧불축제를 오랫동안 총감독하면서 금산인삼축제를 관심있게 지켜보곤 했는데 당시 우수축제, 최우수축제로 평가를 받고 있었다. 그러던 어느 날 축제와 관련해 문화체육관광부 사무관이 축제 관계자분들과 함께 방문했다. 당시 관광과 과장이던 박범인 과장이 개막식부터 1박 2일 동안 함께 하며 축제 관련자와 중앙부처 공무원에게 보인 자세와 행동에서 그 열정을 보았는데 그 열정이 최우수축제를 만들었다는 생각을 하게 되었다. 문화체육관광부 지정 대표급의 축제들은 흘러가는 시스템을 잘 알고 있고 인맥관리를 매우 잘하고 있다는 것을 자주 느낀다. 프로그램 내용보다는 전국의 인삼유통에 대한 집산지로서 축제기간 판매에 대한 결과물이나 우수성을 강하게 주장했다고 본다. 그 결과 엑스포까지 이어진 것이다. 금산인삼축제는 우리가 원하는 일탈 성격의 축제가 아니라 이름 그대로 인삼박람회 형식의 산업형 판매축제에 가깝다. 엑스포를 통해 브랜드가치를 많이 높인 축제라고 본다.

사진 출처: 제이비 컴즈

⓭ 천안흥타령춤축제(전 최우수축제)

천안시는 충청남도 북동부에 위치한 시이다. 총인구 59만여 명. 삼한 시대 마한 중 목지국이 있던 지역이며 고려 초기에 천안이라는 이름을 얻었다. 천안삼거리와 신세계백화점을 중심으로 시내가 조성되어 있다. 유관순 열사의 3·1운동이 벌어진 아우내 장터를 비롯해 유관순사우, 독립기념관, 삼일운동기념비 등이 있다. 이외 각원사, 테딘워터파크 등 이 있다.

- **축제 기획 의도** 한국의 특유의 정서인 흥(興)을 통해 세대와 인종, 언어의 장벽을 뛰어넘는 유쾌한 경험을 선사하고 천안에 대한 긍정적인 이미지를 만들어 관광객을 유치해 지역 발전에 힘쓰고자 한다.
- **최초 개최 연도** 2003년
- **축제 시기 및 예산** 9월(5일간), 2017년 예산 19억5000만 원
- **축제 장소** 천안삼거리공원, 천안역, 아라리오광장 등
- **주최/주관** 천안시/(재)천안문화재단
- **주요 프로그램** 전국춤경연대회(학생부/일반부/흥타령부/실버부), 거리댄스퍼레이드, 국제민속춤대회, 코리아국제현대무용콩쿠르, 막춤대첩 등

사진 출처: 제이비 컴즈

· 현장 스케치 및 발전 방향 천안흥타령축제는 나름대로 오랫동안 준비를 많이 해왔고 내용 구성을 잘하고자 노력하지만 결과는 노력만큼 나오지 않고 있다. 가장 중요한 행사인 거리퍼레이드에서 다함께 즐길 수 있는 흥의 축제가 되어야 하는데 관광객의 참여도가 낮고 그 결과로 흥을 만들어 내는데 한계가 있으나 같이 어울리는 문화가 형성되고 있는 중이다. 축제장에서도 같이 어울리는 것보다는 보는 경연대회공연의 구성으로 단조롭다. 천안흥타령축제는 대한민국 대표축제를 꿈꾸는 축제인 만큼 인프라를 구성해야 한다. 또한 가치가 높은 킬러 콘텐츠를 만들어야 한다. 새로운 구성과 운영 시스템을 모색해보는 것이 바람직하다. 그리고 도약의 계기를 만들어 천안시가 예술의 축제도시가 되기를 바란다.

⑭ 함평 나비대축제(전 최우수축제)

전라남도 함평군은 총인구 3만4000여 명의 소도시다. 백제 시대 다지현과 굴내현으로 이루어져 있었으며, 이후 신라 시대에 다기현과 함풍현으로 개칭되었다. 중앙 부위는 노령산맥 일지맥이 천주봉, 고산봉을 이루어 남으로 뻗어 있고, 동부에는 장성호의 수원을 받아 광활한 월야평야를 이루고, 서남부로는 간척지가 산재하고 대동제를 젖줄로 한 함

사진 출처: 제이비 컴즈

평평야가 남북으로 길게 뻗어 있다.

- **축제 기획 의도** 친환경 지역임을 가장 어필 할 수 있는 나비를 테마로 한 축제를 기획해 함평에서 생산된 농·특산물 판매로 지역경제 활성화와 군민 소득 증대를 도모하고자 한다.
- **최초 개최 연도** 1999년
- **축제 시기 및 예산** 4월(10일간), 2017년 예산 9억원
- **축제 장소** 함평엑스포공원, 생태습지, 화양근린공원
- **주최/주관** 함평군/함평군축제추진위원회
- **주요 프로그램** 꽃·나비·곤충을 소재로 한 전시·문화·체험행사, 나비·곤충을 소재로 각종 체험프로그램 운영, 친환경 농·수·축산물 및 우수 특산품 전시·판매

- **현장 스케치 및 발전 방향** 함평나비축제는 한때 대한민국을 대표하는 환경축제로서 자리매김했고 엑스포까지 개최했지만 단체장이 바뀌면서 쇠락의 길로 가게 되었다. 지금은 엑스포장에서 전시체험위주로 진행되고 있다. 숙박형보다는 주간형으로서 소비성이 낮게 진행되고 있는 점이 아쉽다. 킬러 콘텐츠의 활성화와 야간 프로그램을 강화해 숙박형의 축제로 만들어가는 것이 바람직할 것 같다.

⑮ 양양송이축제(전 최우수축제)

양양군은 강원도 동부에 위치한 총인구 2만7000여 명의 작은 군이다. 고구려 때 익현현 또는 이문현으로 불렸으며 통일신라 시대 익령현을 지나 조선 태종 때에 양양으로 개칭되었다. 서북부에 설악산국립공원

의 남설악이 걸쳐져있으며, 정철의 관동별곡에도 등장하는 낙산사와
의상대, 그리고 해수욕장이 유명하다. 슬로건인 '고맙다! 양양'은 양양
이 베풀어준 자연과 양양군민이 나누는 사랑을 명시화한 것이다.

- **축제 기획 의도** 양양송이축제는 자연의 향으로 가득한 설악산에서 신비의
영물인 양양 황금송이를 직접 체험할 수 있는 축제이다. 송이채취 현장체험
을 통해 온 가족이 함께 전원을 느낄 수 있으며, 외국인 송이채취 현장체험
을 통해 양양송이의 우수함을 세계적으로 알려 관광객을 유치하고자 한다.
- **최초 개최 연도** 1997년
- **축제 시기 및 예산** 9월(3일간), 2017년 예산 4억5000만 원
- **축제 장소** 남대천 둔치 및 양양시장, 송이밸리자연휴양림
- **주최/주관** 양양군청/양양군축제위원회
- **주요 프로그램** 산신제, 외국인 송이채취 현장체험, 송이 보물찾기, 표고버
섯 따기 체험, 탁장사 대회, 전통떡만들기, 송이홍보단 퍼레이드

- **현장 스케치 및 발전 방향** 한때는 최우수축제까지 도약했을 정도로 양양의
송이 또한 브랜드 가치가 높다. 그러나 최우수축제를 유지하지 못한 이유는
축제장과 내용의 구성에서 매우 빈약했기 때문이라고 생각한다. 축제의 가

사진 출처: 제이비 컴즈

치와 송이의 가치는 다르다. 지금까지도 송이는 양양송이의 가치를 최고로 높게 평가하고 있기 때문이다. 송이 또한 기후 영향을 많이 받아 매년 작황에 따라 가격이 천차만별로 변하기 때문에 축제 운영에 어려운 점이 있다. 그러나 송이에 대한 모티브를 가지고 지역 인프라를 구축한다면 축제다운 축제를 만들어 낼 수 있을 것이다. 축제는 그 축제만의 정체성과 관광산업형 축제로서의 콘텐츠를 만들어야 한다.

⑯ 봉화은어축제(현 우수축제)

봉화군은 경상북도 최북단에 위치한 군이다. 인구가 3만3000여 명. 삼한 시대 진한의 기저국에 속했던 지역으로, 이후 신라 경덕왕 때에 내령군 옥마현으로 개칭되었다가 조선 때 봉화군으로 명칭이 정착했다. 산세가 수려하고 선비의 정신이 깃든 예절의 고장이다. 지역 슬로건인 '대한민국 대표 산림휴양도시 봉화'에 걸맞게 전체 면적의 83%가 오염되지 않은 자연 그대로의 산림으로 이루어져 있어서 자연 경관이 빼어나고 특산물이 많다. 특히 도립공원으로 선정된 청량산을 위시한 명산과 국보 및 보물들이 산재해있다.

사진 출처: 제이비 컴즈

- **축제 기획 의도** 민물고기 중 가장 최고로 여긴다는 은어의 이미지를 활용해 봉화군의 청정한 자연환경과 아름다운 풍경을 외래 관광객들에게 소개하고 지역경제를 활성화 시키고자 한다.
- **최초 개최 연도** 1999년
- **축제 시기 및 예산** 7월(8일간), 2017년 예산 11억9000만 원
- **축제 장소** 봉화읍 체육공원, 내성천 일원
- **주최/주관** 봉화군/(사)봉화군축제위원회
- **주요 프로그램** 은어 반두 · 맨손잡이, 은어숯불구이 체험, 은어를 주제로 한 전시 · 체험 프로그램 운영

- **현장 스케치 및 발전 방향** '잡는 재미, 먹는 재미'가 있는 봉화은어축제에 많은 관광객이 참여해 즐긴다. 한여름 물속에서 물고기 잡는 재미는 누구나 좋아할 이벤트 요소다. 그러나 좀 더 포괄적으로 관광객을 유치하기 위해서는 협소한 장소에 대해 고민을 해야 할 것이다. 지금 수준의 구성, 연출도 좋은 편이고 관광객들도 매우 만족감을 느낄 것이다. 그러나 관광산업의 축제로서 더 많은 관광객을 유치하고자 한다면 다시 한번 장소의 확장과 프로그램 구성에 대해 고민해야 할 것으로 보인다.

⑰ 부여서동연꽃축제(현 우수축제)

부여군은 충청남도 남부에 위치한 군이다. 총인구 3만3000여 명. 백제 시대에 122년간 '사비'로 불린 수도였으며 백제의 문화재가 다수 보존되어 있다. 관북리 유적, 부소산성과 능산리 고분군, 정림사지, 부여 나성을 묶은 백제역사유적지구가 유네스코 세계문화유산에 등재되어 있다. 브랜드 슬로건인 'Lovely BUYEO'는 일반적으로 '사랑스러운'으

로 해석되는 lovely를 훌륭한, 멋진, 아름다운 등 긍정적인 표현이 함축적으로 담긴 단어로 해석해 부여를 다채로운 의미를 가지고 있는 역사 관광도시로서의 이미지로 드러내고자 한다.

- **축제 기획 의도** 5만여 평의 궁남지에서 피는 50여 종의 연꽃을 서동과 선화공주의 설화와 접목한 스토리텔링을 이용해 과거 백제의 수도였던 부여의 모습을 대중에게 소개해 관광객을 유치하고 지역경제를 활성화 시키고자 한다.
- **최초 개최 연도** 2003년
- **축제 시기 및 예산** 7월(10일간), 2017년 예산 5억9500만 원
- **축제 장소** 부여서동공원(궁남지)
- **주최/주관** 부여군/부여서동연꽃축제추진위원회
- **주요 프로그램** 서동의 노래(개막 공연), 무왕의 탄생, 사랑의 콘서트, 서동선화 임팩트 쇼, 서동선화 나이트 퍼레이드, 한여름 밤의 夏모니, 폐막 공연 외 연꽃과 서동을 테마로 한 전시, 체험 프로그램

- **현장 스케치 및 발전 방향** 부여서동연꽃축제를 오랫동안 스케치해 왔는데 매년 축제장이 확장되고 있어 축제가 커지고 있는 것을 느낄 수 있다. 여름

사진 출처: 제이비 컴즈

에 개최되는 축제라서 매우 덥다. 그러므로 관광객이 더위 불평을 하지 않도록 확실하고 강력한 킬러 콘텐츠가 필요하다. 내가 느끼기에는 멀리 있는 관광객이 찾아와서 즐기기에는 축제 내용이 좀 빈약한 면이 있다. 참여 프로그램들이 부족하고 전체적인 구성이 단조로운 편이다. 단순히 역사의 전설 공연이나 연꽃만을 보기 위해 오기에는 시간과 경비가 아깝다고 느낄 수 있을 것이다. 외부의 관광객을 유치하기 위해서는 확실한 콘텐츠를 보강해야 할 것이다.

⑱ 안성맞춤 남사당 바우덕이축제(현 우수축제)

안성시는 경기도 최남단에 위치한 시이다. 총인구 18만여 명. 맞춤 제작을 하는 유기그릇과 가죽꽃신이 유명해 '안성맞춤'이라는 단어가 탄생한데서 비롯해 '안성맞춤도시'라는 지역 슬로건을 만들었다. 관광지로는 서운산을 비롯해 연봉을 이루고 있는 산간지방 곳곳에 분포한 계곡과 저수지, 관광과수단지 등이 있다. 주산업은 제조업으로 식품 공장이 많이 위치해 있다.

• **축제 기획 의도** 안성은 조선 시대 남사당의 발상지이자 총본산으로 우리나

사진 출처: 바우덕이축제 홈페이지

라 대중문화의 중심지였다. 남사당 바우덕이축제는 남사당 전통문화와 바우덕이의 예술정신을 계승·발전시켜 세계에 우리나라의 전통을 알리고, 관광객을 유치해 지역 발전에 힘쓰고자 한다.

- **최초 개최 연도** 2001년
- **축제 시기 및 예산** 9월(6일간), 2017년 예산 20억 원
- **축제 장소** 안성맞춤랜드, 안성시내 일원
- **주최/주관** 안성시/안성맞춤남사당바우덕이축제위원회
- **주요 프로그램** 시립풍물단 남사당 공연, 전야 길놀이 퍼레이드, 태평무, 향당무 공연, 바우덕이 추모제, 전야제, 주제공연 및 문화공연 등

- **현장 스케치 및 발전 방향** 우리나라 전통놀이를 소재로 한 가장 한국적이며 세계적인 축제이다. 나의 절친인 홍성일 감독이 안성바우덕이축제를 오랫동안 총감독을 했다. 당시 시장님이 내가 감독하고 있던 축제장에 방문해 축제와 관련한 많은 대화를 나누기도 했기에 이런저런 인연으로 많은 애정을 가진 축제이다. 지금은 전문 축제의 장이 건설되어 있고 공연도 상설로 운영되고 있다. 그러나 축제 전체의 구성과 운영시스템에서 단조로운 점이 보인다. 대한민국 메이저 축제로의 도약이나 글로벌 축제로의 도약을 원한다면 어떻게 해야 만족도를 높일 수 있고 사랑받을 수 있는지에 대해 축제의 구성면에서 다시 한번 고민해 볼 필요가 있다. 즉, 콘텐츠에 대한 공간 구성이 알차게 운영되어야 한다.

⓳ 원주 다이내믹댄싱카니발(현 우수축제)

원주시는 강원도 서남부에 위치한 군이다. 총인구 18만여 명. 신라 시대에는 소경을 두었고, 고려 시대에는 도호부, 조선 시대에는 강원도

감영의 소재지로 과거부터 비교적 큰 도시였다. 지금은 혁신도시 사업을 진행하면서 대한석탄공사, 한국관광공사, 대한적십자사 등이 옮겨져 있다. 원주를 방문하는 관광객들은 치악산국립공원, 구룡사, 상원사, 미륵산 미륵불상 등을 자주 찾는다. 역시 군사도시로 공업이나 농업보다는 서비스 산업이 발달되어 있다. 브랜드 슬로건 'Healthy Wonju'는 단순히 신체의 건강만이 아닌 건전한 정신(Healthy Mind), 건강한 육체(Healthy Body), 건강한 사회(Healthy Society)를 의미한다.

- **축제 기획 의도** 도시 곳곳을 문화예술축제의 장으로 만들어 관내 다중밀집 지역을 거점으로 문화예술공연 개최를 통한 지역주민의 문화향유 기회를 확대하고, 우수공연 유치를 통해 문화예술도시의 이미지를 각인시키고 지역 상권의 활성화를 가져오고자 한다.
- **최초 개최 연도** 2011년
- **축제 시기 및 예산** 9월(5일간), 2017년 예산 13억6000만 원
- **축제 장소** 원주시 따뚜공연장, 젊음의 광장, 문화의 거리, 원일로, 우산동 등
- **주최/주관** 원주시/(재)원주문화재단
- **주요 프로그램** 댄싱카니발, 지역문화예술공연, 프린지 공연, 군체험 부스, 어린이 안전공연 등

사진 출처: 제이비 컴즈

· 현장 스케치 및 발전 방향 오랜만에 댄싱카니발을 스케치했다. 대한민국에서 초창기에 카니발을 시도했지만 한동안 외면을 받아온 축제였다. 그러나 새롭게 구성해 만들어낸 축제로서 많은 변화 속에 지금의 축제는 급성장한 축제라고 호평을 하고 싶다. 내가 가장 부러워하는 것은 상설 무대설치물이었다. 전용 상설무대는 대한민국 최고라고 해도 과언이 아니다. 상설무대 외에도 아기자기하게 꾸미려고 노력하고 있으나 무대 외 장소 여건이 따라 주지 않는 것 같다. 멀리서 일부러 찾아오는 관광객을 위해서라도 주차장과 주변공간을 확장해야 할 것으로 본다.

---

⑳ 정남진장흥물축제(현 우수축제)

장흥군은 전라남도 남부에 위치한 군이다. 총인구 4만2000여 명. 백제 때 오차현, 오아현 등으로 불렸으나 고려 인종 때 공예왕후의 고향이라고 해 장흥부로 개칭되었다. '정남진 장흥'은 서울 광화문을 기준으로 정남쪽에 있는 진(나루터)이라고 해 이름이 붙은 정남진을 군의 대표 이미지로 삼아 만들어졌다. 조선 8대 문장가였던 백광홍 그리고 현대에는 이청준과 한승원 등의 문학인들을 배출한 곳으로서 '문인의향', '남도 최대 문인촌' 등으로 불린다. 주요 관광지는 가지산, 천관산, 수문포 해수욕장 등이 있다.

· 축제 기획 의도 탐진강 하천, 장흥댐 호수, 득량만 해수 등 청정 수자원을 기반으로 하는 테마축제로 푸른 자연 못지않게 깨끗하고 바른 지역이라는 장흥군의 이미지를 국내 안팎에 알림으로써 관광객을 유치해 지역경제를 활성화 하고자 한다.

· 최초 개최 연도 2008년

- **축제 시기 및 예산** 7월(7일간), 2017년 예산 16억3000만 원
- **축제 장소** 탐진강 및 편백숲 우드랜드 일원
- **주최/주관** 장흥군/정남진물축제추진위원회
- **주요 프로그램** 지상 최대 물싸움, 천연 약초 힐링 풀, 맨손으로 물고기 잡기, 주제 전시관 운영, 다양한 놀이, 경연 프로그램 운영 등

· 현장 스케치 및 발전 방향 장흥물축제를 이끌어가는 단체장이나 관계자들의 열정이 매우 높다. 장흥은 1회 때부터 큰 예산을 투자해 대형축제를 만들어 공무원들이 직접 전국을 방문하며 홍보를 하러 다녔다. 그런 열정을 보면 일찍 문화체육관광부 지정 축제로 진입했어야 하는데 초창기에는 그들만의 리그에서 탈피를 못한 관계로 정보력이 늦고 전략·전술에 문제가 있었다. 그러나 지금은 매우 활동적으로 움직이고 있다. 장흥물축제 단체장과 관계자들은 거의 매년 세계적인 물축제로 유명한 태국의 송크란축제를 벤치마킹하러 다녀오곤 했다. 나도 여러 번 동참해 송크란축제를 다녀왔다. 지금의 장흥물축제를 보면 송크란축제를 한국화 시켜나가면서 킬러 콘텐츠를 만들어가고 있다고 할 수 있다. 거듭 발전을 하고 있는 축제로서 여름을 대표하는 물축제로 자리매김하고 있으며 기대가 되는 축제이다. 전체적인 구성 연출에 있어 좀 더 보강을 한다면 장흥물축제가 대한민국을 대표하는 일탈의 축제로서 자리매김 할 수 있을 것이다.

사진 출처: 장흥군청 제공

㉑ 제주들불축제(현 우수축제)

제주시는 제주특별자치도 북부에 위치한 시이다. 총인구 43만여 명. 조선 초기 탐라국이었으나 전라도 제주목으로 흡수되었다. 제주시는 한라산 이북지역으로 제주국제공항과 카페리가 가능한 제주항이 위치하고 있어 접근성이 뛰어나며 관광에 관련된 시설자원이 집중해 있어 제주도의 중심지이다. 서귀포시에 비해 농업에 종사하는 인구가 적고, 관광업 또는 상업이 발달되어 있다.

• **축제 기획 의도** 제주들불축제는 소와 말 등 가축 방목을 위해 중산간 초지의 해묵은 풀을 없애고, 해충을 구제하기 위해 마을별로 늦겨울에서 초봄 사이 목야지 들판에 불을 놓았던 '방애'라는 제주의 옛 목축문화를 현대적 감각에 맞게 재현해 관광 상품화한 문화관광산업형 축제이다. 제주의 전통을 알림과 동시에 특색 있는 이벤트를 통해 관광객을 유치하고자 한다.

• **최초 개최 연도** 1997년
• **축제 시기 및 예산** 3월(4일간), 2017년 예산 11억8500만 원
• **축제 장소** 제주시 애월읍 봉성리 새별오름(평화로변)
• **주최/주관** 제주시/제주시관광산업형 축제추진협의회

사진 출처: 제이비 컴즈

- **주요 프로그램** 들불축제 성공기원 음악회, 무사안녕 횃불 대행진, 오름불 놓기, 들불 연날리기, 달집 만들기 경연대회 등

- **현장 스케치 및 발전 방향** 나는 20여 년 전부터 제주들불축제에 대해 스케치를 했으며 초창기에 들불축제팀장의 요청으로 총감독으로 함께하고자 했으나 주변 환경 조성이 뒷받침 되지 못해 인연을 맺지 못했다. 그때 총감독으로 참여했다면 대한민국 대표 관광산업형 축제로 도약할 수도 있었을 것이라는 생각을 한다. 제주도 축제의 운영시스템이나 연출력을 보면 육지와 비교해 뒤떨어지는 느낌을 항상 받는다. 들불축제는 관광상품의 가치가 충분히 있으나 열린 마인드의 부족과 외지인을 반기지 않는 문화에서 문제점을 찾아 볼 수 있을 것이라는 생각을 한다. 아니 내부에서 해결하고자 하는 의지가 강한 면일 수도 있을 것이다. 오픈된 정책과 마인드가 있어야만 제주도의 축제가 발전할 수 있을 것이다. 좀 더 넓은 식견을 가지고 접근했을 때 관광산업형 축제로 만들어 갈 수 있을 것이다.

㉒ 통영한산대첩축제(현 우수축제)

통영시는 경상남도 남해안에 위치한 시이다. 인구가 14만 명에 가깝다. 유인도 41개, 무인도 109개의 총 150개의 부속도서를 포함하는 한려해상국립공원으로 선정되어 있다. 조선 시대에 지금의 해군본부와 같은 삼도수군통제영이 위치했던 곳으로 통영이라는 지명도 여기에서 유래했다. 주요 관광지로는 남망산공원, 세병관, 충렬사, 달아공원 등이 있다. 주산업은 청정해역을 이용한 수산업으로 멸치가 유명하다. '바다의 땅 통영'은 섬과 바다를 중심으로 이루어진 아름답고 풍요로운 통영을 의미한다.

- **축제 기획 의도** 세계 4대 해전 중 가장 위대한 해전이었던 한산대첩을 승리로 이끈 성웅 충무공 이순신의 구국정신을 기리고, 한산대첩을 기념해 축제를 진행하며, 관광객을 유치해 지역경제에 새바람을 불러오고자 한다.
- **최초 개최 연도** 1954년
- **축제 시기 및 예산** 8월(5일간), 2017년 예산 11억4500만 원
- **축제 장소** 문화마당 및 병선마당, 통제영, 이순신공원 등 통영시 일원
- **주최/주관** 통영시/(재)통영한산대첩기념사업회
- **주요 프로그램** 한산대첩 재현, 이순신 장군 행렬 및 군정 재현, 한산대첩 출정식, 각종 공연·전시·체험 프로그램 진행

현장 스케치 및 발전 방향 통영한산대첩축제에 대한 평가는 보는 사람에 따라 극과 극의 평가가 나온다. 그 이유는 축제장의 공간 구성에 따른 문제에 있다고 본다. 역사적인 공간을 재현하는 데에 있어 한계성이 있는 문제와 축제장이 한곳에 몰려있는 것이 아니라 떨어져 있어 어려움이 있다. 장소 여건에 따른 연계성에 홍보와 안내가 아쉽다고 느끼는 상황이다. 킬러 콘텐츠를 확실하게 만들어 내세우고 그 외는 서브프로그램으로 참여해 즐기게 하는 방법도 대안이라고 생각한다. 그러나 무엇보다도 문제는 축제를 운영하는 재단이다. 축제를 운영할 수 있는 전문 노하우와 인력이 뒷받침되어 있지

사진 출처: 통영시

않는 재단 사무실에서 직접 연출까지 하려고 하는데 그것은 욕심이고 그 욕심이 화를 부른다고 생각한다. 재단의 사무국은 직접 연출까지 하려 하지 말고 행정업무에만 집중하고 전문가들이 연출을 할 수 있도록 뒷받침해주는 것이 축제 발전을 위하는 일이라 생각한다. 이순신축제가 전국적으로 많이 열리고 있다. 전국의 이순신축제를 연결해 경쟁력 있는 세계사의 명장과 해전의 가치를 높여 글로벌 축제로 만드는 구상을 제안한다. 그러기 위해서는 전체를 구성할 수 있는 전문가들의 지원과 운영시스템을 현실화시킬 필요가 있다.

㉓ 평창 효석메밀꽃축제(현 우수축제)

평창군은 강원 중남부에 위치한 군이다. 총인구 4만3000여 명. 삼국시대 고구려의 영토로 욱오현이라 불렸으며 고려 태조 때 평창이라는 지명을 얻었다. 2018년 동계 올림픽 개최지로 많은 개발이 이루어지고 있으며, 이전부터 큰 스키장이 많아 겨울 휴양지로 각광을 받고 있다. 산간 지방으로 경작지가 좁고 화전이 많으며, 고랭지 옥수수·감자가 유명하다. 〈메밀꽃 필 무렵〉을 쓴 소설가 이효석 작가를 기념하는 이효석문학관과 효석문화마을이 있다. 지역 슬로건은 'HAPPY700'으로 평창이 위치한 해발 700m 지점이 가장 행복한 고도라는 의미이다.

· **축제 기획 의도** 가산 이효석 선생의 문학 가치를 드높이고 문학의 즐거움을 국민과 함께함으로써 국민적 정서의 풍요함에 의미를 두고 있다. 이효석문학선양회의 30여 년 동안 선양사업을 기초로 평창을 문학 관광지로 부상시킴과 주민의 자발적 참여와 봉사로 지역의 부가가치 창출 및 경제 활성화

를 큰 목표로 한다.

- **최초 개최 연도** 1998년
- **축제 시기 및 예산** 9월(9일간), 2017년 예산 7억1000만 원
- **축제 장소** 평창군 봉평면 문화마을 일원
- **주최/주관** 평창군/이효석문학선양회
- **주요 프로그램** 전국 효석백일장, 이효석 문학의 밤, 소설 '메밀꽃 필 무렵'을 테마로 한 마당극, 문화예술공연, 메밀꽃 사진 전시 등

• 현장 스케치 및 발전 방향 평창 효석메밀꽃축제는 면단위 추진위원회에서 직접 기획, 운영하는 시스템이다. 오랫동안 축제를 진행해 오면서 노하우도 축적되어 있지만 현재의 축제는 우수축제로서의 한계성을 가지고 있다. 큰 변화 없이 매년 반복적으로 진행되고 있는 점이 한계이다. 최우수축제로 도약하고 싶다면 새로운 시스템과 가치를 만들어내야 할 것이다.

이제는 도약을 할 것인지 계속적으로 지역축제로 남을 것인지에 대한 결단도 필요하다고 본다. 좀 더 스토리가 있는 내용 구성과 체험행사 및 확실한 킬러 콘텐츠 등을 만들어 운영하는 것에 대해 고민해 볼 필요가 있다고 생각한다.

사진 출처: 제이비 컴즈

㉔ 고령 대가야체험축제(전 우수축제, 현 유망축제)

고령군은 경상북도 남서부에 위치한 군이다. 총인구 3만5000여 명. 42년 이진아시왕이 대가야국을 건국한 지역으로, 대가야 왕궁의 궁궐 터부터 시작해 가야고분군, 대가야박물관, 주산성, 고령향교 등 가야국의 많은 유적지가 남아있다. 가야산국립공원, 개경포의 기암절벽과 같은 자연 관광자원도 분포되어 있다. 주산업은 농업으로 수백 년의 전통을 가진 약초 재배가 유명하다. 지역 슬로건은 'Gogogoryeong' 리듬감과 활력 있는 어감을 강조해 지역의 단결력을 보여준다.

- **축제 기획 의도** 대가야의 건국신화와 스토리텔링을 콘셉트로 한 세 캐릭터와 함께하는 대가야역사여행으로 1,600년 전의 모습을 보고, 느끼고, 만질 수 있다는 축제 메세지를 전달하며 사람들의 나이, 성별, 국경을 떠나 함께 어우러짐을 표현해 대가야의 정체성을 확립한다. 지역경제발전의 성장 동력이 되는 역사와 문화가 살아있는 역동적인 교육형 축제, 지역주민과 관광객이 함께하고 관광객이 다시 찾아오는 관광산업형 축제가 되고자 한다.
- **최초 개최 연도** 2005년
- **축제 시기 및 예산** 4월(4일간), 2017년 예산 10억5000만 원

사진 출처: 제이비 컴즈

- **축제 장소** 대가야역사테마관광지, 대가야읍 일원
- **주최/주관** 고령군/(사)고령군관광협의회
- **주요 프로그램** '대가야 건국신화' 거리 퍼레이드, '대가야, 건국의 시대' 역사 재현극, 대가야 역사를 테마로 한 12개 분야 45개 프로그램

현장 스케치 및 발전 방향 고령대가야체험축제는 1회 때부터 분석해 왔고 나름대로의 교류가 있었다. 시작하고 몇 년간은 협소한 공간에서 단조로운 구성의 연출이 진행되었다. 그 이후 민간 조직에서 상설 시스템으로 운영하고 있으며 지금은 공원이 생겨 축제장이 많이 확대되어 운영되고 있다. 그러나 확실한 킬러 콘텐츠와 전체의 구성을 보완할 필요가 있다. 지역의 화합축제로서는 잘하고 있다. 그러나 관광산업형 축제로 도약하고자 한다면 관광객이 원하는 가치를 구성하고 개혁적인 변화 속에 운영시스템을 보강해야한다고 본다.

㉕ 창원 마산가고파국화축제(전 우수축제)

창원시는 경상남도 중남부에 위치한 시이다. 인구가 108만여 명에 이른다. 가야 시대에 골포국이 건국된 지역으로 1899년 일본에 의해 마산포가 개항되었다.

2010년 인근 마산시, 진해시와 통합되었다. 우리나라 국화재배의 역사가 담긴 마산은 국화재배에 알맞은 토질과 온화한 기후, 첨단 양액재배 기술보급 등으로 1960년부터 국화 상업재배 시배지로 현재 전국 재배면적 13%를 차지하고 있다. '빛나는 땅 창원'은 빛날 창(昌)을 동인으로 창원이 갖고 있는 특성을 특화해 쉼 없이 발전하는 해가 지지 않는 풍요로운 도시를 의미한다.

- **축제 기획 의도** 꽃의 도시로 이미지 부각 및 화훼산업 발전으로 경제 파급 효과 창출, 명품축제 브랜드 확산을 통해 대규모 관광객 유치로 지역경제 활성화 도모, 축제의 산업화를 위한 플라워 랜드 조성 및 국화 클러스터 유치를 위해 노력하고자 한다.
- **최초 개최 연도** 2000년
- **축제 시기 및 예산** 10월(10일간), 2017년 예산 8억9700만 원
- **축제 장소** 마산항 제1부두 일원
- **주최/주관** 창원시/마산가고파국화축제위원회
- **주요 프로그램** 국향대전 및 다륜대작, 함포만 멀티미디어 불꽃쇼, 국화분재, 수목분재, 야생화 등 전시행사

- **현장 스케치 및 발전 방향** 국화축제는 대한민국 전국 어디를 가나 운영하고 있다. 창원국화축제도 그중의 한 축제라고 본다. 문화체육관광부 평가 데이터를 가지고 축제 평가를 한다면 전시형의 축제는 평가점수가 제대로 나올 수 없는 여건이다. 관광산업형 축제를 원한다면 거기에 맞는 프로그램 개발을 해야만 가능성이 있다.

사진 출처: 제이비 컴즈

㉖ 남원 춘향제(전 우수축제)

남원시는 전라북도 동남부에 위치한 시이다. 총인구 8만6000여 명. 삼국 시대에는 백제와 가야의 세력이 있었던 지역이다. 신라가 통일한 이후 고구려의 유목민을 이주시켜 거문고 등의 고구려 문화가 전승되었다. 주산업은 농업이며, 임야가 많다. 지리산국립공원을 비롯해 다양한 문화재와 춘향전과 관련된 관광지까지 다양한 관광자원이 있다. '춘향남원 사랑의 1번지'는 남원이 전통문화의 으뜸 고장이며 선남선녀들의 애틋한 사랑과 따뜻한 마음을 간직한 사랑의 도시임을 나타낸다.

- **축제 기획 의도** 춘향전의 배경이 된 남원을 국내외 관광객에게 축제 기간뿐만 아닌 일상적인 관광으로도 이어질 수 있도록 인식시키고 나아가 지역경제 발전에 보탬이 되고자 한다.
- **최초 개최 연도** 1931년
- **축제 시기 및 예산** 5월(5일간), 2017년 예산 15억1000만 원
- **축제 장소** 남원시 광한루원 및 요천 일원 등
- **주최/주관** 남원시/춘향제전위원회
- **주요 프로그램** 춘향제향, 춘향국악대전, 춘향선발대회, 사랑등불행렬, '세

사진 출처: 남원 춘향제 홈페이지

기의 사랑' 공연예술제, 소리극 '빅터춘향', 명인명창 국악대향연 등

- **현장 스케치 및 발전 방향** 남원춘향제는 나름대로 역사가 깊지만 오랫동안 관광형 축제에 미치지 못하는 구성, 연출을 해왔다. 운영시스템에서 시와 재단과의 갈등 속에 생긴 문제가 발전을 저해시켰다. 지금은 관광산업형의 축제에서 예술축제로 전환해 진행하고 있다. 그러나 아직은 대한민국을 대표할 만큼의 가치를 만들어내지 못하고 있는 상황이다. 지역 인프라를 육성하고 운영시스템을 바꿔 보는 것이 축제의 발전에 도움이 될 것이다.

㉗ 광주세계김치축제(전 우수축제)

1948년 8월 대한민국 정부 수립 이후인 1949년 광주부는 광주시로 바뀌었다. 2010년 말 현재 5개 자치구에 95개 행정동으로 변모한 광주는 '더불어 사는 광주, 더불어 행복한 시민'이란 기치로 비상하고 있다. 인구는 2016년 통계로 147만여 명이다.

- **축제 기획 의도** 김치의 전통을 계승 보존하고 김치를 발굴하며, 광주를 김치의 세계화에 앞장서서 홍보하기 위한 축제로 지역의 농산물을 활용한 대

사진 출처: 제이비 컴즈

규모 체험행사를 진행해 지역경제 활성화에 도움이 되고자 한다.

- **최초 개최 연도** 1994년
- **축제 시기 및 예산** 5월부터 12월, 2017년 예산 8억 원
- **축제 장소** 광주김치타운 일원
- **주최/주관** 광주광역시 생명농업과/광주세계김치축제위원회
- **주요 프로그램** 대한민국 김치 경연대회, 2017 빛고을 사랑나눔 김장대전 등

· 현장 스케치 및 발전 방향 김치축제는 초창기에는 전통의 이미지에 따른 구성과 열정이 있었으나 점점 축제는 정체성을 잃어버리고 구성되는 경우가 많았다. 그러나 2017년에는 새롭게 첫째마당, 둘째마당, 셋째마당, 넷째마당으로 나누어 5월부터 12월까지 장기 계획으로 주제를 달리한 축제로 변화하고 있다. 보다 정체성을 강화해 진정성 있는 축제로 만들어가는 것을 기대해본다.

㉘ 춘천 마임축제(전 우수축제, 현 유망축제)

춘천은 강원도 중서부에 위치한 시이다. 총인구 27만여 명. 소양호, 춘천호, 의암호와 다양한 형태의 산지 등 여러 휴양지가 산재해있어 해마다 1,000만여 명의 관광객들이 찾는다. 또한 소설가 김유정의 고향으로 경춘선의 김유정역을 비롯해 김유정 생가·김유정 문학관 등을 설립해 김유정문학촌이 조성되어 있다. 브랜드 슬로건인 '로맨틱 춘천 (Romantic Chuncheon)'은 소양강처녀를 모티브로 수부도시 춘천의 유서 깊고 우아한 느낌을 표방했다.

· 축제 기획 의도 현대마임, 신체극, 무용극, 광대극, 거리극 등 마임이라는 장르를 넘어 '몸, 움직임, 이미지'를 기반으로 한 다양한 장르의 작품을 수용

하고 있는 공연 예술축제이다. 한국의 작은 도시 춘천을 일약 국제적인 마임의 메카로 알려 국내외 관광객을 유치하며 지역경제 활성화에 도움이 되고자 한다.

- **최초 개최 연도** 1989년
- **축제 시기 및 예산** 5월(8일간), 2017년 예산 6억900만 원
- **축제 장소** 춘천 중앙로, 축제극장몸짓, 애니메이션박물관, 스무숲공원, 수변공원
- **주최/주관** (사)춘천마임축제/춘천마임축제운영위원회
- **주요 프로그램** 물의 도시(아!水라장; 사전 거리 퍼포먼스, 물난장, 컬러링로드&버블로드, 주제공연, 도심 풀파티 등), **봄의 도시**(기획공연 'Cie Zai-Victor', 찾아가는 공연, 우리 동네 좋은 날, 브라운 오번가 거리공연, 페스티벌 클럽), **불의 도시**(도깨비 난장; 주제공연 '하늘을 깨무는 뜨거운 숨결', 체험놀이 프로그램 등)

· 현장 스케치 및 발전 방향 춘천마임축제를 평가 및 스케치 했다. 이 축제에 대한 평가도 다양하다. 만족도가 높다는 관객이 있는 반면 어르신들이나 예술을 잘 이해하지 못하는 관객들은 무엇을 하는 축제인지 모른다. 극과 극으로 달라지는 평가의 현실, 킬러 콘텐츠나 홍보 방법 등에서 일반 축제와는 다르게 운영해야 할 것으로 본다. 좀 더 대중적인 축제로 다가갈 필요가

사진 출처: 제이비 컴즈

있을 것이라고 생각한다. 마임축제는 일반 축제의 평가보다는 예술축제의 영역에서 평가를 해야 한다고 생각한다.

㉙ 고창모양성제(현 유망축제)

고창군은 전라북도 서남부에 위치해 있다. 총인구 6만여 명. 본래 백제의 모량부리현이었으나 통일신라 경덕왕 때 고창현으로 개칭되었다. 천연기념물로 선정된 동백나무숲이 있는 선운산(도립공원)과 그 안의 선운사, 도솔계곡 등이 잘 알려져 있다. 이런 자연환경을 모티브로 해 '아름답고 청정한 명품 고창건설'이라는 지역 슬로건을 홍보하고 있다.

- **축제 기획 의도** 유비무환 정신으로 축성한 모양성에서 뜻깊은 조상의 애국심을 고취시키고 향토문화를 계승·발전시키며, 고창군민의 긍지와 애향심을 높이고 나아가 외래 관광객을 유치해 지역경제 활성화에 힘쓰고자 한다.
- **최초 개최 연도** 1972년
- **축제 시기 및 예산** 10월(5일간), 2017년 예산 6억3400만 원
- **축제 장소** 전북 고창군 고창읍성
- **주최/주관** 고창군/모양성보존회

사진 출처: 제이비 컴즈

- **주요 프로그램** 모양성제 거리 퍼레이드, 축성참여 고을기 게양식, 답성놀이 체험과 재현, 원님 부임행차, 조선 시대 병영문화 재현과 체험 등

-

- **현장 스케치 및 발전 방향** 고창모양성제는 모양성보존회에서 진행을 하고 있다. 고창읍성 안에서 진행하는 프로그램은 거의 없고 협소한 읍성입구 광장에서 진행을 한다. 그러다 보니 모양읍성에 대한 콘텐츠를 충분히 풀어가지 못하고, 관광객이 원하는 가치를 만들지 못하고 있는 것이 현실이다. 축제 전문성이 없는 모양성보존회에서 변화를 시도하지 못하고 매년 답습형의 축제로서 공간 구성 등에 대한 프로그램을 구성, 연출하지 못하고 있다는 것이다. 축제 관계자들의 열린 마인드와 현실에서 원하는 축제 콘텐츠를 만들어 내지 못한다면 관광산업형 축제로 발전할 수 없을 것이다. 현실적인 변화만 갖춘다면 전통문화축제로서 가치 있는 축제로 만들 수 있다.

❸⓿ 대구 약령시한방문화축제(현 유망축제)

대구 약령시는 조선조 효종 연간에 한약재와 약초를 파는 시장으로 개설되었다. 과거에는 봄과 가을에 한 달씩 열렸지만 오늘날에는 상설화된 전통시장이다. 한약재 도매시장을 통해 다양한 한약재를 사고팔고 있으며, 해마다 한방축제를 개최하고 있다.
대구시의 인구는 250만여 명이며 중구의 인구는 9만여 명이다.

- **축제 기획 의도** 조선 시대 전국 제일의 한약재시장이었던 대구 약령시의 모습을 간직하고 있는 약령시장에서 행사를 진행해 지역민 및 관광객들에게 허준 선생의 위민정신과 전통을 알리고 대구의 이미지를 홍보해 관광객을 유치하고자 한다.

- **최초 개최 연도** 1978년
- **축제 시기 및 예산** 5월(5일간), 2017년 예산 5억2400만 원
- **축제 장소** 대구광역시 중구 약령시 일원
- **주최/주관** 대구시 중구/(사)약령시보존위원회
- **주요 프로그램** 고유제, 개·폐막식, 주제공연 '약령탐방전', 전승기예 경연대회, 한방족욕체험, 동의보감 진서의 퍼레이드 등

· 현장 스케치 및 발전 방향 매년 5월에 하는 축제를 스케치하기란 그리 쉽지가 않다. 그 시기에는 나도 어떤 축제든 총감독을 맡아 연출하고 있기 때문이다. 모처럼 시간을 내어 서울에서 내려갔다. 일반적인 축제와는 장소 여건이 매우 달랐다. 시내 약초상가 골목길에서 진행하는 축제로 장소가 협소했다. 이런 여건에서는 어떠한 프로그램도 구성, 연출하기가 쉽지 않다고 생각했다. 그런 이유로 축제는 단조롭게 진행되고 있다. 관광산업형 축제로의 도약을 원한다면 확실한 콘텐츠를 만들어 운영해야 할 것이다. 한약체험 프로그램을 1박 2일 코스로 만들어 운영하는 것도 고민해 볼 필요가 있을 것이다. 역사적이고 전통을 지닌 장소라는 데에서 벗어나 콘텐츠를 만들어낼 필요가 있다. 새롭게 컨설팅을 받아 장기 프로그램 계획을 세우고 운영시스템을 변화시키는 것을 추천하는 바이다.

사진 출처: 제이비 컴즈

㉛ 대전효문화뿌리축제(현 유망축제)

대전시는 1931년 4월 1일 읍면제(邑面制) 실시에 따라 대전읍으로 승격했으며 이듬해인 1932년 10월 1일 충청남도청을 공주에서 현 위치인 대전으로 이전했다. 1949년 8월 15일 지방자치제가 실시됨에 따라 대전시로 개칭되었다. 1995년 1월 1일 대전직할시 중구가 대전광역시 중구로 명칭이 바뀌어 오늘에 이르고 있다. 구청은 대전광역시 중구 대흥동에 있다. 대전시의 인구는 150만여 명이며 중구의 인구는 26만여 명이다.

- **축제 기획 의도** 우리 민족의 소중한 효 정신을 몸소 체험해 보고 뿌리공원과 족보박물관 등을 돌아보며 자신의 뿌리를 찾아보고 모든 가족 구성원들이 함께하는 세대를 초월한 축제로서 가족의 소중함과 효의 중요성을 느낄 수 있음은 물론, 전통문화에서 점점 소원해지는 어린이·청소년들에게는 전통문화의 소중함과 조상의 지혜를 배울 수 있는 계기를 만들고자 했다.
- **최초 개최 연도** 2008년
- **축제 시기 및 예산** 9월(3일간), 2017년 예산 6억8400만 원
- **축제 장소** '효! 월드' 뿌리공원 및 원도심 일원

사진 출처: 제이비 컴즈

- **주최/주관** 대전광역시 중구/중구문화원
- **주요 프로그램** 문중 역사인물 퍼레이드, 3대 가족 100세 스타킹!, 전국 효문화 청소년 페스티벌, 부모님 건강검진 체험 등

- **현장 스케치 및 발전 방향** 대도시에서 축제를 기획, 구성한다는 것이 쉽지는 않다. 각 동에서 열정을 가지고 향토식당을 운영하는 모습에서 나는 지역민의 열정을 보았고 저렴한 금액으로 판매하는데 있어 만족스러웠다. 그러나 협소한 축제장의 공간연출과 부족한 콘텐츠의 프로그램은 축제의 만족도를 떨어뜨린다. 부스를 운영한다고 그것이 관광산업형 축제로서 만족도를 높여줄 수 있는 것은 아니며 무대공연이 축제를 살릴 수 있는 것도 아니다. 축제가 발전된 모습을 보이려면 협소한 공간의 확장과 전체 프로그램을 대대적으로 새롭게 구성, 연출할 필요가 있다. 또한 조직구성과 운영시스템도 현실에 맞게 구성해 운영해야 한다.

㉜ 보성다향대축제(현 유망축제)

보성군은 전라남도 중남부에 위치한 군이다. 총인구 4만6000여 명. 통일신라 경덕왕 이전까지 복홀이라 불리다가 보성군이라는 지명을 얻었다. 지역의 주요 특산물인 녹차와 꼬막으로 많이 알려져 있다. 보성차밭, 한국차박물관, 소설태백산맥문학관 등의 보성팔경이 있다. 브랜드 슬로건인 '녹차수도 보성'은 보성녹차 및 청정해역인 남해바다의 이미지를 생동감 있게 표현함으로써 보성군의 미래에 대한 비전과 희망을 시각적으로 담아내고자 한다.

- **축제 기획 의도** 오랜 역사와 함께 최대의 차 생산지이며 차 산업의 발상지

라는 자부심 속에서 보성녹차로 알려진 지역의 이미지를 고취시키고 나아가 관광객을 지역으로 직접 불러들여 지역경제 활성화에 힘쓰고자 한다.

- **최초 개최 연도** 1975년
- **축제 시기 및 예산** 5월(5일간), 2017년 예산 6억5400만 원
- **축제 장소** 한국차문화공원 및 보성차밭 일원
- **주최/주관** 보성군/보성차생산자조합/보성다향대축제추진위원회
- **주요 프로그램** 차 문화 행사(다신제, 티아트페스티벌, 학생차예절경연 등), 그 외 체험행사, 전시 판매행사, 공연경연행사 등

· 현장 스케치 및 발전 방향 나는 오랫동안 비슷한 종류의 축제인 하동야생차문화축제를 총감독했다. 하동야생차문화축제는 최우수축제까지 도약했으나 보성다향제는 항상 유망축제에서 머무르고 있었다. 장소여건은 하동보다도 몇 배 좋고 인지도도 높은데 그 이상으로 도약하지 못한 이유는 축제관계자들의 소신과 열정, 의지가 부족했던데서 찾을 수 있다고 본다. 20여 년 전에는 축제를 차밭이 아닌 운동장에서 했다. 관광객은 차밭으로 가지 운동장에 올 이유가 거의 없었다. 운동장에서 하는 축제는 지역의 화합축제였다. 열정이 있는 팀장과 함께 장소를 운동장에서 차밭으로 이동하고 싶었지만 지역상권이 죽는다는 지역민의 반대로 옮길 수가 없었다. 그 당시 차밭으로

사진 출처: 제이비 컴즈

축제를 옮긴다면 지역의 몇몇 상가의 불만은 있겠지만 보성군민 모두에게 사랑받는 단체장이 될 수 있을 텐데 왜 결단을 하지 못할까하는 아쉬움이 있었다. 현재는 차밭으로 장소를 옮겨 축제를 하고 있고 국내에서 유명한 차 문화 축제로 자리 잡았지만 공간, 구성, 연출에 있어 관광산업형 축제로서의 가치를 만들어 내지 못하고 있다. 추진력 및 적극성이 부족하다고 볼 수 있을 것이다. 한 단계 더 높은 수준의 관광산업형 축제로 도약하기 위해서는 추진력과 적극성과 함께 킬러 콘텐츠를 보강하고 프로그램의 내실을 다져야 할 것으로 보인다.

㉝ 영암왕인문화축제(현 유망축제)

영암군은 전라남도 남서부에 위치한 군이다. 인구는 6만여 명이다. 삼국 시대에는 백제의 대외무역항이 있던 곳으로 왕인 박사가 왜로 출항한 것으로 알려져 있다. 국내 3대 명산으로 꼽히는 월출산국립공원이 있다. 또한 F1 코리아 그랑프리가 개최되었던 지역으로 해외에 알려져 있으며, 인기 TV 예능 프로그램에서 F1 도전을 위해 훈련하는 내용이 방송을 타 관심을 얻기도 했다. 영기(靈氣)와 정기(精氣), 생기(生氣)와 활기(活氣), 사기(四氣) 충만한 고장이라는 뜻으로 "기(氣)의 고장 영암"을 슬로건으로 선정했다.

· **축제 기획 의도** "열린 세계로의 이상"을 실현한 왕인 박사의 업적을 조명하고 찬란한 우리의 문화를 남도 최고의 풍광을 자랑하는 국립공원 월출산 왕인박사유적지에서 개최해 왕인 박사와 영암의 자연을 함께 홍보해 관광객에게 영암의 특징을 알리고 관광객을 유치해 지역경제에 보탬이 되고자 한다.

- **최초 개최 연도** 1997년
- **축제 시기 및 예산** 4월(4일간), 2017년 예산 10억 원
- **축제 장소** 영암 왕인박사유적지, 도기박물관, 상대포역사공원 등 영암군 일원
- **주최/주관** 영암군/영암군향토축제추진위원회
- **주요 프로그램** 왕인박사 일본가오! 퍼레이드, 왕인 따라 달빛걷기, 구림마을 자전거 여행, 왕인愛 어드벤처 랠리, 제3회 천자문경전 성독 대회 등

· 현장 스케치 및 발전 방향 예전에 비해 지금은 축제장을 많이 확장해 운영하고 있지만 축제장을 제대로 활용하지 못하고 단조롭게 구성하고 있는 것이 좀 아쉽다. 축제를 연출하고 있는 전문가들 간에 소통부재나 구성, 연출과 운영시스템에 대해 영암축제에 맞는 자문이나 컨설팅이 되지 못하고 있는 것이 문제로 보인다. 축제장에 들어오는 2차선 길도 고민을 해야 한다. 2차선 도로 양쪽 옆으로 주차를 하기 때문에 차량이 원활하게 이동할 수 없는 경우가 생기기 때문이다. 관광산업형 축제로 도약하고자 한다면 운영시스템을 전면적으로 바꿔 볼 필요가 있다. 무대중심의 구성에서 테마가 있는 다양한 존 구성을 했을 때 가치가 있는 축제를 만들어 갈 수 있을 것이다. 또한 자체 지역의 인프라를 육성해 나가야 할 것이다.

사진 출처: 제이비 컴즈

㉞ 완주와일드푸드축제(현 유망축제)

완주군은 전라북도 중북부에 위치한 군이다. 총인구 8만6000여 명. 모악산, 운장산, 만덕산, 대둔산 등으로 산지로 둘러싸여 있고 사이사이 경천저수지, 대아저수지, 동상저수지를 조성해 어느 곳을 둘러보아도 풍경이 좋다. 대부분의 주요 관광지에는 일주하며 감상하기 편한 관광 도로들이 개통되어 있어 드라이브 코스로도 매우 훌륭하다. 고산천 상류에는 천주교 성지들이 많아 매년 성지순례를 위해 방문하는 국내 교인들이 많다.

- **축제 기획 의도** 완주에서 나고 자란 신선한 농산물을 축제를 통해 관광객들에게 홍보해 지역 농업과 상업의 활성화를 불러오고자 한다.
- **최초 개최 연도** 2011년
- **축제 시기 및 예산** 9월(3일간), 2017년 예산 7억2400만 원
- **축제 장소** 고산자연휴양림 일원
- **주최/주관** 완주군/와일드푸드축제추진위원회
- **주요 프로그램** 와일드 음식&체험(천렵, 화덕, 벌잡이, 곤충체험 등), 와일드&향수를 주제로 한 프로그램, 감자삼굿, 개구리&메뚜기 튀김, 곤충음식 먹거리

사진 출처: 제이비 컴즈

체험, 야생생태체험 등

· 현장 스케치 및 발전 방향 7회째를 맞는 짧은 기간 동안에 3년 연속 문화체육관광부 유망축제에 선정될 만큼 빠르게 성장하고 있다. 2016년 가족과 함께 축제를 스케치하기 위해 서울에서 출발했다. 전주에서 축제장에 들어가는데 주차장이 거의 없는 산속이라 초행길에 헤매다가 셔틀버스를 타고 축제장에 갔다. 첫인상으로 교통이 불편하다고 느낀 것이다. 다채로운 구성에 아기자기한 면은 있으나 다른 지역 축제와 비슷한 콘텐츠를 가지고 구성했다고 생각한다. 특별한 콘텐츠의 구성이 아쉬웠다. 전주 지역만의 축제로 계획한 것이라면 지금의 축제 구성이 좋을 수도 있다. 그러나 관광산업형 축제로 도약을 하려면 전면적으로 새롭게 구성, 연출하고 운영시스템도 바꿀 필요가 있다. 확실한 콘텐츠 개발과 접근성이 좋은 축제장을 구성해 나가야 할 것이다.

㉟ 울산옹기축제(현 유망축제)

울산광역시 울주군은 동쪽으로 동해와 접해 있으며, 서쪽은 경남 밀양시와 경북 청도군, 남쪽은 부산 기장군과 경남 양산시, 북쪽은 경북 경주시와 접하고 있다. 울산광역시 인구는 117만여 명이며 울주군의 인구는 2015년 통계로 22만여 명. 행정구역으로는 4개 읍, 8개 면, 350개 행정리(118개 법정리)가 있다. 군청은 울산광역시 남구 옥동에 소재하고 있다.

· 축제 기획 의도 국내 최대 규모의 옹기집산지이자 7명의 옹기 장인들이 전통방식의 옹기제작기술로 옹기를 제작하고 있는 울주군 외고산 옹기마을에

서 옹기축제를 개최함으로써 지역 대표 특산물인 '옹기'에 대한 홍보 및 다양한 볼거리를 제공함으로써 생활옹기의 보급과 전통산업 발전에 이바지하고자 한다.

- **최초 개최 연도** 2000년
- **축제 시기 및 예산** 5월(4일간), 2017년 예산 6억3400만 원
- **축제 장소** 울산시 울주군 온양읍 외고산 옹기마을 일원
- **주최/주관** 울주군/울산옹기축제추진위원회
- **주요 프로그램** 옹기장수촌, 나만의 옹기 만들기 대회, 옹기생활 전시관, 장인 공방 체험전 등

· 현장 스케치 및 발전 방향 무엇보다 울산옹기축제는 옹기엑스포까지 개최했던 행사장을 가지고 있다. 축제는 옹기마당과 박물관 등을 활용한 공간에서 진행된다. 그러나 옹기엑스포까지 개최한 경험을 지닌 지역 축제라는 점을 상기하면 프로그램이 매우 단조롭고 콘텐츠의 개발이 매우 빈약하다는 생각이 들어 안타깝다. 축제를 기획하는 입장에서 볼 때 담당자들의 마인드 변화가 필요하다는 생각이 드는 대목이다. 즉 개혁적인 프로그램의 구성이 필요하다는 말을 하고 싶다. 축제 프로그램의 구성, 운영에 문제점을 찾아내어 새로운 변화를 시도해야 할 것 같다.

사진 출처: 제이비 컴즈

㊱ 인천 펜타포트 락 페스티벌(현 유망축제)

인천광역시는 경기도 중서부 해안에 위치한 광역시이다. 총인구 294만 여 명. 국내 최대의 공항인 인천국제공항과 서해안 최대의 무역항인 인천항이 자리하고 있어 국제도시, 무역도시로서의 입지를 가지고 있다. 이러한 특성으로 개항시기부터 형성된 외국인 거류지역에서부터 발전된 차이나타운, 일본인거리 등이 있어 이국적인 건축물과 문화를 가진 관광지로도 알려져 있다. 'all_ways Incheon'이라는 슬로건을 사용해 '모든 길은 인천으로 통한다'라는 의미를 표방하고 있다.

- **축제 기획 의도** 인천광역시가 일찍이 90년 후반부터 내세워왔던 도시 전략인 트라이포트(Tri-Port), 즉 공항, 항만, 정보포트에 비즈니스, 레저분야를 추가해 이 다섯 가지 포트를 결합시킨 신도시전략 펜타포트에서 유래된 명칭으로 국제적 허브시티, 동북아 중심 도시로 성장한다는 자연주의 도시 콘셉트를 페스티벌에 방문하는 국내외 관객들에게 홍보하고자 한다.
- **최초 개최 연도** 2006년
- **축제 시기 및 예산** 8월(3일간), 2017년 예산 12억 원
- **축제 장소** 송도달빛축제공원

사진 출처: 인천 펜타포트 락 페스티벌 홈페이지

- **주최/주관** 인천시/예스컴이엔티
- **주요 프로그램** 락 페스티벌, 슈퍼루키 선발, 라이브 딜리버리 공연, 라이브
클럽 파티 등

- **현장 스케치 및 발전 방향** 이 축제는 일반 축제와는 내용과 구성이 다르다.
즉 지역민이 만들어가는 축제의 성격이 아니고, 세계적인 아티스트를 얼마
나 잘 섭외하느냐에 따라 가치가 매겨진다. 이런 축제는 공연예술축제로서
특별하게 이런 장르의 축제만을 구성해 육성해야 한다는 생각이다. 일반 축
제와 구별해서 평가를 하고, 다른 방법으로 접근할 필요가 있다.

❸❼ 포항국제불빛축제(현 유망축제)

포항시는 경상북도 동해안에 위치한 시이다. 인구가 52만여 명이다.
포항종합제철공장이 있는 한국의 대표적 공업도시이다. 구석기 시대부
터 사람이 살았던 것으로 추정되며 삼한 시대 진한 12국 중 근기국이
있던 지역이다. 상생폭포, 삼보폭포 등으로 이루어진 12폭포와 송도,
구룡포, 월포, 칠포 등 7개의 해수욕장이 자리하고 있어 여름철 피서지
로도 훌륭하다. 도시 브랜드인 'Powerful Pohang'은 역동적인 포항시
가 되기 위한 염원을 담고 있다.

- **축제 기획 의도** 포항국제불빛축제는 세계적인 철강기업 포스코가 포항을
상징하는 '빛'과 제철소 용광로를 상징하는 '불'의 이미지를 테마로 산업과
문화적 요소를 융합해 공장도시라는 이미지를 탈피해 포항의 이미지를 화
려하게 바꾸고 나아가 관광객을 유치해 지역경제에 도움이 되고자 한다.
- **최초 개최 연도** 2004년

- **축제 시기 및 예산** 7월(5일간), 2017년 예산 7억9300만 원
- **축제 장소** 형산강체육공원, 영일대해수욕장 일원
- **주최/주관** 포항시/포항문화재단
- **주요 프로그램** 국제불꽃쇼, 데일리 뮤직불꽃쇼, 불빛버스킹페스티벌, 얼쑤! 불빛퍼레이드, 한 여름밤 영화 ost 불꽃쇼

· 현장 스케치 및 발전 방향 불꽃축제를 관광산업형 축제로 평가한다는 것은 어렵다. 많은 지역에서 개최하고 있는 불꽃축제는 예산의 차이에서 예술적 가치를 평가할 수가 있다. 포항불빛축제, 부산불꽃축제, 여의도 한강축제를 대표 축제라고 할 수 있다. 지금은 구미와 여수에서도 과감히 예산을 투자해 불꽃축제를 진행한다. 그럼 불꽃축제에 대해 어떻게 평가를 할 수 있을까? 관광상품을 만들기 위해서는 그 지역의 문화와 함께 세계적인 불꽃축제를 연출할 때 가치와 경쟁력이 있다. 포항불꽃축제를 대한민국 최고의 불꽃축제라고 할 수가 있을까? 포항만이 가진 불꽃축제라고 할 수가 있을까? 포항만의 압도적인 연출력을 갖춘 불꽃축제라고 할 수가 있을까? 불꽃축제를 진행하는 데 있어 관광상품의 가치와 연계하는 지역 인프라가 구성된 축제는 아직 없다. 단지 불꽃에 대한 예산확보와 연출에 의해 그 축제의 가치가 정해진다고 생각한다.

사진 출처: 포항국제불빛축제 홈페이지

❸❽ 한성백제문화제(현 유망축제)

송파구는 서울특별시 동남쪽에 위치한 구이다. 총인구 66만여 명. 한성 백제 시대의 도읍지로서 서울의 역사가 시작된 장소이자 풍납동토성과 몽촌토성, 석촌동 고분군 등 백제 흔적을 간직하고 있는 유서 깊은 역사문화의 도시이다. 또한 잠실종합운동장, 올림픽공원, 서울놀이마당, 롯데월드 및 월드타워 등이 있다.

- **축제 기획 의도** 강력한 국력을 바탕으로 옛 고대문화를 찬란하게 꽃 피웠던 한성 백제 시대의 역사문화를 계승해 당시의 위용과 영광을 재현해 세계에 백제의 위상을 널리 알리고 구민의 문화적 자긍심을 높이기 위해 개최한다.
- **최초 개최 연도** 1994년
- **축제 시기 및 예산** 9월(4일간), 2017년 예산 11억6400만 원
- **축제 장소** 올림픽공원 일대
- **주최/주관** 송파구/한성백제문화제추진위원회
- **주요 프로그램** 한성백제혼불 채화식, 한성백제 성곽돌기, 도전! 한성백제박사, 역사문화거리행렬, 한성백제 어울마당, 전통놀이 및 문화 체험 등

사진 출처: 제이비 컴즈

· 현장 스케치 및 발전 방향 도심에서 진행하는 관광산업형 축제는 장소의 한계성 때문에 구성하기가 어렵다. 더욱이 전통문화 행사는 더 힘들다. 한성 대백제축제는 퍼레이드가 올림픽공원 평화의 광장 협소한 공간에서 진행되고 있다. 의미는 있지만 대한민국 최고의 퍼레이드라고 할 정도의 수준은 아니다. 협소한 공간에서 이루어지는 축제 구성은 관광객의 수용능력도 어렵게 한다. 이론과 추상적인 컨설팅보다는 현실적인 전문가의 컨설팅 속에서 운영시스템에 개혁적인 변화를 시도할 때 가치 있는 축제를 만들어 낼 수 있을 것이다.

❸❾ 서산 해미읍성축제(현 유망축제)

서산시는 충청남도 서북단에 위치한 시이다. 총인구 16만여 명. 호서지방의 심장부로 충청도를 관장하던 병마절도사가 있었고, 충무공 이순신 장군께서도 근무하셨던 역사적인 장소이다. 1천여 명의 천주교인이 믿음으로 죽음을 극복한 전국 최대의 순교성지로 동학혁명과 천주교 박해 등 격동의 근대사를 간직한 곳이기도 하다. 주요 관광명소로는 간월암, 해미읍성, 용현리 마애여래삼존상 등이 있다. 지역 슬로건인 '해 뜨는 서산'은 오르는 태양, 청정 바다와 산 등 육해공을 형상화해 서산

사진 출처: 제이비 컴즈

의 역동적이고 밝은 미래를 담았다.

- **축제 기획 의도** 지역민의 문화재에 대한 자긍심 고취 및 자발적 참여를 통한 지역공동체의식 형성으로 지역경제 활성화 및 축제기간 뿐만 아니라 1년 365일 내내 찾고 싶은, 과거와 현재가 공존하는 시간 여행의 관광명소로 조성하고자 한다.
- **최초 개최 연도** 2000년
- **축제 시기 및 예산** 10월(3일간), 2017년 예산 8억5000만 원
- **축제 장소** 해미읍성 일대
- **주최/주관** 서산시/서산해미읍성역사체험축제추진위원회
- **주요 프로그램** 기획프로그램(태종대왕행렬 및 강무, 국악관현악단 공연 등), 주제체험, 민속공연, 경연, 전통의례, 상설체험, 시티투어 프로그램 등

- **현장 스케치 및 발전 방향** 해미읍성축제는 역사적으로 불행한 역사 사건을 주제로 진행하는 축제의 장이다. 성곽은 잘 보존되어 오고 있으나 성곽 내의 구성은 아직 많이 부족한 게 현실이다. 하지만 나름대로 넓은 공간을 가지고 있다는 장점을 지니고 있다. 순수 관광객이 참여해 즐길 수 있는 체험축제를 제대로 구성, 연출하면 사랑받는 축제로 만들어 갈 수가 있을 것이다. 축제 관계자들이 성공한 축제를 벤치마킹하면서 마인드의 변화와 운영시스템을 바꾸고 이권 개입 없이 순수성을 가지고 축제를 개발할 때 가치 있는 축제를 만들 수 있다.

---

❹⓿ 강릉 커피축제(현 유망축제)

강릉시는 강원도 동쪽 중앙에 위치한 시이다. 총인구 21만여 명. 서쪽

으로 태백산맥이 남북으로 길게 뻗어 있고, 동쪽으로 동해와 접해있어 해양성 기후에 가까운 특성을 보이며, 산맥의 급경사면이 바다와 접해 있고, 해안선을 따라 좁고 길게 형성되어 있다. 우수한 문화 사적지와 천혜의 관광자원이 풍부한 관광도시로서 고도의 멋과 전통이 살아있는 예향의 도시이다. 주요 관광지로는 금강산을 축소해 놓은 것 같아 '소금강'이라고 불리는 소금강국립공원과 경포호를 중심으로 경포8경이 유명한 경포도립공원과 대표적인 일출 관람지인 정동진해수욕장 등이 있다. 시의 슬로건인 '솔향강릉'은 마음의 평안과 휴식을 주는 강릉 소나무의 이미지를 통해 관광휴양 도시로서 강릉의 가치를 표현했다.

- **축제 기획 의도** 강릉은 커피 1세대라 불리는 커피명인과 커피공장, 커피박물관, 커피농장, 커피거리가 있다. 이외에도 강릉 구석구석 독특하고 이색적인 커피숍이 자리 잡고 있어 이러한 인프라를 활용해 강릉을 커피도시라는 브랜드화를 통해 강릉커피를 맛보기 위해 찾는 관광객을 늘려 지역경제 활성화에 도움이 되고자 한다.
- **최초 개최 연도** 2009년
- **축제 시기 및 예산** 10월(4일간), 2017년 예산 3억900만 원
- **축제 장소** 강릉 녹색도시체험센터 '이젠' 및 강릉 일원

사진 출처: 강릉커피축제 홈페이지

- **주최/주관** 강릉시/강릉문화재단
- **주요 프로그램** 100人 100味 바리스타 퍼포먼스, 강릉커피유락 스탬프랠리, 세계는 향기롭다, 노천카페촌 등

- **현장 스케치 및 발전 방향** 강릉커피축제는 아직까지 대중적으로 많이 알려지지 않았지만 젊은 층들의 입소문으로 유명세를 타고 있다. 특히 올해 문화체육관광부 유망축제로 선정되었는데 동계올림픽에 대한 기대감과 더불어 활성화시킬 수 있는 계기라고 생각한다. 가치나 예산이 아직은 부족하지만 지역 인프라를 육성하고 환경조성을 해간다면 가치가 있는 축제를 만들어 갈 수 있을 것이다.

㊶ 밀양 아리랑대축제(현 유망축제)

밀양시는 경상남도 동북부에 위치한 시이다. 인구가 10만여 명이다. 전통 민요인 밀양아리랑으로 알려져 있으며 과거부터 이어진 지방 행정의 중심지로 영남루, 표충사, 가지산 등의 관광지로 유명하다. 단군부터 시작해 고구려·신라·고려·조선 등 8왕조의 시조 위패를 모셔놓은 천진궁이 있다. 시의 브랜드 슬로건인 '해맑은 상상 밀양'은 해가 좋아 품질 좋은 농산물이 생산되며 발전 가능성이 무궁무진하다는 의미를 가지고 있다.

- **축제 기획 의도** 2012년 아리랑의 유네스코 인류 무형문화유산 등재에 따른 밀양아리랑을 계승·발전시켜 대한민국 아리랑의 위상을 제고하고 임진왜란 당시 승려의 몸으로 승병을 일으켜 국난을 극복한 사명대사의 충의정신과 조선 초·중기 우리나라 성리학의 태두 점필재 김종직 선생의 지덕정신, 한

국여인의 지조와 정절의 표상인 아랑낭자의 정순정신을 향토의 기풍으로 진작, 각종 경연대회를 통해 후진을 양성하고 지역경제성장의 동기를 부여하며 문예 진흥의 계기를 삼고자 한다.

- **최초 개최 연도** 1957년
- **축제 시기 및 예산** 5월(4일간), 2017년 예산 15억5000만 원
- **축제 장소** 밀양시 영남루 및 밀양강변 일원
- **주최/주관** 밀양시청/(재)밀양문화재단
- **주요 프로그램** 대통합아리랑공연(전야제), 성화 봉송 및 거리 퍼레이드, 밀양아리랑 학술대회, 밀양아리랑 가요제, 아랑규수 선발대회 등

- **현장 스케치 및 발전 방향** 종감독을 협의하기 위해 밀양 관계자와 여러 번 만났고 스케치했던 인연이 있다. 경상남도 무형문화제 축제와 밀양아리랑 가요제 등 굵직한 행사를 개최하며 열심히 하는데 축제 관계자들과의 소통이나 축제의 정체성이 부족해 관광산업형 축제로서의 가치가 약하다. 현재 전체적인 구성과 테마구성에 있어 아쉬움이 있다. 어디가나 있는 멀티쇼로 콘텐츠를 구성하는 것은 바람직하지 않다. 즉 전통문화의 대표성을 지닌 아리랑을 담당자들의 열린 사고와 함께 전문가들의 도움 아래 더 높은 차원의 가치로 끌어올려야 한다.

사진 출처: 제이비 컴즈

㊷ 시흥갯골축제(현 유망축제)

시흥시는 경기도 중서부에 위치한 시이다. 인구가 39만여 명에 이른다. 구석기 시대부터 인류가 거주했으며 인천도호부와 안산군에 포함되어 있던 지역으로 1989년에 안산군에서 시흥시로 분리되었다. 서쪽으로는 서해안과 닿아 있으며 동북부에는 관악산·남한산과 이어져 있어 인근 지역에서 짧은 휴식을 취하러 다녀가기에 적합하다. 세계적으로도 희 귀한 내만갯벌이 있어 이를 활용한 시흥갯골생태공원이 조성되어 있다. '바라지와 산업단지의 도시, 시흥'이라는 슬로건은 바라지(간척지)에서 산업단지까지 이어지는 시흥의 역사 및 발전 방향을 나타낸다.

- **축제 기획 의도** 갯골생태공원이 가지고 있는 천혜의 환경을 통해 인간과 자연이 공존하는 생태의 장을 마련하며, 방문객들이 갯골을 온몸으로 만끽 하고 자연 속에서 함께 배우고 즐기며, 자연과 사람의 소중함을 느끼길 기 대한다.
- **최초 개최 연도** 2006년
- **축제 시기 및 예산** 9월(3일간), 2017년 예산 7억2600만 원
- **축제 장소** 시흥갯골생태공원

사진 출처: 제이비 컴즈

- **주최/주관** 시흥시/시흥갯골축제추진위원회
- **주요 프로그램** 패밀리 런(가족 미션 마라톤), **생태예술놀이터**(생태놀이터, 갯골 천문관, 갯골생태교육 등), **소금왕국**(소금모으기, 수차돌리기, 소금발찜질, 소금낚시 터 등), **갈대공작소**(갈대아트미로, 갈대수상자전거, 갈대물고기위빙 등), **잔디광장** (갯골사생대회, 에코아트마켓, 갯골전시광장 등), **곤충나라**(곤충전시관, 곤충오감체 험, 곤충생태퀴즈 등)

- **현장 스케치 및 발전 방향** 시흥갯골축제는 서울에서 가까운 곳에서 갯벌체험을 할 수 있는 좋은 축제장 환경을 가지고 있다. 그러나 전체의 축제구성이 너무 단조롭게 진행되고 있다. 민간 조직에서 운영하고 있지만 축제 가치에 대해서는 더 역점을 둬야한다. 관광산업형 축제로의 도약을 원한다면 거기에 맞는 프로그램 구성과 연출이 필요할 것이다. 2017년의 축제를 보면 환경조성은 좋아졌지만 프로그램 구성내용은 예전보다 못하다는 평가를 할 수 있을 것이다. 이러한 면은 의지와 축제에 대한 인식부족에서 찾아 볼 수 있다. 현실적인 자문과 추진력이 필요한 시점이라고 본다.

❹❸ 정선아리랑제(현 유망축제)

정선군은 강원도 동남부에 위치한 군이다. 인구는 4만여 명이다. 한국의 대표적인 민요인 아리랑의 발상지로 고려 시대부터 불러온 정선아리랑이 널리 알려져 있다. 지역 슬로건도 정선아리랑에서 착안해 '아리 아리! 정선'이다. 주요 관광명소로는 화암면의 화암팔경, 가리왕산 등이 유명하다. 이외에도 화암굴과 비룡동굴 등 37개의 석회동굴과 천연기념물로 선정된 정암사 열목어서식지가 있다. 주산업은 관광업으로 산간에 위치한 밭에서 나는 감자와 옥수수가 유명하다.

- **축제 기획 의도** 강원도 무형문화재 제1호인 정선아리랑의 보존과 계승 발전을 이루기 위해 정선아리랑 및 이주 교포들의 고난의 역사를 간직한 해외 아리랑과 **지역아리랑**(북한, 경기, 밀양, 진도, 영천, 서도 등) 초청 공연을 포함해 민족의 정서를 가득 담은 전국 유일의 한민족 아리랑 집합의 장을 마련해 국내외에 한국의 전통문화 중 하나인 아리랑을 알리고 외래 관광객을 유치해 지역경제를 활성화 시키고자 한다.
- **최초 개최 연도** 1976년
- **축제 시기 및 예산** 9월(4일간), 2017년 예산 11억1300만 원
- **축제 장소** 정선읍 아라리공원 일원
- **주최/주관** 정선군/정선아리랑제위원회
- **주요 프로그램** 정선아리랑 대합창극, 정선아리랑제 전국아리랑 경창대회, 정선아리랑 극 '판 아리랑', 정선 아리랑 춤사위 시연 등

- **현장 스케치 및 발전 방향** 정선아리랑제와도 오랜 시간 인연이 있다. 언젠가는 내가 총감독을 맡아 함께 만들어 보자는 대화를 자주 하기도 했다. 오랫동안 관광산업형 축제라기보다는 지역의 화합축제로 구성·연출 되었다. 관광산업형 축제에 대한 기본적인 구성 아이템이 있으나 축제를 만드는 조직이나 운영시스템이 부족하다고 본다.

사진 출처: 정선아리랑재단

역사성은 있으나 소신, 열정, 추진력, 오픈된 마인드 등 전반적으로 문제점을 갖고 있는 것이 축제의 발전을 저해 시키는 요소라고 본다. 매년 문화체육관광부 지정 축제에 선정되었다가 탈락되는 이유를 깊이 분석해 시스템을 바꿔 봐야 할 것이다.

❹❹ 부산 광안리어방축제(현 유망축제)

부산광역시는 총인구 350만여 명에 가까운 광역시이며 국내 최대의 항구도시이다. 대한민국 제2의 도시이며 매년 개최되는 부산국제영화제를 통해 서울과 함께 전 세계에 대한민국을 알리는 도시이다. 시의 브랜드 슬로건인 'Dynamic BUSAN'의 의미처럼 국내 최대의 여름 피서지인 해운대, 광안대교의 야경으로 대표되는 광안리, 자갈치시장과 국제시장으로 유명한 남포동, 신라 시대부터 존재한 온천인 동래 온천장 등 부산의 거의 모든 지역에서 다양한 관광요소들을 만나 볼 수 있다. 부산 관안리어방축제는 부산광역시 수영구 광안리 해수욕장 일원에서 진행되는 축제이다.

수영구의 인구는 18만여 명이다.

• **축제 기획 의도** 도심 속에 자리 잡은 천혜의 광안리해수욕장과 수려한 금

사진 출처: 부산광안리어방축제 홈페이지

련산에 둘러싸인 부산 제일의 주거환경일 뿐만 아니라 웅장하고 아름다운 광안대교와 민락수변공원 등 친환경적인 휴식공간인 광안리에서 수영지방의 전통을 이어간다는 의미에서 성어기에 축제를 개최하고 있다.

- **최초 개최 연도** 2001년
- **축제 시기 및 예산** 5월(3일간), 2017년 예산 4억8900만 원
- **축제 장소** 부산 수영구 광안리해수욕장 일원
- **주최/주관** 부산광역시 수영구/수영구축제위원회
- **주요 프로그램** 어방그물끌기 한마당, 경사좌수사 행렬, 진두어화, 활어요리 경연대회, 부산풍물대축제, 전통뱃놀이, 소망등 전시 등

· 현장 스케치 및 발전 방향 부산광안리 축제도 지역민이 모두가 참여하는 것은 아니다. 관광상품의 축제라기보다는 먹거리 축제에 가깝다. 관광산업형 축제로 도약하기 위해서는 확실한 콘텐츠가 있어야 하고 그 콘텐츠가 없다면 관광산업형 축제로의 발전은 희박하다.

㊺ 영덕대게축제(전 유망축제)

영덕군은 경상북도 중동부 동해안에 위치한 군이다. 인구가 4만여 명이다. 지역의 주요 특산물인 대게가 전국적으로 유명하다. 고구려 시대 우시군으로 불리다가 고려 때에 영덕이라는 이름을 얻게 되었다. 한국전쟁 당시에는 일시적으로 북한에 점령당했다가 장사상륙작전을 통해 수복되었다. 대표적인 관광지로는 강구항, 삼사해상공원, 신돌석장군 유적지 등이 있다. 특히 고래불해수욕장은 약 8km에 달하는 백사장이 해안마을을 배경으로 펼쳐져 있어 명사 20리 중 하나로 꼽힌다. 지역슬로건인 '사랑海요 영덕'은 친근한 어감으로 지리적, 정서적 거리감을

탈피하고 영덕의 지리적 특징을 함께 나타낸다.

- **축제 기획 의도** 영덕의 특산물인 대게를 전국에 알리고 그동안 비싸다고 여겨져 장벽이 높았던 것을 축제 기간 동안 저렴하게 판매해 대게의 소비를 늘리고 나아가 관광객과 대게 수요자를 늘려 지역경제 활성화에 도움이 되고자 한다.
- **최초 개최 연도** 1998년
- **축제 시기 및 예산** 3월(4일간), 2017년 예산 6억5000만 원
- **축제 장소** 영덕군 일원(강구항 및 해파랑공원 중심)
- **주최/주관** 영덕군/영덕대게축제추진위원회
- **주요 프로그램** 영덕대게 달리기, 황금대게 낚시, 영덕대게 요리 경연대회 등

· 현장 스케치 및 발전 방향 영덕대게축제는 대게를 주제로 한 먹거리 및 어업 축제이다. 이같은 축제의 소재로 관광산업형 축제를 만들기가 쉽지 않은 만큼 축제 감독을 선정할 때는 현장의 노하우가 충분한지 검토해야한다. 현장 노하우의 부족은 실패로 이어지기 때문이다. 현실과 이론은 확연히 다르고 축제는 축제다운 프로그램으로 만들어야 한다고 생각한다. 축제 시기만 되면 바가지 숙박 요금으로 인해 불편함을 느끼는 관광객이 있다. 또한 대게

사진 출처: 제이비 컴즈

판매 단가가 천차만별인데 신뢰를 받을 수 있는 가격으로 판매되어야 축제가 사랑받을 수 있을 것으로 보인다. 즉 인심이 후한 축제, 축제 시기에 가면 바가지 없고 싱싱한 수산물을 저렴하게 먹을 수 있는 이미지 브랜드가 성공한 축제로 만들 수 있다.

㊻ 목포항구축제(전 유망축제)

목포시는 전라남도 서남부에 위치한 시이다. 총인구 24만여 명. 일제강점기에 목포항을 중심으로 발달한 항구도시이다. 목포항은 대한제국 원년에 개항해 현대에는 대불국가산업단지, 북항 개발, 해상신도시 등의 많은 사업들을 추진 중이다. 관광명소로는 삼학도, 유달산, 갓바위 등이 있다.

- **축제 기획 의도** 해양 도시만이 가진 차별화와 지역적 특성을 살려 목포항의 침체된 분위기를 해소하고 지역경제 발전에 도움이 되고자 한다. 또한 전통해양문화의 대표적 생활상인 파시를 국내 최초로 재현해 전통문화에 대한 사람들의 관심을 모으고자 한다.
- **최초 개최 연도** 2006년

사진 출처: 제이비 컴즈

- **축제 시기 및 예산** 10월(3일간), 2017년 예산 6억8100만 원
- **축제 장소** 목포항, 삼학도
- **주최/주관** 목포시/목포시축제추진위원회
- **주요 프로그램** 어물난장 도깨비 장터 '파시', 뱃고동을 울려라 '목포항 풍어제', 기쁨을 낚자 '갯가 풍어 길놀이' 등

· 현장 스케치 및 발전 방향 목포항구축제에 대해 오랫동안 자문위원을 했다. 나름대로 지자체에서는 열정도 매우 높았고 변화를 위한 노력도 했다. 그러나 매년 입찰 방식의 운영시스템으로 만족할만한 프로그램 구성이 나오지 않았다. 제대로 된 성장을 하지 못한 이유는 자문에 대한 실패로 볼 수가 있을 것이다. 현실적인 자문 속에 운영시스템을 바꿀 때 항구축제가 더욱더 빠른 속도로 도약할 수 있을 것이라고 나는 본다. 목포항구축제는 잘 기획하면 상품 가치를 충분히 높일 수 있는 축제이다. 수시로 자문한 자문위원으로서 책임도 통감하지만 수용과 실행에서도 문제점이 있었다고 본다. 현실을 반영해 운영시스템을 바꿀 때 성장 가능성이 높다.

㊼ 인제빙어축제(전 유망축제)

인제군은 강원도 북부에 있는 군이다. 총인구 3만여 명. 광복당시 38선으로 분단되어 북쪽은 북한, 남쪽은 홍천군의 군역이 되었다. 6.25전쟁 이후에도 북쪽 일부 지역은 북한의 소유로 남아 있다. 국내 대표적인 산악 관광지로 설악산 서부의 내설악에는 각종 사찰, 계곡, 폭포 등이 자리해있다. 이러한 자연관광 뿐만 아니라 나르샤파크와 인제스피디움에서 다양한 레포츠를 즐길 수도 있다. 브랜드 슬로건인 '하늘내린 인제'는 하늘에서 내려준 듯한 천혜의 고장인 인제군을 의미한다.

- **축제 기획 의도** 빙어축제를 통해 국내외 관광객에게 인제의 청정한 자연환경과 관광지들을 알리고 겨울철에 침체되기 쉬운 지역경제를 살리고자 한다.
- **최초 개최 연도** 1998년
- **축제 시기** 1월(10일간), 2017년 예산 약 15억원
- **축제 장소** 남면 빙어호 일원
- **주최/주관** 인제군/인제군문화재단
- **주요 프로그램** 전국얼음축구대회, 전국창작연경연대회, 빙어낚시, 빙어요리마차, 어죽나눔, 대형빙어썰매, 빙어뜰채체험 등

현장 스케치 및 발전 방향 한때 인제빙어축제가 우리나라 겨울의 대표축제였다. 15년 전 내가 총감독을 맡기로 했으나 가뭄 탓에 개최가 미뤄진 관계로 함께하지 못한 아쉬운 사연이 있다. 인제빙어축제는 소양강 상류에서 하는 관계로 매년 겨울가뭄과 기후의 여건에 따라 개최 여부에 어려움을 겪는다. 비슷한 콘텐츠를 가진 화천산천어축제 또한 기후변화에 따라 대처해 간다. 인제에서도 나름대로 노력은 했겠지만 그런 변화에 따른 노력이 소극적이었다고 본다. 가뭄과 기후 변화에 발 빠르게 대처해 축제장 조성과 축제프로그램의 구성에 새로운 모색이 필요하다. 급변하는 환경의 여건에서 메인프로

사진 출처: 제이비 컴즈

그램은 겨울의 문화 속에 서브프로그램으로 빙어를 활용한 구성으로 운영하는 방식이 바람직할 것이라고 본다. 넓은 빙어축제장에서 낚시하는 모습이 장관이었던 그 시절. 다시 한번 그때의 영광을 재현하기를 바란다.

---

❹❽ 연천구석기축제(전 유망축제)

연천군은 경기도 북부에 위치한 군이다. 총인구 4만5000여 명이다. 1945년 38선을 경계로 남부 일부지역만 남기고 모두 소련군정의 관할로 선정되었다. 한국전쟁 이후로 일부 지역을 제외한 연천군 전 지역이 수복 되어 지금의 모습이 되었다. 수룡산·지장봉 등의 산악관광지가 형성되어 있다. 한탄강 유원지, 용추계곡과 폭포, 청학동 계곡, 보개산 등이 있다. 브랜드 슬로건인 '통일한국 심장 미라클 연천'은 분단의 아픔을 가진 역사의 중심지에서 통일을 넘어 유라시아로 진출하는 전진기지로 거듭나는 도시, 통일한국의 심장을 다시 뛰게 하는 한반도 기적의 중심지 연천을 상징한다.

• **축제 기획 의도** 세계적인 구석기 유적인 '연천 전곡리 유적'의 역사적 가치를 바탕으로 문화와 대중의 조화, 지역문화 브랜드 개발, 적극적인 보존을

사진 출처: 제이비 컴즈

위한 유적 활용을 목적으로 한다.

- **최초 개최 연도** 1993년
- **축제 시기 및 예산** 5월(5일간), 2017년 예산 8억1500만 원
- **축제 장소** 연천 전곡리 유적 및 전곡읍 일원
- **주최/주관** 연천군/선사관리사업소
- **주요 프로그램** 너도나도 전곡리안(분장체험), 농경생활문화체험, 전곡리안 공방, 세계구석기 체험마을, 구석기 퍼포먼스, 구석기 바비큐 등

- **현장 스케치 및 발전 방향** 연천구석기축제는 아이들이 좋아하는 축제이며 아이들이 좋아하는 축제는 실패하는 경우가 드물다. 장소의 여건도 매우 좋다. 그러나 더 이상의 발전이 없는 것은 개혁적인 추구에 따른 마인드의 부족과 일괄입찰로 지역의 인프라 육성을 하지 못한 이유다. 콘텐츠를 제대로 살리지 못하고 매년 이벤트성의 축제로 운영하는 시스템이 제일 큰 문제일 것이다. 그러므로 개혁적인 열정과 새로운 운영시스템을 시도할 때 관광산업형 축제로서 가치를 높일 수 있을 것이다.

❹❾ 백제문화제(전 유망축제)

공주시는 충청남도 중앙부에 위치한 시이다. 총인구 11만여 명. 삼국시대에는 '웅진'으로 불렸으며 64년간 백제의 수도였다. 주요 관광지는 백제의 25대 무령왕과 왕비가 합장된 무령왕릉과 공산성이 있다. 부여군은 충청남도 남부에 위치한 군이다. 총인구 7만2500여 명. 백제 시대의 명칭은 '사비'로 웅진에서 천도 후 22년간 백제(남부여)의 수도였다. 백제 무왕 35년에 만들어진 국내 최고(最高)의 인공연못인 궁남지와 정림사지 5층 석탑 등이 있다.

백제문화제는 한때 백제의 수도였던 두 지역에서 격년으로 개최하고 있다. 브랜드 슬로건인 '흥미진진 공주'는 흥미로운 역사문화, 아름다운 자연, 즐거운 문화, 새로운 미래가 함께 어우러진 독특한 경험의 도시인 공주를 보여준다.

- **축제 기획 의도** 백제문화제는 한국의 대표적인 역사문화관광산업형 축제로 백제역사유적지구를 기반으로 관광객들에게 백제의 역사와 정신을 알림과 동시에 공주와 부여에 대해 각인시켜 일반 관광여행으로도 찾아오게 만들고자 한다.
- **최초 개최 연도** 1955년
- **축제 시기 및 예산** 9월(8일간), 2017년 예산 공주 22억 원, 부여 22억 원
- **축제 장소** 충청남도 공주시 금벽로 368, 충청남도 부여군 부여읍 정림로 84
- **주최/주관** 공주시청/공주백제문화선양위원회/부여군청/부여백제문화선양위원회
- **주요 프로그램** 백제역사문화행렬, 백제인대동행렬, 웅진성 퍼레이드, 웅진 판타지아 등

- **현장 스케치 및 발전 방향** 대한민국에서는 나름대로 역사가 깊고 규모도 큰

사진 출처: 제이비 컴즈

축제가 바로 백제문화제이다. 그러나 현시대에 맞지 않는 프로그램 구성과 운영시스템으로 관광산업형 축제로서 약해져 가고 있다고 생각한다. 일본은 역사 축제를 아주 단조롭게 운영해도 지역민의 사랑을 받는다. 우리나라와 일본 축제의 차이는 바로 지역민의 문화와 지역의 인프라 구성이라고 본다. 몇 년 전에 개최된 대백제전의 경우도 수백억 원을 투자했지만 현실과 맞지 않는 명목적인 구성과 운영시스템으로 결과가 좋지 않았다고 생각한다. 그리고 현장에서 스케치하면서 느낀 것도 너무 현대판의 구성 속에 옛 문화를 재현하지 못하고 그 가치를 살려 내지 못했다는 점이다. 또한 그 시대의 문화현상을 만들어 내지 못했다. 지금의 백제문화제도 이러한 일들이 지속적으로 반복되고 있는데 새로운 운영시스템과 방향성에 대해 고민해야 할 것이다.

㉞ 횡성한우축제(전 유망축제)

횡성군은 강원도 서남부의 군이다. 총인구 4만4000여 명. 대표적인 지역 특산물로는 횡성한우와 안흥찐빵이 있다. 태기산은 군내에서 가장 큰 산으로 원래 이름은 덕고산이었으나 진한(辰韓)의 마지막 왕인 태기왕이 신라를 피해 숨은 곳으로 알려져 지금의 이름이 새로 붙었다.

사진 출처: 제이비 컴즈

- **축제 기획 의도** 횡성한우축제는 전국 최고의 명성과 세계가 인정한 횡성한우의 우수성과 횡성의 수려한 자연환경을 널리 알려 관광객을 유치하고 횡성한우의 수요를 늘리는 것을 목표로 한다.
- **최초 개최 연도** 2004년
- **축제 시기 및 예산** 10월(5일간), 2017년 예산 20억5500만 원
- **축제 장소** 강원 횡성군 횡성읍 섬강둔치 일원
- **주최/주관** 횡성군/횡성한우축제추진위원회
- **주요 프로그램** 먹을거리마당, 한우문화마당, 지역홍보마당, 흥겨움마당, 추억의 고고장 운영, 한우 퍼레이드 '태기왕 한우축제를 누비다' 등

현장 스케치 및 발전 방향 횡성한우에 대한 브랜드의 가치가 높아 인기가 많은 축제이다. 축제장이 맛있는 한우구이 냄새로 넘쳐난다. 인기가 많다보니 말도 많고 탈도 많다. 가치가 높으니 다른 지역의 한우가 횡성한우로 탈바꿈해 판매됐다는 보도가 나오기도 했다. 매년 열정적으로 축제를 운영하고 있으나 관광객들의 불평들을 해결하려고 노력하는 마음가짐이 중요하다. 폐쇄된 마인드로 기획, 구성된 축제는 관광객이 원하는 축제가 될 수 없고 문화체육관광부 지정 축제에서 멀어지게 된다. 이러한 문제점의 해결은 단체장의 의지에 달려있다. 넓은 식견과 열린 마인드가 필요한 횡성이라고 본다. 또한 새로운 개혁의 구성과 운영시스템이 필요한 시점이다.

㉑ 여주 오곡나루축제(전 유망축제)

여주시는 경기도 동남부에 위치한 시이다. 총인구 11만1000여 명. 세종대왕과 효종의 왕릉인 영령능과 명성황후 생가가 남한강변에 위치한다. 신륵사, 신라 시대 이래로 고려에 들어서는 국가에서 관리하던 대찰인

고달사지 등이 있다. 남한강 상류에는 신륵사가 내려다보이는 영월루와 영월공원이 있으며 강천섬의 강천유원지도 풍경이 아름답기로 알려져 있다. 시 곳곳에는 직접 도자기를 만들어 볼 수 있는 공방이 있어 나만의 기념품을 만들 수 있다. 시의 슬로건인 '남한강의 비상'은 남한강을 여주시를 대표하는 상징물로 표현해 강물이 높이 날아오른다는 의미를 통해 발전하는 도시, 미래에 대한 기대감과 활력이 넘치는 도시 모습을 표현했다.

- **축제 기획 의도** 오곡(여주에서 생산되는 모든 농·특산물)과 여주의 옛 나루터 풍경을 재현해 차별화 된 축제로 외래 관광객에게 여주를 알려주고 여주를 찾는 관광객을 늘려, 지역경제를 발전시키고자 한다.
- **최초 개최 연도** 1998년
- **축제 시기 및 예산** 10월(3일간), 2017년 예산 5억5000만 원
- **축제 장소** 여주 신륵사관광지 일원
- **주최/주관** 여주시 농업기술센터/여주오곡나루축제추진위원회
- **주요 프로그램** 나루마당(마당극, 마임마술), 동물농장(동물 경주 등), 나루터(황포돛배, 주막거리, 대장간, 구노구마 콘서트, 낙화놀이, 씨름 등), 나루께(꼭 한 가지 소원을 들어주는 곳), 잔치마당(대형가마솥여주쌀, 오곡비빔밥먹기체험), 오곡장터

사진 출처: 제이비 컴즈

(농·특산물판매, 군고구마 기네스), **민속체험마당**(마당극, 장기자랑, 농촌문화 및 민속놀이 체험 등)

· 현장 스케치 및 발전 방향 여주는 도자기축제도 유명하지만 오곡나루축제를 계기로 축제에 많은 열정을 가지고 진행하고 있다. 장소를 잘 활용해 매우 좋은 여건에서 내용도 재미있게 꾸려가고 있다. 축제에 대한 열망과 나름대로의 열정은 있지만 메이저 축제로의 도약이나 관광산업형의 축제를 만들기에는 부족한 면이 있다. 2017년의 축제장의 구성을 보면 아기자기하게 열심히 준비한 모습이다. 그러나 어수선하고 복잡한 느낌도 지울 수 없다. 킬러 콘텐츠가 무엇인지 분별이 가지 않는다. 넓은 장소 여건을 가지고 있지만 공간 구성에 있어서도 아쉬운 점이 남는다. 관광산업형 축제로 도약하고자 한다면 넓은 식견과 함께 열린 마인드, 현실적인 변화가 필요한 시점이라고 생각한다. 또한 현실적인 문제를 해결할 수 있는 운영시스템으로 바꿔 보는 것도 하나의 방법이라고 본다.

㊿ 동래읍성 역사축제(전 유망축제)

부산광역시 동래구는 인구가 27만여 명이다. 호국정신이 면면이 이어져 온 전통과 충절의 고장이다. 역사의 고장 동래구는 동래 읍성지, 복천동 고분군 등 유·무형 문화재 산재이며, 관광·체육의 중심지로 동래온천, 금강공원, 금정산, 부산종합운동장이 있다. 교육의 중심지로 부산 시민들이 가장 선호하는 부산의 최고 학군이다. 교통의 요충지로 부산의 도심 및 외곽지역을 연결하는 중심지에 위치한다. '얼쑤동래'를 슬로건으로 부산의 뿌리이자 역사와 문화가 살아 숨 쉬는 동래구의 이미지를 표현했다.

- **축제 기획 의도** 임진왜란 당시 동래성을 지키기 위해 송상현 동래부사와 동래 읍성민들이 일치단결해 결사 항전하던 역사적 배경을 토대로 동래의 전통과 문화, 숭고한 선열들의 구국정신을 중심으로 역사의 산 교육장으로 축제 참여자들에게 동래에 대해 알리고 장기적으로 관광객을 유치해 지역 발전에 도움이 되고자 한다.
- **최초 개최 연도** 1995년
- **축제 시기 및 예산** 10월(3일간), 2017년 예산 3억6500만 원
- **축제 장소** 동래문화회관, 읍성광장, 온천천(세병교) 일원
- **주최/주관** 부산광역시 동래구/동래문화원/동래읍성역사축제추진위원회
- **주요 프로그램** 동래부사행차 길놀이, 동래성전투실경 뮤지컬, 동래세가닥 줄다리기, 동래온천용왕제 길놀이, 동래장터재현 등

- **현장 스케치 및 발전 방향** 역사문화를 소재로 축제를 만들어내는 것도 해당 지역의 가치를 높이는데 큰 역할을 한다. 동래읍성은 선열들의 구국정신의 역사를 가지고 있다. 역사성을 지닌 문화자원을 소재로 축제를 만들어내기 위해서는 지역민의 참여 의식과 함께 역사성을 일깨워야 한다. 하지만 그 인프라를 만들어내지 못하고 있는 것이 현실이다. 지역민들이 축제에 대한 관심도가 떨어지면 시간이 흐를수록 문화재의 역사적 가치마저 상실하게 만

사진 출처: 동래읍성역사축제 홈페이지

든다. 관광산업형 축제로서의 도약을 원한다면 역사문화 자원에 대한 가치를 살려내기 위한 단체장과 지역민의 열정이 있어야 한다. 관계자들이 역사문화의 가치에 대한 인식을 같이 할 때 그 축제의 성장 발판이 만들어지고 그 역사문화 가치 역시 상승할 것이다.

㉝ 해운대모래축제(전 유망축제)

부산광역시 해운대구는 인구가 42만여 명이다. 우리나라 최남단 해양 수도 부산의 관광지로 신라 말의 석학 고운(孤雲) 최치원 선생의 자(字) '해운(海雲)'에서 유래되었고 해수욕장, 동백섬, 달맞이 언덕, 해운대 온천 등 산과 강, 바다와 온천이 있는 사포지향(四抱之鄕)의 고장이며 관광의 도시이다.

컨벤션·영상·해양레저 특구로서 달맞이온천축제, 모래축제, 바다축제 등 사계절 축제가 열리고 아쿠아리움, 요트경기장, 벡스코 등 각종 문화관광시설이 있는 부산의 문화관광 중심도시다. 브랜드 슬로건 'Sun&Fun Haeundae'는 태양과 바다를 비롯한 해운대의 자연환경과 자연물이 아닌 인위적으로 건설된 레저·문화시설을 모두 포함해 해운대의 비전을 나타냈다.

사진 출처: 해운대모래축제 홈페이지

- **축제 기획 의도** 본격적인 휴가철 성수기에 앞서 축제를 개최함으로써 해운대에 대한 인지도를 높임과 동시에 관광객을 유치해 지역경제를 활성화 시키고 해운대가 가지고 있는 바다와 해양자원을 활용해 바다도시 해운대를 알리고자 한다.
- **최초 개최 연도** 2005년
- **축제 시기 및 예산** 5월(4일간), 2017년 예산 5억3900만 원
- **축제 장소** 해운대해수욕장 백사장, 구남로 일대
- **주최/주관** 부산광역시 해운대구/해운대문화관광협의회
- **주요 프로그램** 세계모래조각전, 샌드 프로포즈존, 샌드 트릭아트 포토존, 샌드 아티스트 경연대회, 모래 속 보물 찾기, 모래탐험관, 게릴라 물총 서바이벌 등

- **현장 스케치 및 발전 방향** 부산 해운대모래축제의 브랜드 가치는 매우 높고 여러 가지 좋은 환경여건을 가지고 있다. 그러나 적은 예산으로는 관광산업형 축제로 도약하기 어렵다. 단체장과 관계자들이 관광산업형 축제 마인드를 가지고 그 가치에 대해 인식을 하고 가치를 끌어올려서 해운대모래축제가 글로벌 축제로 도약하는 길이 열리기를 바란다.

❸ 유성온천문화축제(전 유망축제)

대전광역시 유성구는 인구가 31만여 명에 이른다. 이중환의 '택리지'에 한반도 수도로 최고의 길지는 유성과 진잠의 넓은 뜰인 태전이라 말했을 정도로 살기 좋은 곳으로 잘 알려져 있다. 충남대학교를 비롯한 교육시설과 전국 제일의 라듐 온천 관광지로 널리 알려진 유성은 지구촌의 대축제인 대전엑스포의 성공적 개최를 계기로 국제관광도시로 급부

상하고 있는 도시이다.

- **축제 기획 의도** 유성온천의 유래와 효능을 바탕으로 '온천'을 주제로 한 축제가 시작되었으며, 과학의 도시 대전을 알릴 수 있도록 과학과 온천을 접목시켜 관광객들에게 대전에 대한 이미지를 만들고 장기적으로 관광 목적의 방문을 유도해 지역경제 발전을 이루고자 한다.
- **최초 개최 연도** 1989년
- **축제 시기 및 예산** 5월(3일간), 2017년 예산 8억 원
- **축제 장소** 온천로, 계룡스파텔, 갑천변, 유성전통시장 등
- **주최/주관** 대전시 유성구/유성문화원
- **주요 프로그램** 유성온천 수신제, 거리 퍼레이드, 온천수를 활용한 DJ파티, 물총대첩 퍼레이드, 버킷챌린지 등

현장 스케치 및 발전 방향 유성온천축제는 20년 넘게 지속된 전통이 있는 축제이다. '온천'을 주제로 한 축제인데 온천에 대한 콘텐츠 구성이 거의 없어 아쉽다. 거리에서 진행하는데 공간이 협소하고, 먹거리로 구성된 지역의 화합축제의 모습에 가까우며 관광산업형 축제라기에는 단조로운 면이 있다. 관광산업형 축제로 도약하려면 기본계획부터 전면적으로 바꾸고 새로운 구

사진 출처: 제이비 컴즈

성과 운영시스템으로 도전해야 한다. 오랫동안 방문하며 느낀 점은 넓은 식견과 오픈된 마인드가 필요한 곳이다.

🟤 울산고래축제(전 유망축제)

울산광역시 남구는 인구가 34만 명에 달한다. 울산의 중추기능이 집중되어 있어 주·야간 활동인구가 가장 많은 지역이며, 교통의 요충지이자 중심적인 상업도시로 발전하고 있다. 슬로건인 '울산 중심 행복 남구'는 구민 한 사람, 한 사람의 행복을 세심하게 살피는 남구의 긍정적이고 따뜻한 이미지를 나타낸다. 미포국가산업단지에는 중화학공업, 기계금속공업, 섬유산업 등의 크고 작은 공장들이 입주, 가동되고 있어 우리나라 최대의 공업단지로서 면모를 보여주고 있다.

- **축제 기획 의도** 울산은 수천 년 전 선사인들이 바위에 고래를 새겨놓은 국보 제 285호 반구대 암각화와 근대 포경산업의 중심지였던 장생포의 역사를 계승하고 보전해 축제를 찾는 관광객들에게 장생포를 알리고 관광지역의 이미지를 만들어 이후 관광 산업의 발전을 가져오고자 한다.
- **최초 개최 연도** 1995년

사진 출처: 울산고래축제 홈페이지

- **축제 시기 및 예산** 5월(4일간), 2017년 예산 19억 원
- **축제 장소** 울산광역시 남구 장생포 일원
- **주최/주관** 울산광역시 남구/(재)고래문화재단
- **주요 프로그램** 거리 퍼레이드, 고래 아이스 카빙쇼, 추억놀이 장생포, 고래 날다! 고래생태체험관 특별 이벤트, 고래연구소센터 오픈 랩, 고래바다여행 크루즈 등

- **현장 스케치 및 발전 방향** 울산고래축제는 훌륭한 콘텐츠를 보유하고 있다. 역사적으로나 소재 부분에서도 타 지역에서 흉내 낼 수 없는 것이기 때문에 관계자들도 글로벌 축제를 만들려고 노력하고 있다. 그러나 지금의 축제구성과 운영을 보면 지역 화합형의 축제에서 벗어나지 못하고 있는 면이 있다고 본다. 관광산업형 축제로의 도약을 위해 좀 더 확실한 콘텐츠를 보강해 관광산업형 축제로서의 가치를 만들어 낼 필요가 있다.

---

❺❻ 음성품바축제(전 유망축제)

충청북도 음성군은 총인구 9만3천여 명의 군이다. 예로부터 기름진 옥토로 농사가 잘 되는 풍요로운 고장이며, 인심이 좋은 고장으로 유명하다. 전통적인 농업군으로 비옥한 토질과 풍부한 수원을 바탕으로 예로부터 양질의 농·특산물을 많이 생산했으며 특히 청결고추, 참외 등은 농·특산물로 품질을 인정받고 있다.

- **축제 기획 의도** 어렵게 생활했던 우리 조상들의 삶을 풍자와 해학으로 재조명해 신명과 웃음을 선사해주는 축제로 꽃동네 설립의 계기를 마련한 거지성자 故 최귀동 할아버지의 숭고한 인류애와 박애정신을 기리며, 음성품

바의 상징인 사랑과, 나눔, 평화, 봉사를 통해 음성에 대한 긍정적인 이미지를 만들어 관광객을 불러 모으고 장기적으로 지역경제 발전에 보탬이 되고자 한다.

- **최초 개최 연도** 2000년
- **축제 시기 및 예산** 5월(4일간), 2017년 예산 5억2000만 원
- **축제 장소** 음성군, 음성 설성공원
- **주최/주관** 음성군축제추진위원회/품바축제기획실무위원회
- **주요 프로그램** 전국 품바왕 선발대회, 품바 길놀이 퍼레이드, 천인의 품바 비빔밥 나누기, 천인의 엿치기, 품바움막짓기대회 등

- **현장 스케치 및 발전 방향** 음성은 내 고향의 옆 동네라 늘 지켜보며 관심을 가져 왔다. 음성품바축제는 독특한 소재로 개최되는 축제라서 프로그램 구성만 탄탄하다면 가능성이 많은 축제이다. 음성군은 관광산업형의 축제를 원하고 있지만 아직 실행되고 있지 않다. 먼저 축제 관계자들이 열린 마인드를 가졌으면 좋겠다. 내가 수십 년 동안 음성군을 방문했지만 몇 사람을 제외하고는 축제에 대한 열정을 느낄 수 없었다. 관광산업형 축제에 임하는 공무원들의 마인드가 그만큼 닫혀있다는 것을 수십 년 동안 느낀 것이다. 다른 관공서에 미팅을 가면 물 한 컵이든 커피 한 잔이라도 가져오며 미팅

사진 출처: 음성군청 제공

을 한다. 그러나 사소하고 우스운 얘기 같지만 음성군에 가면 커피 한잔 얻어먹기가 힘든 분위기라는 것을 느끼곤 했다. 다른 사람은 몰라도 난 그렇게 느꼈다. 축제가 발전되려면 무엇보다 소통의 분위기가 조성되어야 한다는 것을 말하고 싶다. 축제의 발전을 위해서는 많은 사람들의 의견에 귀를 기울여야만 변화가 생길 것이며 장기적으로 발전하는 모습이 나타날 것이다.

㊗ 당진 기지시줄다리기민속축제(전 유망축제)

충청남도 당진시는 인구가 17만 명 규모이다. 유구한 문화유산과 넉넉하고 풍요로운 인심 그리고 아름다운 산천과 바다와 평야가 드넓게 펼쳐져 있는 명실 공히 첨단 농업과 관광, 그리고 철강 공업과 항만 물류가 어우러진 전초기지이며 한국 제일의 맛을 자랑하는 해나루쌀과 산소농법으로 생산되는 면천 꽈리고추 등이 있다.

- **축제 기획 의도** 지역 전통 민속 문화를 전승해 지역민 화합 단결과 재난예방 증산의욕을 고취시키고 당진만의 독특한 이미지를 국내외에 알려 관광 방문객을 증가시켜 관광산업 발전에 도움이 되고자 한다.
- **최초 개최 연도** 500여 년 전

사진 출처: 제이비 컴즈

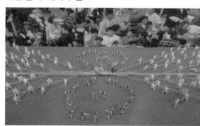

- **축제 시기 및 예산** 4월(4일간), 2017년 예산 5억2700만 원
- **축제 장소** 기지시줄다리기 박물관
- **주최/주관** 기지시줄다리기 축제위원회
- **주요 프로그램** 기지시줄다리기, 스포츠줄다리기대회, 읍면동 줄다리기 대회, 전국풍물경연대회, 솟대경연대회, 그네뛰기경연대회 등

- **현장 스케치 및 발전 방향** 역사성과 콘텐츠는 있으나 진행하고 있는 프로그램의 구성이 빈약한데다 단조로운 면이 있어 관광객들에게 큰 만족을 주지 못하고 있다. 성공하고자 한다면 킬러 콘텐츠인 줄다리기의 명품화 작업과 함께 대대적으로 홍보를 하고 1만여 명 이상이 줄다리기에 참여해 즐길 수 있는 프로그램을 구성하는 게 좋겠다. 그렇게 했을 때 관광산업형 축제로서 제대로 된 가치를 지닐 수 있을 것으로 보인다.

㊹ 김해 분청도자기축제(전 유망축제)

경상남도 김해시는 인구가 52만여 명으로 17개 읍면동이 모여 이루어졌다. 서기 24년 가야 때 김수로왕이 가락국(금관가야)을 창건함으로써 지역의 역사가 시작되었다. 또한 6가야의 맹주국이었던 금관가야의 왕도로서 역사와 전통을 이어받아 시민과 함께 "21세기 세계속의 역사, 문화, 관광도시", "교육의 도시"로 그 미래를 만들어가고 있다. 지역 슬로건인 'Gimhae for you'는 김해를 찾는 관광객에게는 포근하고 따뜻한 이미지를 전하고 김해시민에게는 항상 친절하게 봉사하는 김해시를 상징적으로 표현한다.

- **축제 기획 의도** 잃어버린 분청사기를 되찾고, 가야토기에서 발전한 김해 도

자기를 관광상품으로 육성·발전시켜 지역경제를 활성화함과 동시에 김해를 분청도자기의 지역으로 이미지화해 외지인들에게 김해에 대한 인지도를 올리고자 한다.

- **최초 개최 연도** 1996년
- **축제 시기 및 예산** 10월(10일간), 2017년 예산 5억2000만 원
- **축제 장소** 김해분청도자관 일원
- **주최/주관** 김해시/(사)김해도예협회
- **주요 프로그램** 전통가마 불지피기 개막식, 요리와 만난 분청도자기, 대한민국분청도자대전 입상작전시, 분청기법 체험하기, 물레체험, 나만의 도자기 꾸미기 등

- **현장 스케치 및 발전 방향** 김해의 분청사기는 경쟁력이 있다고 본다. 분청사기는 일본에서 인지도가 높고 대중적이며 관심이 많다. 그러나 축제장의 구성이나 축제의 운영시스템에서 경쟁력을 잃어버리고 있다. 현장구성이 단조롭고 어울림이 부족해 킬러 콘텐츠를 만들지 못하고 있다. 그 결과 관광객들 관심에서 벗어나고 있다. 축제의 구성에 있어 좀 더 퀄리티를 높이고 대중적인 체험행사와 킬러 콘텐츠 및 문화행사를 만들어낸다면 관광산업형 축제로 도약할 수 있을 것이다.

사진 출처: 김해시청 제공

🟦59 과천누리마축제(전 예비축제)

과천시는 경기도 중서부에 위치한 시이다. 총인구 7만여 명. 고구려 때는 율목군이라 했으나 고려 태조 때에 과주로 개칭되었다. 이후 조선 태종 때에 과천현이라는 이름을 얻었다. 양재천(良才川) 연안에는 충적지가 널리 발달했으며, 관악산(冠岳山: 629m), 응봉(鷹峰: 348m), 청계산(淸溪山: 618m) 등이 솟아 있으며, 서울대공원 및 과천경마장 등 위락시설이 위치하고 있는 풍부한 문화, 관광도시이기도 하다. 지역 슬로건인 'I am 과천'은 전국 최고 도시로 나아가겠다는 과천의 자긍심이 담겨 있다.

- **축제 기획 의도** 인간과 말의 예술적인 소통, 말과 인간의 아름다운 교감과 도심에서 말을 접할 수 있는 시민 참여형 문화관광산업형 축제로, 과천경마장이 위치한 과천에서 지역 특색을 전국에 홍보해 관광객을 유치하고 지역 경제 활성화에 도움이 되고자 한다.
- **최초 개최 연도** 1997년
- **축제 시기 및 예산** 10월(4일간), 2017년 예산 12억 원
- **축제 장소** 과천시민회관 옆 잔디마당

사진 출처: 제이비 컴즈

- **주최/주관** 과천시/(재)과천축제
- **주요 프로그램** 개막행사 'welcome to 과천! 고상지밴드', 예술불꽃놀이, 기획제작공연 등

· 현장 스케치 및 발전 방향 과천의 축제는 시민이 함께 어울리는 일탈성의 축제라기보다는 공연예술축제에 가깝다. 과천 시민이나 주변 관광객들에게도 아직 많이 알려지지 않고 있다. 좀 더 새로운 변화를 모색해 가보고 싶은 축제, 같이 어울리고 싶은 축제를 만들어가야 할 것이다. 현재의 축제는 예전만 못하고 정체성이 조금 부족한 축제라고 판단된다. 20여 년 동안 과천시청을 방문하며 느낀 것은 닫혀있는 마인드가 이러한 결과를 만드는 것 같다. 열린 마인드로 소통할 때 변화된 축제의 모습을 찾아 갈 수 있을 것이다.

⑥⓪ 서울약령시 한방문화축제(전 예비축제)

서울특별시 동대문구 제기동과 용두동 일대에 있는 한약재 전문시장이다. 동대문구 인구는 35만3000여 명이다.

국내 한약재 거래량의 약 70%를 점유하는 한약재 전문시장으로, 서울특별시 동대문구 제기1동·2동과 용두동 일대에 걸쳐 형성되어 있다. 1960년대부터 한약재를 취급하는 상인들이 전국 각지에서 청량리역을 이용해 모여 들면서 자연발생적으로 생겨났다. 경동시장 한약거리(상가)로 불리다가 1995년 서울특별시로부터 서울약령시(전통 한약시장 지역)로 선정되고, 2005년 7월 25일 재정경제부로부터 한방산업특구로 선정되어 오늘에 이른다. 한의원·한약방·한약국·한약재도소매점·한약재수출업체·탕제원 등 1,000여 개의 한약 관련업체와 노점상들이 운집해 영업하고 있으며, 취급되는 한약재는 약 250종으로 시중 시세

보다 20~40% 저렴한 가격으로 거래된다.

- **축제 기획 의도** 전통 한의약을 계승하고 국민들의 건강한 삶을 영위하고자 하는 뜻을 이어온 서울약령시에서 한방산업특수 환경개선사업으로서 제기동을 한방테마거리로 발돋움하고자 한다.
- **최초 개최 연도** 1995년
- **축제 시기 및 예산** 10월(2일간), 2017년 예산 2억3000만 원
- **축제 장소** 서울약령시 한방산업특구 약령시장 일대
- **주최/주관** (사)서울약령시협회
- **주요 프로그램** 보제원제향, 한방체험 및 참여행사, 한방사랑시민걷기대회 등

- **현장 스케치 및 발전 방향** 한때는 약령시한방축제의 인지도와 가치도 높았다. 그러나 현재는 시민들에게 인지도가 점점 멀어지는 축제가 되었다. 협소한 공간, 지역민의 참여도 등에 있어 인프라를 갖추지 못한 이유라고 본다. 확실한 콘텐츠와 참여의 동기를 만들어 다시 한번 도약하는 축제가 되기를 바란다.

사진 출처: 제이비 컴즈

02 대한민국에서 주목해볼 만한 지자체 대표 축제 스케치

대한민국을 대표하는 축제들은 문화체육관광부 지정 축제에서 거의 다루었다. 여기서는 문화체육관광부 지정 축제는 아니지만 지자체를 대표하는 축제로서 역사와 전통이 있는 축제와 급부상하고 있는 주요 축제들 중에서 소수의 축제를 정리했다. 이외에도 전국의 축제들에 대한 글을 작성했지만 지면 관계로 모두 삭제하고 몇 군데만을 수록하는데 있어 아쉬움이 남는다. 다음 기회에 보강하는 것으로 하며 여기까지로 축제에 대한 분석을 마치려고 한다.

그리고 진정한 대한민국의 축제를 관광산업형의 생산적인 축제로 만들고 싶다면 축제와 관련된 업무를 보는 관계자들은 수동적이 아니라 능동적으로 행동해야 한다고 축제를 사랑하는 축제 전문가로서 조언 및 부탁을 하고 싶다.

중앙부처인 문화체육관광부 축제 사무관의 성향에 따라 대한민국 축제의 정책이 바뀌고 상황이 바뀐다. 사무관 한 사람의 의지에 따라 대한민국 축제판도 바뀌는 현실이 매우 안타깝다. 이러한 문제에 대한 운영 시스템을 보강해야 할 필요성이 있다고 본다. 나는 축제에 대한 열정을 가지고 있고 준비가 된 사람이 축제 사무관으로 발령받기를 절실히 바란다. 특별시나 광역시 또한 축제 담당자들이 행정적으로만 일을 처리하고자 하는 업무 자세는 축제의 발전을 저해시킨다. 특별시나 광역시의 축제 관계자들이 축제를 이끌어갈 시·군(구)의 담당자들로 하여금 일할 수 있게 마인드와 방향을 제시해줘야 대한민국의 축제가 발전될 것이고 나아가 국가발전에 밑거름이 될 것이다.

그러나 현실은 특·광역시나 도청을 방문해 축제 관계자를 만나 이야기를 나눠보면 열정은커녕 개념 자체도 없이 행동하는 관계자들이 정말 많다.

이런 사람들이 축제 담당을 하고 있는데 과연 우리나라의 축제가 발전할 수 있을까 하는 안타까운 마음도 가지게 된다.

대한민국의 모든 축제 관련자분들에게 "우리 오픈된 마인드 속에 열정을 가지고 함께 축제를 살려봅시다"라고 부탁드리고 싶다.

예전에는 축제를 담당하는 몇몇 관계자들이 대한민국 축제를 좌지우지했다. 지금도 전국 축제의 변화를 감지하며 발전 방안을 내놓는 자문이 아니라 현실성이 떨어지는 자문들로 인해 축제 발전이 저해되고 있어 아픔으로 다가 온다.

＊ 축제 시기와 예산은 2017 문화체육관광부 보고서 기준

❶ 이태원 지구촌축제

서울특별시 용산구는 총인구가 24만여 명으로 효창공원·용산가족공원·전쟁기념관·한강시민공원 등 도심공원이 많아 주민들이 쾌적한 환경을 누릴 수 있는 자연 휴식 공간이 많다.

또한 관내에 미 8군 기지를 비롯해 많은 외국 공·관저와 문화원, 이태원관광특구 등이 있어 타 지역에 비해 특히 외국인 거주자가 많은 지역이다.

브랜드 슬로건인 '미래도시 용산(Harmonious Yongsan)'은 오랜 역사를 바탕으로 다양한 문화와 경험이 공존하고 미래의 청사진이 보이는 용산의 미래를 마치 미래 도시처럼 표현했고, 또한 영문 슬로건인

Harmonious에서는 모든 것이 조화로운 도시를 만들겠다는 의미를 담았다.

- **축제 기획 의도** 한국의 전통문화와 이태원의 외국 문화를 결합해 용산과 이태원이 가진 이국적이고 국제적인 이미지를 부각하고, 이태원 지역의 활성화 및 관광객 유치를 도모하고자 한다.
- **최초 개최 연도** 2002년
- **축제 시기 및 예산** 10월(2일간), 2017년 예산 2억 원
- **축제 장소** 이태원관광특구 일원
- **주최/주관** (사)이태원관광특구연합회
- **주요 프로그램** 세계민속의상 패션쇼, 세계음식전, 한국음식전, 세계풍물전 등

현장 스케치 및 발전 방향 대한민국의 이국적인 도시에서 펼쳐지는 다채로운 축제이다. 대한민국의 메이저 축제는 아니지만 특화된 축제로서 어울림이 있는 축제라고 본다. 주변의 상권도 다채롭게 진행되고 있는데 예전에는 클럽 문화와 판매형의 상권이었다면 지금은 먹거리와 카페거리의 문화가 보강되었다. 킬러 콘텐츠만 갖춘다면 확실한 글로벌 축제로 도약할 수 있을 것이다.

사진 출처: 제이비 컴즈

❷ 강릉단오제

강릉시는 강원도 동부에 위치해 있고 총인구 21만여 명이다. 서쪽으로 태백산맥이 남북으로 길게 뻗어 있고, 동쪽으로 동해와 접해있어 해양성 기후에 가까운 특성을 보이며, 산맥의 급경사면이 바다와 접해 있고, 해안선을 따라 좁고 길게 형성되어 있다. 오죽헌, 강릉향교, 오봉서원, 송담서원 등 우수한 문화 사적지와 경포대, 소금강과 같은 천혜의 관광 자원이 풍부한 관광도시로서 고도의 멋과 전통이 살아있는 예향의 도시이다.

- **축제 기획 의도** 우리 민족 전통 민속 축제의 원형을 간직하고 있는 단오제와 강릉 지역의 역사와 문화적 독창성을 국내외에 널리 알려 세계에 우리나라의 전통을 홍보하고, 나아가 강릉을 전통문화의 고장으로 이미지화 해 관광객을 유치하고 지역경제를 활성화 시키고자 한다.
- **최초 개최 연도** 약 1천 년 전
- **축제 시기 및 예산** 5월(8일간), 2017년 예산 16억7000만 원
- **축제 장소** 강릉시 남대천 단오장 및 선정 행사장
- **주최/주관** 강릉시/(사)강릉단오제위원회

사진 출처: 제이비 컴즈

- **주요 프로그램** 신주 빚기, 대관령산신제, 대관령국사성황제, 구산서낭제, 학산서낭제, 봉안제, 영신제, 영신행차, 조전제, 단오굿, 관노가면극, 송신제, 소제 등

- **현장 스케치 및 발전 방향** 일제강점기와 한국전쟁 중에도 맥을 이어온 중요 무형문화재이며 유네스코가 선정하는 인류구전 및 무형유산 걸작이다. 대한민국 역사 전통축제 중에 원형을 간직한 축제는 강릉단오제일 것이다. 즉 전통의 난장축제로 인정해주는 것이 바람직할 것이다. 이 축제는 역사와 전통을 가지고 있으므로 지속적으로 지키고 육성해야 하는 축제이다.

❸ 임실N치즈축제

임실군은 전라북도 동남쪽에 위치한 총인구 2만9천여 명 규모의 군이다. 3.1운동 민족대표와 국난시마다 많은 충의열사를 배출하고 용암리석등, 신흥사 등 유서 깊은 명승고적이 산재한 예와 의를 숭상하는 충효의 고장이며, 전북권 중심부에 위치한 전주근린생활권으로 교통이 발달 되고 자연경관이 수려해 발전 잠재력이 풍부한 고장이다. 지역 브랜드인 '열매의 고장'은 예로부터 인심이 넉넉하고 멋과 맛을 자랑하는 전통문화를 간직한 지역임을 나타내고 있다.

- **축제 기획 의도** 임실N치즈의 50년 역사와 우수성을 알리고 체험·관광형 축제로 전국적 브랜드 이미지 제고 및 지역 특산품 판매를 통한 지역경제 활성화에 기여하고자 한다.
- **최초 개최 연도** 2015년
- **축제 시기 및 예산** 10월(4일간), 2017년 예산 5억9400만 원

- **축제 장소** 임실치즈테마파크, 임실치즈마을 일원
- **주최/주관** 임실N치즈축제제전위원회
- **주요 프로그램** 국가대표 "왕" 치즈피자, 치즈나라 치즈범벅 모자이크, 임실 N치즈 "치즈떡볶이" 나눔행사, 치즈떡메치기 등

- **현장 스케치 및 발전 방향** 치즈를 소재로 새롭게 특화해 발전할 가능성이 있는 축제이다. 별도의 축제장을 가지고 있지만 축제의 방향성과 구성면에 있어서 축제다운 축제로 완성되기까지는 시행착오를 겪으면서 발전될 것이라고 본다. 좀 더 빠른 발전을 위한다면 현실적이고 능력 있는 관계자들의 자문을 받으며 함께 만들어가는 방법을 선택했으면 좋겠다.

사진 출처: 제이비 컴즈

이밖에 서초 서리풀 페스티벌, 동대문 세계거리춤축제, 마포나루 새우젓축제, 강동선사문화축제, 남양주 다산문화제, 철원화강 다슬기축제, 계룡 군(軍)문화축제, 청양고추축제, 군산시간여행축제, 진안홍삼축제, 장수 한우랑 사과랑 축제, 부안마실축제, 여수거북선축제, 영천 보현산 별빛축제, 경산자인단오제, 예천세계활축제, 의령의날 기념축제 등은 나름대로 열정이 있는 축제로 손꼽힌다.

제 05 장
대한민국 축제의 현실과 운영 방향

01 대한민국 축제의 현실

1) 문화체육관광부 축제 육성 목적

문화체육관광부에서는 지역의 다양한 축제 중 우수한 축제를 국내 관광객은 물론 외국인 관광객이 즐길 수 있는 대표적인 관광자원으로 알리고 육성하기 위해 지난 1995년부터 매년 문화관광산업형 축제를 선정해 발표하고 있다. 문화관광산업형 축제는 특색 있는 축제 콘텐츠로 승화한 축제를 중심으로 선정해 육성하고자 한다. 또한 특색이 부족한 일부 지역 축제들로 인해 '축제는 곧 낭비'라는 부정적 인식이 발생하고 있는 데 대해 국민들이 양질의 문화관광산업형 축제를 방문해 우리나라의 지역축제가 재미도 있고 지역의 자랑스러운 문화 관광상품이라는 것을 느낄 수 있길 바라며 널리 알리고자 한다.

사진 출처: 제이비 컴즈

2) 문화체육관광부 지정 축제 등급 분류

현재 문화체육관광부에서는 글로벌 축제로 육성하기 위해 매년 40여 개의 축제들을 선정하고 있다. 다음은 5가지 등급과 등급에 따른 방향을 정리해 본 것이다. 2018년부터는 '예비축제'라는 제도가 도입된다.

명예 대표축제	대표축제에서 5년의 일정기간이 지나 명예 졸업해 명예 대표축제로서 운영된다.
방향	대한민국 대표축제로서 또한 글로벌 축제로서의 자리매김을 하고 자립도가 높은 축제로 만들어 가야 한다.
대표축제	대한민국을 대표하는 글로벌 축제의 수준으로 평가하고 있다.
방향	전국적인 홍보와 해외 홍보에 집중한다. 세계인이 참여하고 즐길 수 있는 프로그램과 확실한 킬러 콘텐츠를 가지고 해외 관광객을 유치해 세계인이 주목하는 축제로서 자리매김 해야 한다.
최우수축제	대한민국을 대표하는 메이저 축제로서의 가치를 확립하고 글로벌 축제로 도약하기 위한 전 단계로 구성. 평가된다.
방향	전국과 세계를 중심으로 홍보를 해야 한다. 세계인이 참여해 즐길 수 있는 프로그램과 킬러 콘텐츠를 개발해 인지도를 높여야 할 것이다.
우수축제	전국 단위 축제로서 안정감과 글로벌 축제로의 도약을 준비한다.
방향	지역에서 탈피해 중앙의 홍보를 집중해 전 국민이 참여하는 축제의 구성. 운영과 킬러 콘텐츠를 만들어야 할 것이다.
유망축제	전국 광역시(도)에서 추천을 받아 대한민국 메이저 축제로서 글로벌 축제로의 도약에 있어 가치와 가능성이 있는지 평가를 통해 선정한다. 전국 단위의 메이저 축제로서의 가치를 인정받지 못하고 구성. 운영, 연출의 수준에서 미달되면 다시 탈락된다.
방향	지역 홍보에서 중앙 홍보로 전환해야 한다. 전 국민이 참여할 수 있는 축제로 도약해야 한다. 전국의 축제로 도약을 하지 못한다면 탈락될 수 있다.

3) 2017년 문화체육관광부 지정 축제

* 2017년에는 41개의 축제를 선정해 지원해주고 있다.

등급	개수	지정 축제
명예 대표축제	3	진주남강유등축제(경남), 안동국제탈춤페스티벌(경북), 보령머드축제(충남)
대표축제	3	김제지평선축제(전북), 문경전통찻사발축제(경북 *승급), 얼음나라 화천산천어축제(강원)
최우수축제	7	강진청자축제(전남), 담양대나무축제(전남 *승급), 무주반딧불축제(전북), 산청한방약초축제(경남), 이천쌀문화축제(경기), 자라섬국제재즈페스티벌(강원 *하락), 진도 신비의 바닷길축제(전남)
우수축제	10	논산강경젓갈축제(충남), 봉황은어축제(경북), 부여서동연꽃축제(충남), 안성맞춤남사당바우덕이축제(경기 *승급), 원주 다이내믹댄싱카니발(강원 *승급), 정남진장흥물축제(전남), 제주들불축제(제주), 추억의7080충장축제(광주 *하락), 통영한산대첩축제(경남), 평창효석문화제(강원)
유망축제	21	고령대가야체험축제(경북 *하락), 고창모양성제(전북), 광안리어방축제(부산), 괴산고추축제(충북), 대구약령시한방문화제(대구), 대전효문화뿌리축제(대전), 보성다향대축제(전남), 순창장류축제(전북 *하락), 영암왕인문화축제(전남), 완주와일드푸드축제(전북), 울산옹기축제(울산), 인천 펜타포드 락 페스티벌(인천), 춘천마임축제(강원), 포항국제불빛축제(경북), 한성백제문화제(서울), 해미읍성역사체험(충남) **진입축제:** 강릉커피축제(강원), 밀양아리랑대축제(경남), 수원화성문화제(경기), 시흥갯골축제(경기), 정선아리랑제(강원)

* **탈락축제:** 동래읍성역사축제(부산), 마산가고파국화축제(경남),
　　　　　목포항구축제(전남), 여주오곡나루축제(경기), 서천한산모시문화제(충남),
　　　　　영덕대게축제(경북), 함양산삼축제(경남)

사진 출처: 제이비 컴즈

4) 연도별 문화체육관광부 지정 축제

번호	축 제 명	1995년	1996년	1997년	1998년	1999년	2000년	2001년	2002년	2003년
1	가평자라섬국제재즈페스티벌									
2	강경발효젓갈축제								문화관광	문화관광 (지역육성)
3	강릉단오제			문화관광						
4	강진청자축제		문화관광	문화관광 (집중육성)	문화관광	문화관광	최우수	문화관광	문화관광 (최우수)
5	강원고성명태축제									
6	강화고인돌축제				문화관광					
7	거창국제연극제									
8	경주한국의술과떡잔치				문화관광 (집중육성)	문화관광	문화관광	문화관광	문화관광	문화관광 (우수)
9	경주신라소리축제									
10	고성공룡나라축제						문화관광	문화관광	문화관광	
11	고령대가야체험축제									
12	고창모양성제									
13	공주부여백제문화제			문화관광						
14	구례산수유축제									
15	과천한마당축제									
16	광산우리밀축제									
17	광주7080충장축제									
18	광주김치대축제		문화관광		문화관광	문화관광	문화관광	문화관광	문화관광	문화관광 (최우수)
19	광주한국콩축제									
20	괴산고추축제									
21	금강여울축제									
22	금산인삼축제		문화관광	문화관광	문화관광 (집중육성)	문화관광	문화관광	최우수	문화관광	문화관광 (최우수)
23	기장멸치축제								문화관광	

	2004년	2005년	2006년	2007년	2008년	2009년	2010년	2011년	2012년	2013년	2014년	2015년	2016년
				예비	예비	유망	유망	우수	우수	우수	최우수	최우수	대표
문화관광 (지역육성)	유망	우수	우수	우수	우수	우수	우수	우수	우수	최우수	최우수	최우수	우수
문화관광 (최우수)	최우수	대표/ 최우수	최우수	최우수	최우수	최우수	최우수	대표	대표	최우수	최우수	최우수	최우수
												유망	
		예비 (지원금 없음)	예비 (지원금 없음)										
											유망(신규)		
문화관광 (우수)		유망	유망	유망	유망	유망	유망	유망					
												유망	
					예비 (신규)	예비	유망	유망	유망	우수	유망	우수	우수
		예비 (지원금 없음)	예비 (지원금 없음)	예비	예비	예비							유망(신규)
					예비 (신규)	예비							
					예비 (신규)								
						유망 (신규)							
												유망	
						예비	유망	우수	우수	우수	최우수	최우수	최우수
문화관광 (우수)	유망	유망	유망	유망									
		예비 (지원금 없음)											
			예비 (지원금 없음)	예비					유망	유망	유망	유망	유망
												유망	
문화관광 (최우수)	우수	우수	우수	최우수	최우수	최우수	최우수	최우수					

번호	축 제 명	1995년	1996년	1997년	1998년	1999년	2000년	2001년	2002년	2003년
24	(당진)기지시줄다리기민속축제									
25	김제지평선축제							문화관광	문화관광	문화관광(지역육성)
26	김해분청도자기축제									
27	남도음식문화축제			문화관광	문화관광					
28	남원춘향제			문화관광		문화관광	문화관광	문화관광	문화관광	문화관광(우수)
29	도두오래물축제									
30	담양대나무축제									
31	대구약령시(한방)축제							문화관광	문화관광	문화관광(지역육성)
32	대전사이언스페스티벌						문화관광	문화관광	문화관광	문화관광(지역육성)
33	대전한밭선비축제									
34	대전효문화뿌리축제									
35	(부산)동래읍성역사축제									
36	목포해양문화축제									
37	무안백련(대)축제									
38	무주반딧불축제					문화관광	문화관광	문화관광	문화관광	문화관광(우수)
39	문경찻사발축제									
40	보령머드축제				문화관광	문화관광	문화관광	문화관광	문화관광	문화관광(우수)
41	보성다향제 녹차대축제									
42	봉화은어축제									
43	봉화송이축제									
44	(부산)광안리어방축제									
45	부산자갈치축제		문화관광	문화관광	문화관광	문화관광	문화관광	문화관광	문화관광	문화관광(우수)
46	부여서동연꽃축제									
47	부평풍물대축제									
48	산청지리산한방약초축제									예비

2004년	2005년	2006년	2007년	2008년	2009년	2010년	2011년	2012년	2013년	2014년	2015년	2016년
									유망(신규)			
문화관광(지역육성)	최우수	대표/최우수	최우수	최우수	최우수	최우수	최우수	최우수	대표	대표	대표	대표
				예비(신규)	예비	유망	유망					
예비(지원금 없음)	문화관광(지역육성)	유망	우수	우수	유망							
문화관광(우수)	유망	유망	유망	유망	우수	우수	우수	우수				
											유망	
	예비(지원금 없음)	예비(지원금 없음)		유망	예비	유망	유망	우수	우수	우수	우수	우수
문화관광(지역육성)	문화관광(지역육성)	유망	유망	예비	예비	유망	유망	유망	우수	우수	유망	유망
			예비									
		예비(지원금 없음)										
						유망					유망	유망
									유망(신규)	유망	유망	유망
									유망(신규)	유망	유망	유망
	예비(지원금 없음)	예비(지원금 없음)	예비									
문화관광(우수)	우수	우수	우수	우수	우수	우수	우수	우수	최우수	최우수	최우수	최우수
	예비(지원금 없음)	예비(지원금 없음)	유망	유망	우수	우수	우수	최우수	최우수	최우수	최우수	최우수
문화관광(우수)	우수	대표/최우수	최우수	대표	대표	대표					글로벌육성	
예비(지원금 없음)	문화관광(지역육성)	예비(지원금 없음)	예비	예비					유망	유망	유망	유망
							유망	유망	유망	유망	우수	우수
예비(지원금 없음)	예비(지원금 없음)	예비(지원금 없음)	예비	유망	유망							
	예비(지원금 없음)	예비(지원금 없음)	예비(지원금 없음)	예비	예비	유망			유망(신규)	유망		유망(신규)
문화관광(우수)	우수	우수	우수	유망	유망	유망	유망	우수				
					예비				유망	유망	우수	우수
			예비(신규)	예비								
예비(지원금 없음)	예비(지원금 없음)	예비(지원금 없음)	예비	유망	유망	유망	유망	유망	우수	우수	최우수	최우수

번호	축 제 명	1995년	1996년	1997년	1998년	1999년	2000년	2001년	2002년	2003년
49	서귀포칠십리축제									예비
50	서귀포최남단방어축제									
51	서울약령시축제									
52	서울하이서울페스티벌									
53	성북다문화음식축제									
54	수원화성문화축제		문화관광					문화관광		
55	순창장류축제									
56	생거진천문화축제									
57	세계태권도문화축제								문화관광	
58	온양온천문화예술제									예비
59	아산성웅이순신축제									
60	안동국제탈춤축제			문화관광	문화관광(집중육성)	문화관광	문화관광(최우수)	최우수	문화관광	문화관광(최우수)
61	안성(남사당)바우덕이축제									
62	양양송이축제			문화관광	문화관광	문화관광	문화관광		문화관광(미개화-태풍루사)	문화관광(우수)
63	여주도자기축제				문화관광	문화관광		(도자기엑스포)자진탈퇴		
64	여주오곡나루축제									
65	연천전곡리구석기축제									
66	영덕대게축제									
67	영동난계국악축제			문화관광	문화관광	문화관광	문화관광		문화관광(미개화-태풍루사)	문화관광(우수)
68	영암왕인문화제				문화관광	문화관광	문화관광		문화관광	문화관광(지역육성)
69	울산고래축제									
70	울주옹기축제									
71	울산쇠부리축제									
72	원주다이내믹댄싱카니발									
73	원주한지문화축제									

2004년	2005년	2006년	2007년	2008년	2009년	2010년	2011년	2012년	2013년	2014년	2015년	2016년
예비(지원금 없음)	예비(지원금 없음)	예비(지원금 없음)	유망	유망	유망			유망				
				예비(신규)	예비							
예비(지원금 없음)												
	예비(지원금 없음)	예비(지원금 없음)	예비(지원금 없음)									
											유망	
						유망(신규)	유망	유망	우수	유망		
						유망(신규)	유망	유망	유망	우수	우수	우수
		예비(지원금 없음)										
문화관광(지역육성)	문화관광(지역육성)	유망	유망	유망	예비							
문화관광(최우수)	최우수	대표/최우수	최우수	대표	대표	대표					글로벌육성	
				예비(신규)	예비							유망(신규)
문화관광(우수)	우수	우수	최우수	최우수	우수	우수	최우수	최우수	최우수			
										유망(신규)	유망	
예비(지원금 없음)	문화관광(지역육성)	유망	우수	우수	유망	우수	유망					
												유망(신규)
문화관광(우수)	우수	유망	우수	우수	우수	우수	우수	우수				
				예비(신규)	예비	유망	유망	유망			유망	유망
예비(지원금 없음)							유망	유망	유망	유망		
	예비(지원금 없음)	예비(지원금 없음)	예비	예비	유망						유망(신규)	
					예비							
											유망(신규)	
	예비(지원금 없음)	예비(지원금 없음)	예비	예비								

번호	축 제 명	1995년	1996년	1997년	1998년	1999년	2000년	2001년	2002년	2003년
74	완도장보고축제		문화관광							
75	완주와일드푸드축제									
76	음성품바축제									
77	이천쌀문화축제									예비
78	이천도자기축제	최초육성	문화관광	문화관광	문화관광 (집중육성)	문화관광	문화관광	(도자기엑스포) 자진탈퇴		
79	익산보석축제					문화관광	문화관광	문화관광		
80	인제빙어축제									
81	인천소래포구축제									
82	인천펜타포트축제									
83	전주한지문화제									
84	정남진장흥물축제									
85	정선아리랑제									
86	정읍내장산단풍축제				문화관광					
87	정읍전국민속씨름대회									예비
88	제주들불축제							문화관광	문화관광	
89	제주왕벚꽃축제									
90	제주한라산눈꽃축제				문화관광		문화관광	문화관광		
91	진도신비의바닷길축제	문화관광	문화관광	문화관광	문화관광	문화관광	문화관광	문화관광	문화관광 (우수)
92	진주남강유등축제									예비
93	창원가고파국화축제									
94	천안흥타령축제									
95	청도소싸움축제					문화관광	문화관광	문화관광	문화관광	
96	춘천국제마임축제							문화관광	문화관광	문화관광 (지역육성)
97	춘천인형극제		문화관광							
98	충주세계무술축제				문화관광	문화관광	문화관광	문화관광	문화관광	문화관광 (지역육성)

2004년	2005년	2006년	2007년	2008년	2009년	2010년	2011년	2012년	2013년	2014년	2015년	2016년
											유망	유망
		예비(지원금 없음)	예비									
예비(지원금 없음)	문화광(지역육성)	유망	유망	우수	우수	우수	우수	우수	최우수	최우수	최우수	최우수
예비(지원금 없음)	문화관광(지역육성)	유망	유망	유망	유망	유망						
			예비	예비	예비	유망	유망					
					예비		유망	유망	유망	유망	유망	유망
				예비(신규)								
									유망(신규)	유망	유망	우수
				예비(신규)	예비				유망(신규)	유망		
예비(지원금 없음)												
	예비(지원금 없음)	유망	유망	유망	유망	유망	유망	유망	유망	유망	우수	우수
		예비										
문화관광(우수)	예비(지원금 없음)	유망	유망	우수	우수	우수	우수	우수	최우수	최우수	최우수	최우수
문화관광(지역육성)	유망	대표/최우수	최우수	최우수	최우수	최우수	대표	대표	대표		글로벌육성	
							유망	유망	유망	우수	우수	유망
	예비(지원금 없음)	유망	우수	최우수	우수	최우수	최우수	최우수				
문화관광(지역육성)	유망	우수	최우수	최우수	최우수	최우수	최우수	우수	우수	우수	유망	유망
문화관광(지역육성)	유망	우수	유망	우수	유망	유망			유망(신규)	유망	유망	

번호	축 제 명	1995년	1996년	1997년	1998년	1999년	2000년	2001년	2002년	2003년
99	태백산눈축제									
100	통영나전칠기축제				문화관광	문화관광	문화관광	문화관광	문화관광	
101	통영한산대첩축제	최초육성								
102	파주북소리축제									
103	파주장단콩축제									
104	평창효석문화제									
105	대관령눈꽃축제					문화관광	문화관광	문화관광		
106	포항불빛축제									
107	풍기인삼축제							문화관광	문화관광	문화관광 (지역육성)
108	하동야생차(문화)축제						문화관광	문화관광	문화관광	문화관광 (지역육성)
109	한산모시문화제									
110	한성백제문화제									
111	함양산삼축제									
112	함평나비축제									문화관광 (지역육성)
113	합천팔만대장경축제									예비
114	해미읍성역사문화축제									
115	해운대모래축제									
116	화천산천어축제									
117	횡성한우축제									
118	홍성역사인물축제									
	선 정 합 계	2	8	10	17	20	24	30	27	29

2004년	2005년	2006년	2007년	2008년	2009년	2010년	2011년	2012년	2013년	2014년	2015년	2016년
		예비(지원금 없음)				유망(신규)	유망	유망				
		예비(지원금 없음)	예비	유망	유망	유망	유망	유망	유망	우수	우수	우수
										유망(신규)		
	예비(지원금 없음)	예비(지원금 없음)	예비	예비								
예비(지원금 없음)	예비(지원금 없음)	예비(지원금 없음)	유망	유망	유망	유망	유망	유망	유망	우수	우수	우수
							유망	유망	유망	우수	유망	유망
문화관광(지역육성)	유망	유망	유망	유망	유망	유망	우수	우수	우수			
문화관광(지역육성)	유망	우수	우수	우수	최우수	최우수	최우수	최우수				
			유망	유망	유망	유망	유망	유망	유망	우수	우수	유망
			예비(신규)							유망(신규)	유망	유망
								유망				유망(신규)
문화관광(지역육성)	문화관광(지역육성)	우수	우수	최우수	최우수	최우수	최우수	최우수				
예비(지원금 없음)	예비(지원금 없음)	예비(지원금 없음)	예비									
									유망(신규)	유망	유망	유망
						유망	유망	유망				
	예비(지원금 없음)	예비(지원금 없음)	유망	우수	우수	최우수	최우수	최우수	최우수	대표	대표	대표
				예비								
											유망	
36	44	51	51	56	54	43	43	44	41	40	47	41

5) 문화체육관광부 지정 축제 평가 기준

평가항목	세부내용	배점 (100)	평가	부여기준(참고)		
				상	중	하
1 축제의 기획 및 콘텐츠 (45점)	축제 기획의 명확성과 주제 관련성 – 기획의도가 분명하고 그에 따른 축제 주제가 명확한가 여부 – 축제 주제와 무관한 프로그램들을 최소화 하는 등 축제 프로그램 전반이 기획의도와 주제를 드러내고 있는지 여부	15				
	대표 프로그램의 차별성 – 대표 프로그램이 축제의 중심소재와 주제를 잘 표현하고 있는가 – 대표 프로그램의 형태가 창의적으로 개발되었고 관광객에게 재미를 느끼게 하는 등 흡인력 있는가 ※(현장평가 시) 관광객의 호응도 등 축제장 분위기 고려	20				
	지역 특색문화 소재 활용성 – 대표 프로그램의 소재가 타 지역(외국인 관광객 포함)의 관광소비자 관점에서 관심 유발 가능성이 있는지 여부	10				
2 축제의 운영 (25점)	물적 현장운영 우수성 – 축제장까지의 다양한 교통수단 제공 등 접근성 정도 – 장소 선정의 적합성, 동선 구성과 편의시설 등 배치 효율성 – 미적 분위기, 일관된 디자인 정체성 구축 등 외적 우수성 ※(대표등급) 외국인 편의시설 등 대응체계의 적절성	5				
	인적 현장운영 우수성 – 인적자원의 친절성, 배치의 적절성, 활용의 체계성 등 – 진행요원, 안내, 자원봉사자, 부스 인력 등 – 안전요원 배치 등 안전 위험요인 대응 노력 ※(대표등급) 외국어 안내 등 외국인 관광객 대응체계의 적절성	10				
	축제 홍보 등 관광객 유치 활동의 적극성 – 목표고객 설정 등 명확한 홍보 전략의 수립 여부 – 연관된 축제나 관광지 등과의 홍보 협력 등 ※홍보 및 관광객 유치 노력 등급별 차등 고려_(대표·최우수)외국인 관광객/(우수·유망·신규)국내 외래 관광객	10				

평가항목	세부내용	배점(100)	평가	부여기준(참고) 상	중	하
3 축제의 발전 역량 (20점)	지역 사회에 뿌리내림 정도 기획부터 실제 추진과정까지 전반에 지역주민들의 참여도 - 축제장 운영에 지역특색 부각 정도 (예: 타 축제 유사한 먹거리 장터 등 최소화, 향토음식 제공 등) - 지역주민의 축제 긍정적 인식, 공감대, 참여 자발성	10				
	축제 추진 주체의 체계화 정도 핵심인력의 장기적 근무, 조직의 안정성(상시조직 여부 고려) 등 축제 담당자, 운영요원에 대한 교육체계 등 전문성 제고 체계	5				
	자립 및 자생 가능성 재정자립을 위한 활동 등 축제 경영 지속가능성 제고 노력 및 성과	5				
4 축제의 효과 (10점)	성과 분석 객관성 - '방문객 집계지침' 준수의 정도 및 달성 노력 - 성과를 합당한 근거를 가지고 집계하는 등 신뢰성 확보 정도 (관광객 추산, 만족도 조사, 축제의 경제적 효과 추정 등)	5				
	인근지역 관광 활성화 기여도 - 축제를 통한 지역관광 파급 효과(직접, 간접) 입증 - 연계관광 정보제공 등 축제 방문객 체류시간 증대 위한 노력 ※(예)주·야간 프로그램 마련, 숙박 관광 유도 등	5				
감점	※연예인 동원 등 과도한 예산 지출을 수반하는 프로그램이 포함된 경우	−3		'콘텐츠' 분과에서 평가		
	※주제와 무관한 의례 식순이나 행사가 과도하게 포함되어 있는 경우	−3				
	※홍보된 축제 프로그램이나 부스 등을 특별한 사유 없이 실시하지 않거나 축소하는 등 축제 진행이 부실하게 이루어진 경우	−3		'운영 등' 분과에서 평가		

02 축제 운영 비교 분석

1) 재단의 축제팀, 축제 전문재단, 추진위원회 등의 운영 비교 분석

대형재단과 중형재단은 모두 장단점이 있는데 둘 다 공식적으로 수익 사업을 할 수 있다는 장점이 있다. 반면 축제 전문가, 유연한 예산 활용, 지역민과의 유대 등과 같은 부분에서는 단점을 나타낸다. 이처럼 축제 전문재단과 추진위원회도 운영 면에서 장단점을 지닌다.

구분	항목	장점	단점	분석
대형 재단의 축제 팀	예술의 전당 등 전문 공연장 및 전시장을 운영하면서 한 팀이 축제를 담당 전 직원 100명 이상, 축제팀 3~5명 일 년에 여러 축제를 진행할 수 있는 실무자들로 구성	• 연속성이 있다. • 수익사업을 공식적으로 할 수가 있다.	• 능력 있는 축제 전문가는 재단에 근무하려고 하지 않는다. • 수백억, 수천억의 돈으로 이벤트성 축제를 운영하는 것은 가능하다. 그러나 몇 십억 가량의 예산으로는 축제다운 축제를 이끌어가기 힘들다. • 축제를 제작·운영하는데 있어 자원봉사와 지역민의 참여를 이끌어 내기 어렵다. • 조직이 수행하는 업무인 관계로 축제에 대한 열정을 펼치기 어렵다. • 주어진 예산과 인력만을 가지고 운영해야 한다.	• 축제를 기획·운영함에 있어 열정이 없으면 축제다운 축제를 만들어 낼 수 없다. • 대형조직 속에서 편성된 예산 이외에는 사용할 수 없다. • 이론과 실무를 겸비한 노하우가 있는 외부 관광축제 전문가를 선정해 함께 만들어 가는 방법이 옳다고 본다.

구분	항목	장점	단점	분석
중형 재단의 축제팀	관광과 관련된 업무를 보면서 축제팀을 운영 전 직원 50명 이상, 축제팀 3~5명, 연간 여러 축제 행사 기획·운영	• 연속성이 있다. • 축제 노하우가 축적된다. • 수익사업을 공식적으로 할 수가 있다.	• 능력 있는 축제 전문가를 영입하거나 채용하기 어렵다. • 정해진 예산으로 축제를 운영한다. • 담당자에게 소신과 열정을 요구하기 힘들다. • 예산의 한계성으로 운영하는 데 어려움이 있다.	• 축제의 운영에 있어 바람직한 것은 시(군)민이 함께 만들어 가는 것이다. 그러나 재단이 운영함으로써 행정기관의 지원(공무원 인력, 예산 등)이 없어지게 되고 한 조직 속의 팀이 운영하기 때문에 예산, 인력 등 여러 분야에서 어려움을 느끼게 된다.
축제 전문 재단 (여러 행사)	축제만을 운영하는 재단 일 년에 여러 축제 기획·운영	• 연속성이 있다. • 축제에 대한 전문 노하우가 축적된다. • 수익사업을 공식적으로 할 수가 있다.	• 능력 있는 축제 전문가를 영입하거나 채용하기 어렵다. • 정해진 예산으로 축제를 운영한다. • 담당자에게 소신과 열정을 요구하기 힘들다.	• 축제는 지역민이 만들어가는 것이다. 그러나 대체로 지역민의 참여가 저조하다. • 규모 있는 예산을 갖고 행사를 개최할 수 없다. 때문에 몇 십억의 예산으로는 대형축제를 만들기에 한계가 있다.
축제 전문 재단 (단일 행사)	단일축제만 기획·운영 하는 재단	• 연속성이 있다. • 축제전문가라기보다는 축제실무에 대한 소양을 지닌 담당자가 축제를 진행한다. • 수익사업을 공식적으로 할 수 있다.	• 능력 있는 축제 전문가를 영입하거나 채용하기 어렵다. • 정해진 예산으로 축제를 운영한다. • 담당자에게 소신과 열정을 요구하기 힘들다.	• 축제는 지역민이 만들어가는 것이다. 그러나 재단에서 하는 업무라는 인식아래 행정기관과 지역민의 관심도가 떨어진다. • 재단 운영비의 효율화에 대한 고민이 필요하다. • 축제를 성공시키려면 재단을 비롯 행정기관, 민간조직이 함께 만들어가야 한다는 인식이 공유되어야 한다.

구분	항목	장점	단점	분석
축제 전문가 선임	축제팀에 축제전문가를 계약직으로 선임	• 연속성 있다. • 업무에 대한 노하우를 축적할 수가 있다.	• 축제전문가로서 전반적인 운영을 원하지만 혼자서는 할 수 없다. • 경험이 풍부한 능력 있는 전문가는 근무하지 않으려 한다. • 업무가 운영에 편중되어 있어 기획과 연출이 약하다.	• 계약직 담당자의 권한이 작고 직책이 낮은 관계로 운영에 한계가 있다. • 기획, 진행, 연출은 상호간에 큰 차이가 있고 또 다른 역량을 요구한다. 축제는 전문조직이 연출을 해야 한다. 계약직 직원에게 연출까지 기대하는 자체가 축제를 어렵게 만드는 잠재적 요인이 된다.
실질적인 추진위원회	축제를 기획·운영하기 위해 결성된 조직 축제를 직접 운영	• 지역민이 만들어 간다는 점에서 의미가 있다.	• 전문성이 부족하다. • 이권에 개입할 가능성이 있다.	• 유급으로 운영되는 경우 : 지속성이 있다. 네트워크가 지역을 기본으로 하기 때문에 전국적인 축제로 격상시키는데 한계가 있다. 모든 것을 지역으로 묶고자 하는 성향이 있다. 중앙과의 소통이 어렵고 지역축제의 한계를 벗어나기 쉽지 않다. 연간 운영비가 부담된다. • 무급으로 운영되는 경우: 조직적인 운영이 어렵다. 참여율이 저조하다. 이권에 개입할 가능성도 존재한다.
형식상의 추진위원회	축제를 기획·운영하기 위해 결성된 조직 대외 홍보 및 자문 역할만 하고 공무원이 운영	• 공무원이 운영하는 관계로 실제 예산 외에 부가적으로 지원받을 수 있는 예산이 크다. • 전 공무원이 참여해 도움을 준다.	• 지속성이 없다. • 전문성이 떨어진다. • 정치적으로 이용되는 경우가 있다. • 관광객의 성향과 요구에 맞지 않는 의전 등의 행사가 중요시되는 경향이 있다.	• 약 80% 이상의 국내 축제가 이런 방식으로 운영된다. • 축제를 이끌어가는 팀장의 소신, 열정, 오픈된 마인드, 개혁적인 추구의 성향에 따라 축제의 흥망성쇠가 결정된다. • 형식적인 전문가의 참여가 아니라 실제적으로 도움이 되는 전문가를 초빙해 자문과 컨설팅을 받으며 축제를 함께 만들어가는 것이 바람직하다.

2) 추진위원회와 재단법인 설립과의 관계

축제 추진위원회는 대다수가 축제의 운영 편의성을 위해 발족된다. 그러나 축제의 근본적인 목적을 다하려면 좀 더 효율적인 운영 방안을 고민해 봐야 할 것이다. 재단법인 설립 역시 정치적 목적을 위한 수단으로 이용하는 단체장이 있다. 또한 독립 재단법인은 단체장과 각을 세우며 대립하는 경우도 있다. 이러한 재단은 제대로 운영되지 못하고 결국 파행의 길을 걸을 것이며 축제 발전을 저해시킨다. 우후죽순 재단을 설립해 축제팀을 운영하거나 축제를 하나의 공연 행사처럼 운영하는 경우가 많다. 공연과 축제에는 큰 차이가 있다는 것을 인식해야 할 것이다.

3) 축제를 실행하는 조직에 대한 분석

공무원이 직접 운영하는 경우에는 축제팀장의 성향에 따라 추가 예산 확보가 가능하고 축제팀의 예산 외에 예술계의 공연비, 건설과의 기반 시설비 등 다양한 명목으로 예산을 추가로 조달할 수 있다. 또한 공신력과 전 공무원의 관심과 인력지원을 받을 수 있다. 그러나 재단으로 업무가 이관되는 순간 추가 예산이 어렵고 타 과의 예산 지원이 어려워진다. 주어진 예산만을 가지고 운영해야 한다. 또한 공무원이 하는 축제가 아니라 재단이 하는 축제라는 인식으로 공무원들의 인력지원이 없어지게 된다. 하지만 축제는 전 공무원과 지역민이 모두 함께 한다는 인식 아래 운영해야 한다. 일괄입찰보다는 분야별 입찰 시스템으로 직접 발주 하는 것이 예산 절감의 효과를 가져 올 수 있다. 기본계획부터 축제 전문가 집단을 구성해 지역민과 함께 만들어 가는 것이 바람직하다고 본다.

축제 재단은 3~5명의 유급의 조직으로서 연속적인 축제 구상과 축제를 기획, 구성, 연출하기 위한 행정 업무를 운영하는 조직이다. 재단의 모든 인력은 글로벌 축제를 운영하기 위한 축제 전문가로서의 입지나 전문 연출 이력에 한계가 있을 것이다. 재단 인력이 연출을 한다고 움직일 경우 그만큼 행정적인 일처리에 문제가 생길 것이다. 그러므로 재단의 인력과 축제 전문 연출팀이 조화롭게 함께 만들어 가는 축제가 바람직할 것이다.

4) 축제 운영체제 분석

축제 운영 방식으로는 △입찰을 통한 대행사 운영 방식 △공무원이 직접 운영하는 방식 △총감독 중심의 운영 방식 △총감독과 선별 입찰 결합 방식 등으로 나눠 볼 수 있다. 그런데 입찰을 통한 대행사 운영 방식은 자생력 확보 측면에서 취약하다. 또한 공무원이 직접 운영한다고 해도 이들 모두가 축제 전문가일 수는 없다. 부족한 부분에 참모를 잘 두어 자문과 컨설팅을 받으며 함께 만들어가는 시스템이 바람직할 것이다. 그런 점에서 풍부한 노하우가 있는 총감독을 선정해 지역민과 함께 만들어 가는 시스템은 추천할 만 하다. 축제의 총감독은 전반적으로 풍부한 노하우를 가지고 있어야 진두지휘 할 수 있다. 총감독의 자질은 CEO 출신으로서 대략 15년 이상의 경륜을 요구한다. 또한 방송, 언론, 기업의 홍보 마케팅, 중앙부처, 학계, 관광, 여행, 업계 등 다양한 분야에서 풍부한 노하우가 있어야 한다. 간혹 공연축제가 아닌 일반 축제에 예술감독을 선정해 실패하는 경우가 있다. 대중적인 작품 연출보다는 예술작품에 대한 애정이 큰 이유라고 본다. 예술감독은 작품성을 위한 축제에 필요하다. 그러나 관광객의 만족도를 높이기 위한 관광산업형 축제에서는 감독 업무가 다르다. 총감독의 업무는 전체적인 기본계획을 수립하는 것이다. 프로그램 계획, 운영 계획, 홍보 계획, 예산 계획을 작성해 검토를 받은 후 전반적으로 실행해야 한다.

입찰을 통한 대행사 운영 방식	1) 축제의 입찰에 있어서 예산의 한계성을 가진다. 박람회나 엑스포는 입찰로 대행사를 선정해 운영하는 시스템이 가능하다. 수백, 수천억 원의 예산이 뒷받침되기 때문이다. 그러나 축제의 예산은 그보다 적은 예산이다. 실제 사용하다보면 예산 부족현상이 벌어진다. 인건비 등을 제대로 주면서 운영할 수 없어 자원 봉사자 등의 봉사 정신으로 이끌어갈 때 작품을 제대로 만들 수 있다. 2) 입찰은 어느 특정한 포인트의 아이템 때문에 선정되기도 한다. 주최자가 원하는 답이나 전반적으로 내용이 좋아서 입찰에 선정되기도 하지만 부족함이 있으나 제출한 제안서에 좋은 내용이 있다고 판단되어 선정되기도 한다. 3) 입찰은 제안서의 내용이나 현실적인 고려보다는 입찰 시스템의 합법화에 따라 선정되는 경향이 있으며 하청에 하청으로 내용은 부실해진다.
총감독 없이 공무원이 운영하는 시스템	공무원이 직접 총감독이 되어 진두지휘하는 시스템은 전문적인 노하우 부족 속에 기본계획을 세우고 각 부서 및 단체에 나누어 주는 시스템으로서 축제를 알차고 조화롭게 진행할 수 없는 한계를 지닌다. 전문 연출팀이 없기에 작품의 연출이 아니라 진행수준으로 진행된다. 전문성의 결여로 예산낭비 및 질적 저하를 가지고 온다. 작품성을 생각한다면 진행이 아닌 연출력을 보강시켜 작품의 질을 높여야 한다. 공무원은 전문연출팀이 연출을 원활하게 할 수 있도록 행정적인 업무를 뒷받침해주어야 한다.
총감독 중심의 운영 방식	총감독을 먼저 선정해 기본계획을 작성하고, 분야별 입찰을 통해 대행사를 선정해 실행한다. 총감독은 비전문가인 공무원을 대신해 대행사를 관리 감독한다. 대행사 선정방법은 두 가지로 나눠 볼 수 있다. 첫째, 일괄로 대행을 맡기는 방법으로 쉽게 운영될 수 있으나 전체의 구성에 한계가 있다. 또 하나는 분야별 직거래 입찰 방법이다. 이는 축제의 질적 상승과 예산 절감을 가능케 한다.

5) 자생력 제고 방안은?

입장료 제도를 통해 자생력을 키워야 한다. 그런데 관광객을 더 늘려야 하는 상황에서 입장료를 받으면 과연 관광객이 찾아올 것인가라는 고민이 생기기 마련이다. 이 고민에 대한 해결책은 입장료가 아깝지 않을 정도로 만족도를 높여 재방문 하고 싶은 프로그램을 구성하는 것이다. 이와 함께 자원봉사 등을 통한 지역민의 참여와 기업의 MOU 체결, 스폰서 유치를 위한 고민을 해야 한다.

제 06 장
대한민국 축제에 대한
45개의 코멘트

사진 출처: 음성군

❶ 축제는 왜 하는 것일까? 축제의 장르는?

축제의 기원은 민속신앙, 제례의식, 대동놀이 등이며 우리는 신앙 중심의 축제, 감사의 의식으로 진행되는 축제, 모두가 함께 어울리는 일탈성의 축제를 통해 축복을 받고 싶어 했고 개인들의 나약한 마음을 민속신앙으로서 이겨 내고자 했다.

또한 감사의 제례와 함께 더 나은 미래를 보상받고 싶어 했다. 전체가 같이 어울림으로써 일체감을 조성하고자 축제를 운영했고 과거에는 지도자의 목적의식에 의해 진행되는 경우도 많았다. 즉 군중 심리를 이용해 정치적으로 통치하기 위해서 축제는 좋은 수단이었을 것이다.

현대에는 산업의 축제로서 전시, 교류, 판매 등의 목적을 가지고 진행해 왔고 지금은 관광, 힐링, 예술, 일탈에서 행복을 누리려는 축제형태로 많이 변화하고 있다. 대한민국의 축제들은 지역의 대동단결에서 시작되어 현재는 관광산업의 형태로서 지역경제의 활성화에 초점을 맞춰 진행하고 있다. 이젠 이벤트성의 축제보다는 관광상품으로 개발해 외부의 관광객을 많이 유치하고 지역경제 활성화에 도움이 될 수 있는 목적을 가지고 진행하고 있다. 이런 현실에서 축제를 준비하는 모든 이들이 시대의 변화에 맞추어 인식 전환이 이루어져야 하는데 시대의 변화 흐름에 늦는 것이 아쉬운 점이다.

축제는 다양한 목적을 가지고 다양한 장르로 진행된다. 장르별로 목적이 다르고 장르별로 특화된 축제가 개최되고 있다. 예를 들면 기념일을 기억하고 축하해 주기 위한 기념식, 신앙으로 진행되는 제례의식, 특화된 전시물로 이루어지는 산업전의 축제, 교류를 목적으로 하는 컨벤션, 지역 특산물을 판매하기 위한 특산물축제, 예술 공연 등으로 구성된 예술축제, 경연대회를 중심으로 이뤄지는 축제, 지역을 활성화하기 위해 만들어 가는 관광산업형 축제 등 여러 목적을 가진 축제들이 있다.

❷ 글로벌 축제를 만들려면 홍보 전략을 세워야 한다

축제 기획에는 전문적인 노하우와 폭 넓은 시야가 필요하다. 비전문가인 담당자가 기본계획을 세우고 부분적으로 입찰을 해 외부 단체에 맡기는 축제는 발전이 없고 결국 실패한 축제로 자리매김한다. 가끔 축제의 전문성이 없는 지역 방송사와 지역 케이블 방송국이 축제 대행권을 수주해 하청에 하청으로 운영하는 경우가 있다.

이러한 축제는 관광객을 위한 축제가 아니라 공연위주의 축제로 관광산업형 축제와는 거리가 멀다. 대한민국 축제의 일부는 관광객의 만족도가 높은 축제가 아니라 '나홀로' 축제라고 본다. 매년 전년도의 축제를 답습하며 일부 프로그램 등의 내용만을 변화시켜 운영되는 축제는 영원히 주최측만의 축제라는 비판에서 벗어날 수가 없다. 축제는 이론이 아닌 현실이다. 현실적인 축제 구성이 아닌 축제는 연속적으로 실패라는 고배를 마시게 된다.

또한 글로벌 축제로 도약하기 위해서는 찾아가는 홍보를 해야 한다. 한국관광공사와의 소통 속에 지원을 받아 축제 관광 상품을 만들고 해외 여행사가 상품에 흥미를 느낄 수 있도록 홍보해야 한다. 해외 여행사와 해외 기자를 초청해 직접 경험하고 느낀 점을 기사화할 수 있도록 해야 한다. 국내 홍보는 예산 대비 효과가 있는 요소에 예산을 배정해 집행한다. 방송사, 신문사 등 언론사 기자들이 관심을 가질만한 이슈를 만드는 한편 SNS 등을 통해 흥미를 끌만한 요소들을 홍보한다. 또한 기업에게 협조를 요청하고 홍보 지원을 받는다.

❸ 그 축제만이 갖는 특화된 체험행사로 구성해야 한다

관광산업형 축제는 공연위주(공연축제 예외)의 구성이 아니다. 그 축제만이 가질 수 있는 특화된 체험행사로 구성되어야 한다. 공연위주로 구성되는 축제는 관광산업형 축제라고 말할 수 없으며 체험형 축제를 원하는 관광객의 외면을 받는다.

엑스포는 수백, 수천억 원의 예산을 가지고 진행하지만 축제는 예산이 적다. 그래서 축제는 지역민이 이권개입 없이 자원봉사 마인드로 참여해 함께 이끌어갈 때 성공적인 축제가 될 수 있다.

현재 대다수의 축제가 스토리텔링적인 존(Zone) 구성의 축제가 아니라 나열식의 축제로 구성되고 체류시간 확보 및 동시간대 인력수용의 태세가 부족하다고 보며 동시간대 1만 명(공연 제외)이 참여해 즐길 수 있는 축제는 거의 없다.

관에서 민으로 넘어가는 축제 대다수가 간섭하는 것을 싫어하며 비용만 지원하고 빠지라고 한다. 이러한 축제는 바로 실패의 축제가 된다. 관에서 집행할 때에는 전 공무원의 인력지원과 행정력 및 다른 부서 등의 예산을 지원받으며 운영된다. 그러나 민에서 단독으로 운영하게되면 인력지원, 예산지원 등의 한계가 있기 때문에 빈약한 축제가 된다. 간섭이라 생각하지 말고 함께 이끌어간다는 마인드가 필요하다.

❹ 축제가 성공하기 위해서는 이러한 것들이 변해야 한다

축제가 성공하기 위해서는 축제를 이끌어가는 실무 책임자나 단체장이 소신 있고 강한 추진력이 있어야 한다. 축제를 이끌어가는 분들은 답습의 축제구성에서 벗어나 개혁적인 추구로 변화를 모색해야 관광객이 원하는 맞춤형 축제로서 만족도를 높일 수가 있다. 또한 전국적으로나 세계적으로 유명한 축제들을 분석하며 행정에서 장인정신의 마인드로 임해 소신을 가지고 이끌어갈 때 축제다운 축제를 만들며 보람을 느낄 수가 있을 것이다. 축제 전문 총감독을 미리 선정해 전문성이 부족한 부분에 대해 자문과 컨설팅을 받으며 기본계획부터 함께 구성하고 지역민이 참여해 함께 만들어가는 축제로 유도하는 것이 바람직하다.

❺ 축제 조직의 운영시스템을 효율적으로 갖춰야 한다

기존의 대한민국 축제는 비전문가인 공무원이 축제 구성을 하고 각 부서로 업무를 나누어주는 방식으로 운영되어 왔다. 이러한 체제는 전체가 한 작품으로 연결성이 없고 비전문가가 업무를 맡은 관계로 공무원들의 시간낭비, 질적저하, 예산낭비 등의 상황이 초래되었다. 현재는 많은 변화를 시도한 끝에 자문위원 구성 및 대행사 체제 또는 총감독 체제로 운영하고 있다.

문화체육관광부에서 민간 조직으로 넘기라는 주문을 오랫동안 해왔지만 많은 어려움이 있다. 관에서 업무를 추진할 때는 본 예산과 공무원의 인력지원, 본 예산 외 타과의 예산지원 등 많은 지원 속에 축제가 이루어질 수 있지만 민간 조직으로 넘어가면 인력지원을 받기 어렵고, 타부서의 예산지원 또한 수월하지 않은 게 현실이다. 또한 유급제로 민간 조직을 운영하기 위한 연간의 운영비 또한 만만치 않기에 현실적으로 어려움이 있다.

민간 조직에서 봉사 성격으로 진행해 왔던 몇몇 축제도 예산의 한계와 이권 개입으로 대다수가 무너지고 있다. 또한 강성의 민간 조직이

있다. 관에서 예산을 지원하면 거기서 끝난 채 간섭하지 말라는 재단·
사단법인 등이 있다. 이러한 조직에서 이끌어가는 축제들 역시 운영상
의 한계를 느끼는 동시에 관과의 갈등을 겪기도 한다. 민간 조직은 본
연의 업무를 집행하고 연출은 전문 조직에 의뢰해야 하는데 민간 조직
이 연출까지 진행하는 곳도 있다. 축제는 지역민이 장기적인 계획 속에
만들어가야 하기 때문에 실은 입찰로 운영될 수도 없고 기획사가 운영
하는 것도 바람직하지 않다. 관광객은 공연만을 보러 오는 것이 아니
라 그 지역에서만 보거나 느낄 수 있는 독특한 문화들을 찾아서
온다. 공연보다는 체험행사에 매료되고 즐거움을 찾으며 다시 오고 싶
은 축제로 자리매김한다.

축제의 궁극적인 목적은 축제를 브랜드화 시켜 지역민에게 자부와 긍
지를 심어주고 많은 관광객을 유치해 얻는 직접적인 소득산출이다. 이
목적을 추진하기 위해서는 민간 조직이 관과 밀접하게 연결해 함께 이
끌어가는 축제가 바람직하다. 최소한의 민간 조직은 위원장(무급), 부
위원장(무급), 사무국장(유급), 과장(유급), 팀장(유급), 간사(유급) 등의 상
설의 사무국과 직능단체 등의 조직구성으로 지속적인 워크숍 속에 자
체적으로 만들어가는 축제가 바람직하다고 생각한다.

❻ 행정의 지원과 전문가의 안목이 성공을 만든다

관광산업형 축제로서 생산적인 축제가 되기 위해서는 전문지식을 가진
축제 전문가들의 도움이 필요하다. 전문성이 결여된 상태에서 연출을
하면 생산적인 축제로 발돋움하는 데에 한계가 있기 마련이다. 공무원
이나 민간 조직(추진위원회, 재단 등)에서는 행정적인 뒷받침을 하고 전
문적인 총감독 및 연출 스태프가 기본 구성부터 함께 만들어가는 축제

가 바람직하다. 예술감독, 공연감독, 영화감독 등의 전문 감독들은 각자 전문 분야에서 작품 연출을 할 수는 있어도 총감독을 하는 것은 고려해야 한다. 축제는 명분과 이론만으로 연출하는 감독보다는 전국의 축제를 꿰뚫는 시야를 가진 감독이 맡아야 한다. 관광, 여행 등의 전문 지식은 물론 국제적이며 개혁적이고 방송, 언론, 중앙부처, 학회, 등 다분야의 인맥과 현장의 이벤트 조직력, 연출력, 운영력, 홍보력 등 풍부한 노하우를 가지고 있는 15년 이상의 경력을 가진 축제 전문 감독이 맡아서 하는 것이 바람직하다. 또한 축제를 구성할 때 옳고 그름이 분명한 마인드를 가진 자만이 답습이 아닌 개혁적이고 생산적인 축제를 만들 수 있다.

❼ 합리화만 맹목적으로 추구하는 운영시스템은 실패한다

우리나라에서 수백억, 수천억 원을 투입해 실행된 축제, 박람회·엑스포 등 대다수 이벤트성의 행사들이 자화자찬 속에 성공했다고 평가를 하지만 실은 실패한 행사로 평가하는 전문가들도 많다. 이러한 행사들의 조직구성을 보면 사전 평가 용역부터 포인트에 맞추어진 허구의 용역에서부터 진행된다. 돈과 인간관계도 중요하지만 소신과 명예를 가지고 진정성 있는 타당성에 대한 용역이 이루어져야 하는데 대다수의 용역사가 소신이나 명예를 잃어버린 행동으로 국비를 낭비하고 있어 아픔을 느낀다.

실행의 조직구성을 보면 화려하다. 그러나 실제로 참여해 도움을 주는 고문, 자문위원은 많지 않다. 보여주기 위한 조직구성, 대외적인 인지도와 주변의 지인으로 구성된 고문, 자문위원 등의 조직위원 이것이 문제라고 본다. 보여주기 식의 조직구성, 보여주기 위한 행사구성, 이런 것들이 성공할 수가 있을까? 정말 도움을 줄 수 있는 인물, 제대로 참여해 자문을 해줄 수 있는 전문가들을 위촉해 현실적인 운영시스템을 갖춰 실행하는 것이 바람직하지 않을까? 기본 구성부터 합리화와 형식에 얽 매여 진행되고 있는 축제들이 과연 진정성은 있는 것일까? 내가 알기로 형식과 합리화에만 맞춘 이러한 축제들은 결과가 거의 좋지 않았다.

지자체에 축제 관련해 자문하러 다니다 보면 형식에 맞춰 서류와 양식 을 만드는데 시간을 거의 소비해 실행업무가 밀리는 경우를 목격하곤 한다. 형식보다는 실행업무가 우선되어야 한다고 본다. 참여하지도 않 고 도움도 주지 않고, 문서형식 속에서 이름만 올려놓는 조직구성에 현 실적인 변화가 요구된다. 이러한 것부터 바꿔야 새로운 형식의 실행계 획서가 나올 것이고 성공적인 축제가 될 수 있을 것이다.

명성만 쫓는 자문위원 구성은 현실과는 동떨어진 운영시스템으로서 축

사진 출처: 제이비 컴즈

제의 발전에 저해된다. 모두가 전문가라고 하는데 잘못된 전문가, 현실이 뒷받침되지 않는 전문가의 조언이 얼마나 도움이 될 수 있을까, 오히려 축제 발전에 저해가 될 수 있다. 잘못된 자문이 축제를 망칠 수 있고 축제의 구성, 운영에 혼돈을 줄 수 있다. 대한민국에서 자문위원으로 활동하고 있는 사람들 중에 제대로 축제를 수행 할 수 있는 자문위원은 소수에 불과하다고 본다.

지자체에서는 특정 자문위원에게 거의 의존하는 경우가 있는데 짧은 식견으로 자문을 하는 관계로 그 축제가 발전하지 못하는 경우가 있다. 그런 모습을 옆에서 지켜보고 있으면 참으로 안타깝다.

지자체에서도 합법화에 따른 형식에 전문 자문위원을 활용하고자 하면 안 된다고 본다. 어떤 경우에는 자문위원으로 참여해 제대로 된 자문과 뭔가 도움이 될 수 있는 자문을 해 주고 싶어도 원하지 않고 짜여진 틀에서 예스맨만을 요구해 답답한 경우가 종종 있다. 이러한 운영시스템으로는 발전하기 힘들다.

자문위원의 선정이나 활용에 있어서 진정성을 가지고 함께 소통하며 만들어 가는 축제가 되어야 할 것이다.

❽ 지역단체에 나누어 주기 식 축제 운영은 실패의 길이다

대한민국 축제들을 스케치하다 보면 대다수 축제에 불필요한 프로그램들이 있다. 이 경우는 거의 단체장의 선심성이나 지역단체에 나누어주기 식으로 예산이 배분되어 구성된 프로그램이다. 전체예산을 배분하다 보면 예산은 많은데 사용할 수 있는 예산은 없는 경우가 있다.

왜 이런 상황이 생기는 것일까?

선심성이나 배분형식으로 지역에 예산 배정을 나눠주다 보면 새로운 프로그램에 배정할 예산이 부족하게 된다. 기존 예산을 삭감하거나 줄인다면 기존 단체들이 난리법석이다. 담당자에게 찾아와 옷을 벗긴다는 협박을 하고 바로 단체장에게 찾아가서 항의하는 사태가 벌어진다. 이러한 축제는 새로운 변화의 계기를 만들지 못한다면 절대로 성공할 수가 없다. 차라리 없애고 새로운 축제를 다시 만들어 새로운 구성, 운영방식을 택하는 것이 바람직하다.

단체장이 표를 의식한 배분예산, 목소리 큰 단체에게 배분된 예산, 목소리 큰 사람이 예산을 많이 받아 가는 시스템의 축제, 이러한 축제는 발전이 없다. 프로그램 구성, 운영방식에 따라 예산이 배정되어야지 단체에게 끌려 다니며 배정되는 예산의 운영방식에서는 그 축제의 콘텐츠를 절대로 만들어 낼 수 없다. 담당자는 힘들겠지만 소신을 가지고 개혁적인 변화를 시도할 때 사랑 받는 축제로 만들 수 있을 것이다. 어느 축제는 단체장의 지시에 따라 내용과 관계없이 프로그램이 구성되고 예산이 배정되는 경우가 있다. 이러한 축제 또한 절대로 발전 가능성이 없고 낭비의 축제라고 지탄을 받으며 언젠간 없어질 축제라고 본다.

프로그램의 내용과 상관없이 지역의 각 단체에게 의무적으로 배분되는 예산은 누구를 위한 예산일까? 물론 축제는 지역민이 만들어갈 수 있도록 지원해야 된다. 그러므로 지역단체에서는 콘텐츠와 관련된 프로그램을 제시하고 예산을 배정받아야 한다. 또한 단체의 유지나 수입사업을 목적으로 축제에 참여해서는 안 되고 일부 보조 지원금과 자비를 투자해 함께 만들어갈 수 있는 시스템이 되어야 한다. 지역단체가 지역의 축제발전을 위해 자원봉사 마인드로 함께한다는 인식을 가지고 참여했을 때 그 축제가 발전할 수 있다. 지역민 모두가 나보다는 우리라는 인식의 문화가 형성되었을 때 발전 가능성이 높다. 참여 속에서 다양한 축제 콘텐츠가 만들어지고 여기서 킬러 콘텐츠가 탄생해 모두가 참여하고 싶은 축제 브랜드가 완성되는 것이다.

⑨ 자생력 있는 축제를 만들어야 한다

축제는 적어도 3년 계획 아래 1년 전부터 상품을 판매할 수 있을 때 자생력 있는 축제를 만들 수 있다.

이제는 축제 운영과 실행 부분에서 자생력을 높여야 한다. 그러기 위해서는 상설운영시스템을 가동하고 장기적인 계획으로 진행해야 한다. 또한 브랜드가 정착되어 관광객들이 내년의 축제를 기다리게 해야 한다. 상품 가치가 높은 축제는 입장권을 발매하는 순간, 수용 입장객의 한계가 있는 관계로 바로 매진되는 경우가 있다. 이 정도로 축제의 가치를 높여야 한다.

세계적으로 성공한 축제들 중에 인기 있는 축제들은 입장권 발매를 시작하자마자 바로 매진되는 경우가 많다. 우리의 축제도 이러한 구성, 운영, 연출에 대한 시스템을 갖출 수 있도록 해야 할 것이다. 대한민국에서 예술 축제를 제외한 축제는 기본구성 등이 1년 전에 끝나는 경우는 거의 없다. 몇 개월을 앞두고 조직구성이 되어 실행에 들어가는 경우가 많다.

그리고 매년 입찰을 해서 매번 바뀌는 대행사 체제로 운영하는 방식도 문제가 많다. 늦게 준비하는 축제는 관광 상품을 만들 수 없다. 축제는 산업이다. 관광 상품을 만들어 판매할 수 있어야 한다. 각 여행사와 제휴해 많은 관광객을 유치해야 한다. 축제와 지역관광을 연계한 상품을 개발해 판매해야 할 것이다. 주변의 지자체나 대한민국의 여행상품을 연계해 해외 관광 상품으로 판매 하는 것도 모색해 나가야 한다. 적어도 3년의 축제기획의 테마를 정해 계획을 실행해야 한다. 또한 1년 전에는 행사계획안이 정해져서 실행에 들어가야 할 것이다. 다음 해의 관광 상품도 미리 1년 전에 구성해 할인판매로 분위기를 조성해야 할 것이다. 이러한 시스템으로 자생력 있는 축제를 만든다면 생산력이 높은 축제로 자리매김 할 수 있고 더 나아가 사계절 축제의 도시, 관광도시로 만들 수 있다.

우리나라에서는 축제 무료입장이 습관화되어 있다. 엑스포나 전시회 등에서는 입장료 받는 것을 당연하다고 생각하면서 축제장에서 입장료를 받으면 불만을 가진다. 우리는 이 인식부터 바꿔야 한다. 자생력 없는 축제는 공익의 축제를 빼고는 낭비의 축제라고 지탄을 받는다. 물론 가치를 높여 지역경제의 활성화에 도움을 주는 축제도 있다. 하지만 경쟁력 있는 축제를 위해, 자생력 있는 축제를 만들기 위해 입장료 체제는 필수 조건이라고 본다.

축제의 입장료 체제에서 가능할까라는 두려움보다는 도전 속에 축제의 가치를 높이는데 심혈을 기울여야 한다. 입장료가 비싸더라도 그만큼의 가치가 있다면 누구라도 입장료 구입에 지갑을 열 것이며 가치 이상의 만족감으로 불만이 없을 것이다. 문제는 축제의 가치가 낮아 입장료가 아깝다는 불만이 나왔을 때이다. 그러므로 가치를 높이기 위해서는 상설조직 운영시스템이 필요하다. 프로그램 또한 1년 이상의 계획과 상품판매에 심혈을 기울여야 한다. 상품의 판매에서는 킬러 콘텐츠와 체험행사, 주변 관광 연계 등과 함께 먹거리와 숙박에 대한 연계가 아주 중요하다. 우리는 숙박과 관광을 연계한 상품 판매 방식으로 돌파구를 찾아 구성하고 운영해야 할 것이다. 또한 축제의 가치를 높여 기업의 참여율도 높여 가야 할 것이다. 기업에게 상생에 함께 동참한다는 인식을 심어 주는 것이 좋다.

❿ 관광객 집객 인원 산출이 현실화 되어야 한다

현재 대한민국 축제에서 관광객 수에 대한 기사나 평가가 일부 허구로 진행되고 있다. 집객 인원에 대한 정확한 수치가 나와야 그 인원에 맞게 프로그램 구성과 편의시설 등을 구성할 수가 있다. 이 책에서는 정확한 수치통계는 아니지만 수십 년 동안 집객 인원 수치를 내본 경험으로 추정치를 적은 것이니 참고하길 바란다.

대도시 내의 축제에서는 관광객들이 거의 대중교통을 이용해 참여하므로 주차장 구역으로 인원 통계를 내서 집객 인원을 평가하는 것은 어렵다. 그러나 관광산업형 축제를 도모하고 있는 지방 시·군에서는 주차장으로 인원을 계산한다면 대략적으로 맞을 것이다. 우리나라의 경우 축제기간 동안 10만 명이 참여하면 매우 성공한 축제라고 볼 수 있다. 특히 20만 명이 다녀갔을 땐 메이저 축제로도 손색이 없다. 관광산업형 축제의 경우 5만 명을 유치하지 못하는 축제가 대다수인 실정이다.

지방에서 개최되는 축제에는 대부분 개인차량 또는 관광버스를 이용해 참여한다. 그러나 일반 축제에서는 관광버스를 거의 볼 수 없는 것이 현실이다. 하루 관람시간을 오전 10시에서 오후 9시까지로 설정하고 관광객이 보통 4~6시간 머문다고 가정해 2.5배 정도 교체된다고 예상한다. 1,000대가 수용 가능한 주차장이 있다면 4인승 기준으로 4,000명에 회전률 2.5배로 계산, 1일 1만 명 수용이 가능하다고 보면 된다. 축제의 브랜드에 따라 편차가 있겠지만 관광버스의 기준은 주차장 구역에 1.5배 정도로 계산한다면 대략 맞을 것이다.

평일은 휴일에 비해 관광객 수가 많이 적어 휴일 기준 20%의 관광객 유치도 어렵다. 가령 승용차 기준 2,000대의 주차장을 확보하고 1일 2

만 명을 수용할 수 있다고 가정하면 평일의 관람객은 약 4천 명 정도 참여한다고 본다. 축제 기간 4일을 기준으로 집객 인원을 계산하면 평일 4천 명씩 2일간 8천 명, 주말 2만 명씩 2일간 4만 명으로 계산, 약 5만 명의 관광객을 유치했다고 예상한다.

주차장 2,000대 수용 능력으로 계산했을 때 이런 결과 나오는 것이고 수용 능력이 적어지면 수치는 더 내려간다. 평일에는 휴일보다 20% 이하로 내려가는 경우가 보편적이다. 예외로 함평이나 고성공룡엑스포 등 유치원과 학생 단체 관광객이 즐길 수 있는 축제들은 평일에도 많은 관광객을 유치할 수 있으나 그 밖의 축제는 어렵다. 고성공룡엑스포의 경우 넓은 행사장과 주차장을 확보하고 있기 때문에 1일 평균 관광객이 평일 약 8천 명 정도, 주말은 2만~3만 명이 입장권을 구입한다. 그러

사진 출처: 제이비 컴즈

나 대다수 다른 축제들은 고성공룡엑스포의 데이터보다 더 적은 통계 결과가 나올 것이다.

축제 프로그램 구성을 할 때 관광객이 참여할 수 있는 수용 인원을 고민한 후 구성해야 한다. 1일 2만 명을 수용 기준으로 정했으면 적어도 동 시간대에 1만 명이 활동할 수 있는 공간 구성을 해야 한다. 예를 들면 무대 공간 1천 명, 프리이벤트 참여 2천 명, 전시관 1천 명, 체험행사 2천 명, 일반부스 1천 명, 식당 1천 명, 주변 볼거리 및 이동 2천 명으로 계산해 구성할 수 있다. 축제장에서 동시간대에 1천 명이 식사할 수 있는 축제는 많지 않다. 2,000대 수용 능력을 갖춘 주차장을 보유한 축제도 거의 없다. 그런 축제에서 축제구성과 인원통계는 허구가 많다고 볼 수 있다. 집객 인원의 통계가 정확히 나와야 축제장의 주차, 편의 시설 등을 제대로 구성할 수 있다. 또한 참여 인원을 고려해 프로그램을 구성할 수 있다.

축제의 내용에 따라 외지인의 비율의 차이가 크다. 어떤 축제는 지역민의 참여율이 10% 미만으로 저조한 축제가 있고, 어떤 축제는 지역민만 90% 이상으로 관광산업형 축제라고 말하기 힘든 축제도 있다. 관광산업형 축제라면 지역민 60%, 외지인 40% 이상이 참여해야 한다. 외지인의 참여율도 높을수록 좋지만 지역민이 참여하지 않는 축제는 성공 가능성이 낮다. 지역민의 참여가 높은 상태에서 외지인의 참여율이 점점 높아지면 관광객 수치가 올라가는 것이라고 판단할 수 있고 가장 이상적인 모습이다.

⑪ 축제를 키우려면 용역 방식부터 변경해야 한다

축제는 어떻게 구성하는 것이 바람직할까?

공연위주에서 탈피해 주제와 어울리는 스토리텔링적인 체험행사를 구성, 연출하는 것이 성공하는 길이다. 관광객은 공연을 보러 오지 않는다. 관광객은 참여하고 즐길 수 있는 그 축제만의 특별한 콘텐츠를 찾는다.

또한 대행사 선정에서 일괄입찰 방식보다는 분리 발주 위주로 진행해 지역민의 참여를 높여야 한다. 축제의 일괄입찰은 지역에 남는 것이 없다. 부분적인 내용은 고품질이 될 수 있으나 전체적으로는 내용이 빈약하고, 지역의 인프라 구성이 되지 않는다. 장기적으로 지역민이 참여해 함께 만들어 가는 시스템을 갖춰야 한다.

대행사의 선정 방법을 바꾸고 자문과 컨설팅을 받으며 함께 만들어가는 것이 바람직하다. 축제는 사람이 하는 것이다. 제안서도 중요하지만 자문위원의 풍부한 노하우와 추진력, 작품력, 운영력, 섭외력 등과 장인정신의 마인드를 가진 자문위원이 필요하다. 재무제표는 자격 요건으로 평가 수단일 뿐 재무제표가 성공적인 축제로 만들어 주지 않는다. 또한 저가의 평가점수 기준은 실패로 가는 지름길이다.

⑫ 입찰을 분산해 직거래하라

대행사, 연출팀, 참여업체, 공연, 음향, 조명, 영상, 중계, 발전차, 텐트, 의자, 홍보대행사 등의 선정 방법을 고려해야 한다. 입찰은 부분적으로 분산해 직거래하는 방식이 원가를 절감하고 질적 상승의 효과를 가져온다. 분리입찰은 총감독 등 전문 연출 스태프가 있을 때 가능하다.
• 연출팀: 인물론, 기획력, 작품력, 장인정신, 섭외력, 인맥 등을 보고 선정
• 대행사: 행사 진행 역량 고려해 선정
• 참여업체: 질적인 수준, 마인드 등을 고려해 선정

- 공연: 주제와 어울리는 작품과 마인드 등을 고려해 선정
- 시스템: 감독, 스태프, 기자재, 마인드 등을 고려해 선정
- 홍보대행사: 콘텐츠 역량, 섭외력, 마인드 등을 고려해 선정

⑬ 지역의 학교, 기업, 단체 등을 최대한 참여시켜라

이권 다툼의 축제는 실패하고 만다. 자원봉사의 마음으로 참여하는데 의미를 부여해야 한다. 지역민이 1년 동안 함께 만들어가며 축제를 기다리는 분위기를 형성해야 한다. 유치원, 초등학교, 중학교, 고등학교, 대학교, 사회단체, 기업, 읍/면/동 등으로부터 참여를 유도해야 한다. 장기적인 워크숍으로 마인드의 변화를 유도하고 전문가를 양성해야 한다.

⑭ 축제 담당자들의 근무 기간을 연장해 전문성을 갖추어 보자

축제를 이끌어가는 사람들은 전국을 보는 시야와 국제적인 마인드를 가져야 한다. 즉 ①열정 ②소신 ③개혁적인 추구 ④오픈된 마인드가 필요하다. 이와함께 전문적인 노하우가 필요하다. 축제 담당자들을 자주 인사이동 시키는 것은 축제의 발전을 저하시키는 일이다. 적어도 인재를 양성했으면 5년 이상은 활용해야 한다고 본다.

또한 축제는 즐기는 분들이 담당을 해야 한다. 축제 부서는 일이 많아 기피대상 부서인 만큼 공로에 따라 보상과 격려를 해 주어야 한다. 천안흥타령 10년, 이천쌀축제 10년 이상, 화천산천어축제 등 1회부터 현재까지 담당자가 바뀌지 않고 업무를 하고 있는 지자체들에게 박수를 보낸다.

⑮ 축제의 시기에 대한 고민도 한번 해보자

봄-5월(겨울의 이탈), 여름-8월(휴가), 가을-10월(특산물), 겨울-1월 (집의 탈출) 등 특정 달에만 집중된 축제시기에 대해 함께 고민해 볼 필요가 있다. 축제를 사계절 축제로 전환하거나 비수기를 최대한 활용하라.

⑯ 조직체의 구성을 효율화하자

우선 ①축제 전문팀 구성 ②상설기구 구성 등 2개의 안이 있다. 관-위원회-축제 재(사)단-문화센터로 이어지는 업무 체계의 경우 재단이나 문화센터 축제팀으로 축제 업무가 이관되었다고 해서 관에서 업무를 관리만 한다면 그 축제의 발전은 없다.

재단이나 센터 축제 전담팀이 있어 업무에 대한 지속성이 있는 것은 바람직하다. 그러나 주어진 예산과 합법화라는 미명 아래 그 틀에 따라 움직이기 때문에 진취적인 업무는 어렵다. 관과 민이 함께 만들어야 성공한 축제로 갈 수가 있을 것이다. 특히, 조직이 형식적인 구성에서 벗어나 전문가로 구성되어야 업무의 능률이 생긴다.

또한 운영 주최 인원은 최소한 5명(총괄팀장, 기획팀, 시설팀, 관리팀, 총무팀) 정도 필요하다.

⑰ 축제 담당 공무원 워크숍도 달라져야 한다

현재 축제의 관심도가 높은 만큼 여러 기관에서 축제 강의 및 워크숍을 진행한다. 문화체육관광부에서도 20여 년 동안 문화체육관광산업형 축제로 선정된 지자체 위주로 1박2일 워크숍을 진행한다. 하지만 그 내용을 보면 거의 20여 년 동안 변함없이 같은 진행을 하고 있다.

축제에 대한 정책 안내 이러한 것들은 기본적으로 중요한 사항이나 토론의 장, 성공 사례 발표, 축제에 대한 이론 강의 등은 현실성이 없이 진행되어 왔다.

조를 나누어 토론은 하지만 축제에 대한 관념과 노하우 부족으로 인해 매년 뜬구름 잡기 식의 토론으로 가치가 떨어졌고 관심도가 낮았다. 성공 사례 발표 시 등급이 올라갔다고 성공한 축제라고 하는데 이 평가에도 문제가 많다. 축제의 가치가 정착도 되지 않은 축제가 성공한 축제라니, 그보다는 더 실리적으로 성공한 축제에 대한 강의, 좀 더 현실적인 성공사례 발표가 필요했다. 정보교환을 한다는 의미에서는 좋지만 축제 전문 강사를 초빙해 강의하는 것에서도 현실성이 부족하고, 짧은 기간이지만 타 행사의 성공사례나 이론적인 강의보다는 실제 업무에 도움이 되는 강의 구성이 좋지 않을까 싶다. 전국 축제 관계자들에게 글로벌 축제로 진출하는데 도움을 주는 워크숍이 되어야 한다고 생각한다.

그 밖에도 여러 기관에서 축제 관련 강의를 하는데 좀 더 축제 관계자들이 실무에 도움을 얻을 수 있도록 강사를 구성해 운영하는 것이 바람직해 보인다. 워크숍이나 축제의 교육 운영에서도 현실적인 교육일정 아래 실무에 강한 강사를 섭외해 운영하는 것이 바람직할 것이다. 대다수 교육 일정을 보면 아쉬운 점이 많다.

관광산업의 축제를 위해서는 관광·여행을 비롯 축제 실무에서 기획, 운영, 제작, 홍보, 예산편성, 섭외, 연출 등 다양한 실무를 처리할 수 있는 역량이 필요하다. 즉, 추상적이고 현실과 맞지 않은 이론적 강의는 가능한 배제하고 직접 도움이 될 수 있는 내용으로 이루어져야 한다고 본다. 이론과 실무가 겸비된 전문가들로 구성된 강사진이 필요하고 추상적인 강의보다는 현실적으로 와 닿는 강의가 필요하다.

⑱ 10분 스케치하면 '문화관광축제' 가능성을 점칠 수 있다

20여 년 동안 축제 현장을 총괄 진두지휘하며 축제를 연구·분석하다 보니 나름대로 축제에 대한 현실적인 분석을 정확히 하게 되었다. 또한 세계적으로 성공한 축제와 비교 분석을 하다 보니 축제 구성, 운영, 연출에 대해 한 단계 더 현실적인 평가를 하게 된 것 같다. 나름대로 평가 기준이 생긴 것인데 가능하면 주관적인 평가가 아닌 객관적인 평가를 하려고 항상 노력한다.

나는 지난 20여 년 동안 매년 150여 곳의 지자체와 축제 현장을 방문하며 축제를 담당하는 분들에 대한 마인드를 읽게 되었다. 총감독을 맡아 수백 회의 축제를 현장에서 진두지휘 하다 보니 기본계획, 행사계획, 운영계획, 홍보계획, 예산계획 등 전반적인 실무에 대해 현실적인 분석을 하게 되었다.

전 세계적으로 성공한 축제와 대한민국 축제 현장을 직접 방문해 비교 분석하며 스케치하다 보니 축제에 대한 수준이 보이고 발전가능성에 대한 분석을 빠르게 할 수 있었다. 즉, 운영자들의 마음을 읽게 되고 축제 구성, 운영에 대한 분석과 평가를 할 수 있게 된 것이다. 축제를 담당하는 공무원과 5분만 대화를 해보면 축제에 임하는 마인드를 읽을 수 있고 그 마인드 속에는 축제의 가치가 드러난다. 그만큼 축제를 실행함에 있어 축제 담당자들이 축제에 임하는 마인드가 아주 중요하다. 아니 축제의 성공요소는 축제 담당자들의 마인드에 따라 이미 정해져 있다고 봐도 과언이 아니다. 축제 담당자의 소신, 열정, 변화 욕구, 오픈된 마인드, 축제 인력의 자질 및 조직 구성이 축제 담당자의 마인드에 따라 결정되기 때문이다.

축제에 대한 기본계획서나 실행계획서, 조직구성 등을 5분만 스케치해보면 나름대로 성공가능성을 80% 가량 짐작할 수 있다. 그리고 축제 현장을 1시간 정도 스케치해 보면 축제 가치를 90% 정도 평가할 수 있다. 그리고 문화체육관광부 지정 축제에 대한 등급이 나름대로 정해진다고 본다.

그 밖의 10%는 미처 보지 못한 내용이거나 축제 외부에서 지원하는 변수로 이에 따라 등급이 달라질 수는 있을 것이다. 그러나 냉정하게 말하면 이 몇 가지만 잠깐 스케치해보면 축제에 대해서는 거의 분석이 끝난다. 이는 오랫동안 축제에 대해 탐구해온 이론과, 현장을 다니며 쌓아올린 축제 구성·운영·연출 등의 풍부한 노하우를 겸비한 덕분이 아닌가 생각한다.

⑲ 5년이면 경쟁력 있는 대한민국 메이저 축제를 만들 수 있다

나는 지난 30여 년 동안 다양한 이벤트들을 총괄해 왔다. 또한 20여 년 동안 현장에서 축제를 총괄 감독하며 매년 150여 곳의 지자체를 방문하고 현장에서 축제를 스케치 하며 분석과 연구를 해왔다. 서당개 3년이면 풍월을 읊는다는 속담처럼 오랫동안 축제를 직·간접으로 참여해 진두지휘하며 연구, 분석을 하다 보니 생각보다는 몸이 먼저 반응하는 것을 느낀다. 대략적인 스케치만으로도 이 축제가 발전할 수 있는 축제라는 평가, 변화가 시도되지 않는다면 발전성이 없는 축제라는 평가 등이 나온다.

오랫동안 국내와 해외의 축제들을 분석하면서 우리만의 문화에 걸맞는 축제를 구성, 운영하고 문화의식을 높여서 글로벌 축제로 도약해야 한다고 생각해왔다.

메이저 축제가 되려면 축제에도 보이지 않는 기본 법칙이 있다. 그러나 거의 대다수가 그 법칙이 보이지 않는지 아니면 상황이 되지 않아 시도를 못하거나 외면하는 것인지 모르겠다.

메이저 축제, 더 나아가 글로벌 축제로 도약하기 위해서 보이지 않는 그 룰에 대한 포인트를 착실히 수행해 나간다면 대다수 축제가 가능성이 있다.

축제는 문화와 역사, 즉 지역의 인프라가 형성되어야 발전할 수 있다. 그 문화와 인프라 형성도 5년이면 가능하기에 5년 정도면 대한민국 메이저 축제로 도약할 수가 있다고 생각한다. 5년 만에 경쟁력 있는 메이저 축제를 만드는데 다음의 몇 가지 전제 조건이 있다.

첫째, 전체 프로그램을 기획, 구성, 연출하는데 있어 지역민이 참여해 운영할 수 있도록 프로그램을 배분해 육성한다. 예산은 약간의 보조금과 자체 부담금을 사용하며 참여 의식을 가지고 할 수 있도록 유도하고 문화의식을 높여 지역 인프라를 육성해 가는 것이다. 주최 측에서는 수시로 자문과 컨설팅을 통해 함께 만들어가는 축제의 이미지를 심어준다. 매년 축제완료 후 성과에 대한 분석과 시상을 함으로써 자부심과 의욕을 고조시킨다. 관내에 있는 유치원, 초등학교, 중, 고, 대학교, 기업, 사회단체 등 모두가 참여하도록 유도한다.

둘째, 낭비요소를 줄이고 현실적인 홍보를 해야 한다. 예를 들면 지역 언론사에 배분하는 예산과 지역에 현수막, 광고탑 등의 예산은 줄이고 전국적인 방송이나 온라인 홍보 등에 심혈을 기울여야 한다. 지역민 모두를 홍보대사로 만드는 방법으로 모색해야 한다.

셋째, 관, 민, 단체 등 모두가 참여해 소통이 될 수 있는 운영 조직체를 갖추어야 한다. 총괄 관장하는 기획단에서 분과별 관, 민, 단체, 기업이 참여해 소통할 수 있는 조직체를 구성해 운영하는 것이다.

넷째, 참여 관계자들에게 워크숍을 통해 축제를 함께 운영해야 하는 타당성과 자부심과 긍지를 심어주고 할 수 있다는 자신감과 비전을 제시해줘야 한다. 하고자 하는 의욕을 북돋아 준다. 축제를 어떻게 참여하고 어떻게 실행해야 하는지에 대한 직무교육도 함께해야 한다.

다섯째, 참여 단체들 간에 평가를 통해 경쟁을 유도하고 경쟁을 통해 우수참가자에게는 상을 그리고 부족한 팀에게는 격려를 함으로써 그 다음에 더 잘해야겠다는 의욕을 심어줘야 한다.

이러한 운영시스템이 갖춰지려면 1~2년은 어려움은 있지만 3년이 되면 어느 정도 정착이 될 것이고 그 다음 2년 동안에 발전 속도를 높여 메이저 축제로 만들어 갈 수 있을 것이다.

⑳ 대한민국에서 배정된 축제예산은 어떻게 구성하고 있을까?

축제는 지역민이 중심이 되어 진행해야 한다. 성공한 축제 사례를 살펴보면 대다수가 지역민이 중심이 되어 운영하고 있는 축제들이 성공하고 있다. 그 이유는 무엇일까? 지역민이 축제에 대한 관심을 가지고 참여하며 이끌어가고 있기 때문이다.

대한민국의 축제는 어떠한가? 오랫동안 이어온 전통 축제라기보다는 인스턴트 식으로 급하게 만들어진 축제들이 대다수이다. 지역의 인프라보다는 이벤트성의 축제로 급조한 축제라서 지역문화가 따라가지 못한 현상에서 온 것이라고도 볼 수 있다. 또한 주최, 운영 자체를 위탁 방식으로 운영한 점에서도 문제를 찾을 수가 있다.

가령 10억 원의 예산을 배정하게 되면 기반시설 10%, 시스템 15%, 외부공연 20%, 홍보 15%, 설치물 15%, 전시물 10%, 환경시설 5%, 식권·운영비 외 10%로 편성해 운영하는 것이 보편적이다. 공연예술 축제가 아닌 일반 축제에서의 예산 편성은 가능한 기반시설이 있는 지역을 활용해 5% 이내의 예산을 배정한다. 시스템도 굳이 퀄리티를 높게 책정할 것 없이 8%선으로 낮추고 외부공연 부분은 지역 공연으로 유도하고 퍼포먼스 등에 집중해 10% 이내의 예산으로 줄여야 한다. 인지도가 낮은 축제이거나 이제 막 시작한 축제는 홍보에 예산을 집중으로 배정해야 하지만 가치가 높아지면 5% 이내로 줄여야 한다. 설치물에 대해서는 대대적으로 줄여 5% 이내의 편성, 전시물 또한 중요한 것만 처리해 5% 이내의 예산 배정, 환경시설 5%, 식권·운영비 등도 자원봉사 성격으로 참여를 유도해 5% 내에서 처리해 예산절감이 이루어질 때 성공한 축제로 자리매김 할 수 있다.

세계적으로 유명한 태국의 송크란축제는 수백만 명이 참여하지만 기반시설, 외부공연, 홍보물, 전시물, 환경시설 전반에 예산의 10%도 배정하지 않는다. 일본의 유명한 마쓰리(축제)들의 예산 편성을 분석해 보면 우리 예산의 30% 이내에서 축제가 거의 이루어지고 있다. 즉 성공한 축제들은 대행사가 아닌 지역민의 참여 속에 만들어지고 그 명성으로 이끌어가고 있기에 가능하다. 우리나라도 지역 인프라를 육성하고 그와 같은 축제 문화가 정착된다면 가능할 것이며 그 시대를 기다리며 노력해야한다.

㉑ 관광산업형 축제로 변화해야 사랑받는 축제가 된다

우리는 지금 다양한 이벤트 세상 속에서 살아가고 있다. 이벤트의 영어 사전 상의 뜻은 사건이다. 즉 사건을 하나의 이슈로 만들어 즐겁게 실행하는 것을 이벤트라 할 수 있는 것이 아닐까? 이벤트가 지속적으로 실행되는 것과 사랑 받는 것에는 한계가 있다. 경쟁구도의 이벤트는 경기결과라는 것이 있기에 지속적인 가능성이 있을 것이다.

축제는 그 축제만의 콘텐츠를 구성해야 성공할 수 있다. 가장 중요한 것은 그 축제만의 고유한 킬러 콘텐츠이다. 킬러 콘텐츠가 없는 축제는 이슈가 약해서 높은 가치와 외부인의 관심과 주목을 받지 못한다. 관심을 못 받은 상황에서는 공연·전시 등의 이벤트 전시형 축제를 통해 주목받으려고 노력하지만 쉽지 않다. 일탈을 할 수 있는 대형 체험행사 등을 개최할 때 사람들의 관심을 받을 수 있다. 관광산업형 축제라면 이러한 축제 체험 등을 통해 외부 관광객을 늘리고 브랜드의 가치를 높이며 지역경제 활성화에 도움이 되어야 한다. 이벤트 축제관광여행, 관광에 포인트를 맞추어 함께 구성해 가야 할 것이다. 그러기 위해서는 축제 관광 상품을 만들어 판매할 수 있도록 하며 이러한 축제 상품의 가치가 높아 질 때 그 축제는 관광산업의 축제로서 정착되는 것이다.

㉒ 담당자가 열정이 없으면 축제는 발전이 없다

오래 전 대다수의 지자체를 방문해서 많은 축제 담당자들을 만나보고 느낀 것은 축제에 대한 열정이 많지 않다는 아쉬움이었다. 주어진 업무 중 하나라고만 생각해 전년도 축제에서 몇 가지만 수정하고 나머지는 답습해 실행하는 체제가 대다수였다. 그러나 20여 년의 세월이 흐른 지금은 축제에도 많은 변화가 이루어졌고 축제를 담당하는 분들에게서도 열정을 엿볼 수가 있다. 그리고 이런 열정으로 똘똘 뭉쳐진 축제는 많은 변화와 함께 타 축제보다 빠르게 생산적인 축제로 만들어지고 있다. 매우 고무적인 일이다.

그러나 이렇게 열정에 힘입어 발전되고 있는 상황에서 새로운 담당자가 부임함에 따라 축제가 보람도 없이 다시 원점으로 돌아가는 모습을 옆에서 지켜보노라면 숨이 막힌다. 대다수 축제가 아직도 축제에 대한 소신과 열정보다는 행정적인 업무 처리로 이뤄져 합법화라는 명분 아래 쉽게 진행할 수 있는 입찰제도로 운영하고 있다.

축제는 지역민이 만들어 간다. 입찰율이 높을수록 지역민의 참여율은 저조하고 지역 인프라는 형성이 어려워진다. 결국은 이벤트성의 축제로 진행하다가 파산으로 가는 경우도 생긴다. 이런 담당자의 마인드는 축제에 대한 성과보다는 행정과 합법화를 우선시한다. 결론은 현실적인 축제 운영에 대해서는 외면하고 책임만 면하는 마인드 즉 책임 회피성 마인드로 진행하는 관계로, 축제의 성공에는 관심이 없는 스타일이라고 볼 수 있다.

축제는 지역민이 만들어가는 시스템이 바람직하지만 쉬운 일은 아니다. 지역민이 만들어가기 위한 문화나 인프라 구성이 되어 있지 않기에 관에서는 지역 인프라를 육성하기 위한 장기적인 시간 계획을 세우고 함께 만들어갈 수 있는 체제를 육성해야 한다. 축제를 담당한다면 바쁜 시간 속에서도 전국의 축제를 벤치마킹하러 다니면서 축제에 대한 분석을 하고 축제 관계자들과 네트워크를 형성해 항상 자문과 소통이 되는 체제를 만들어가야 그 축제를 발전시킬 수 있을 것이다. 전 세계의 축제 흐름과 자신이 진행하고 있는 축제에 대한 분석 속에서 나가야 할 방향을 세워 운영해야 한다.

그리고 축제에 대한 기본 지식을 가지고 새롭게 추진할 수 있는 소신이 있어야 한다. 내가 맡은 축제의 가치를 이해하고 도약을 위해 축제에 대한 분석을 추진해 가야 할 것이다. 이러한 열정이 없다면 그 축제의 발전은 도약하기 힘들 것이다. 항상 현실에 맞는 축제로의 개혁이 필요하다. 또한 많은 관계자에게 귀를 기울일 수 있는 오픈 마인드가 필요하다.

㉓ 문화체육관광부 지정 축제는 '로또' 인가?

문화체육관광부에서는 대한민국의 축제 중에서 가치가 있는 축제를 선정하고 육성해 경쟁력 있는 축제를 만들고자 매년 축제를 선정해 발표한다.

2014년 12월의 어느 날, 2015년 문화체육관광부 지정 축제를 선정하는 과정에서 있을 수 없는 사건이 발생했다. 축제가 '로또'처럼 선정된 것이다.

전국의 지자체에서는 문화체육관광부 지정 축제에 진입하고자 단체장이나 축제 담당공무원들이 노력한다. 그 일환으로 축제의 가치를 높이기 위해 심혈을 기울인다. 1년을 달려온 축제에 대해 평가를 받는 만큼 모두가 성실하게 준비를 한다.

신청을 하는 시·군의 단체장, 담당 시·군민들의 열정이 모두 담겨져 있는 축제를 평가 받는 자리에서 제대로 평가 받지 못한다면 얼마나 억울하고 허무할까?

매년 선정되는 축제들을 보면 축제의 절대적인 가치보다는 지역 내 균등 배분에 의해 좌우되는 경우가 있다. 이것 또한 문제다. 단도직입적으로 말해 가치가 있는 축제만이 선정되어야 하고 진정한 축제 선정은 축제의 결과에 의해 공정하게 이루어져야 한다. 그런데 이를 지켜보는 관계자 중에는 매년 축제 선정의 공정성에 대해 의문을 갖는 경우가 있다. 가끔 가치나 경쟁력이 없는 축제들이 문화체육관광부 지정 축제로 선정된다고 생각하기 때문이다.

문화체육관광부 지정 축제는 매년 12월 24일경 심사를 해 발표를 한다. 2014년에도 선정 기준에 따라 평가가 끝나고 발표되기 전에 있을 수 없는 사건이 벌어진 것이다. 선정과정 및 결과에 불만을 가진 관계자가 문화체육관광부 장관실과 감사실 등에 지속적으로 전화를 걸어 문제 제기를 하자 결국 장관이 재평가를 하라는 지침을 내려 축제 선정을 재평가하게 되었다.

그 과정에서 축제를 담당하는 부서에서는 선정위원만을 위촉해 심사를 맡겼고 심사의 방향 등에서 구설수에 오르는 것을 사전에 차단하고자 지침에 대한 것들을 모두 삼가고 위원에게 모든 재량을 주고 맡겼다. 그러나 어떤 기준으로 선정을 한 것인지, 선정위원들의 자질에 대한 것들 모두 의문투성이였다. 있을 수 없는 결과가 나왔기 때문이다. 일반적으로 축제를 평가하는 항목에는 축제 콘텐츠에 대한 평가, 관광객의 만족도, 단체장의 열정, 홍보결과, 교통여건, 편의시설 등 여러 분야의 평가 기준이 있다. 이러한 평가 기준에 맞는 결과를 만들어 내기 위해서는 적어도 5억 원에서 7억 원의 예산이 투입되어야 한다.

그러나 10억 원 규모의 축제들은 탈락하고 2억 원 미만의 축제인 제주도두 오래물축제(3천여만 원), 금강여울축제(5천여만 원), 성북다문화음식축제(8천여만 원), 광산우리밀축제(2억여 원) 등의 축제들이 대다수 선정된 것이다. 평가 항목 기준에 맞춰 평가했다면 나올 수 없는 결과였다. 결국 2014년에 선정된 축제들은 2015년에 모두 탈락됐지만 이제는 이런 축제들이 로또처럼 선정되는 경우는 없어야 된다고 생각한다. 합법화만이 아닌 이론과 실무 경험이 풍부한 평가위원들을 위촉해 제대로 된 평가를 통해 축제를 위해 고생한 실무자들이 가치를 인정받을 수 있도록 해야 한다.

대한민국에서 글로벌 축제로 손꼽을 만한 축제가 있을까? 그 수준의 축제는 다섯 손가락 내로 꼽을 정도라고 본다. 그렇다면 문화체육관광부에서 글로벌 축제를 육성하고자 많은 노력을 하고 있음에도 정착하지 못하는 이유는 무엇일까?

첫째, 축제 정책이 자주 바뀌는 데에서 그 원인을 찾아 볼 수 있다. 이 원인에는 이론적인 접근의 자문과 컨설팅이 한 몫을 했다.

둘째, 대한민국의 축제를 분석해 보면 90% 이상의 축제가 제대로 된 구성, 연출이 되지 못하고 있다. 그 이유는 비전문가가 전체구성을 하면서 새로운 구성이 아니라 전년도 축제를 답습해 약간 바꾸는 수준에서 구성을 하기 때문이다. 또한 대행사에게 부분 입찰로 일을 맡기고

사진 출처: 제이비 컴즈

대행사는 비용을 받은 만큼의 공연, 전시 위주로 실행하기 때문에 문제라고 생각하며 이 과정에서 지역민의 외면을 받는다.

셋째, 축제는 지역의 문화이므로 지역민이 직접 만들고 운영해야 한다. 현재 축제 예산이 부족하기 때문에 지역의 문화 인프라와 자원봉사를 활용하는 방법이 좋다. 전시 행사나 박람회 및 엑스포의 경우는 대행사 체제가 바람직하다. 그러나 축제에 대행사 체제를 도입하면 매년 바뀌는 대행사에 따라 콘셉트에도 변화가 생기고 지역의 인프라를 구성하지 못하기 때문에 정체성이 부족하고 지역민과 관광객에게 외면을 받는 축제로 자리매김할 확률이 높다. 세계적으로 성공한 축제를 분석해보면 대행사 체제로 성공한 축제는 없다. 따라서 대행사 체제 운영으로 일괄입찰을 하는 것이 아니라 가능한 분리 입찰을 해 직거래 하는 방식이 지역의 인프라를 높여주고 유통과정을 줄임으로써 예산절감의 효과를 가져다 줄 수 있다. 직거래를 통해 절약된 예산을 부족한 부분에 투입해 축제를 업그레이드 한다면 효율적인 축제가 될 것이다.

㉕ 어떻게 하면 성공한 축제로 만들어 갈 수 있을까?

첫째, 대한민국의 축제는 전년도의 축제를 답습하는 데에서 벗어나 원점에서부터 다시 시작한다는 마인드로 개혁해야 할 것이다. 또한 소신과 오픈 마인드, 열정을 가지고 전국의 축제와 성공한 세계의 축제를 분석하고 벤치마킹하며 원점부터 전면적으로 개혁적인 변화를 새롭게 시도해야 할 것이다.

둘째, 잦은 인사이동으로 인해 담당자가 자주 바뀌는 축제 업무는 전문성을 가질 수가 없다. 따라서 이론과 실무를 겸비한 전문가를 선정해 자문과 컨설팅을 받으며 원점에서 전반적인 계획을 세우는 것이 바람직하다고 본다.

셋째, 요즈음 축제를 담당하는 많은 분들이 축제에 대해 고민을 하며 새로운 변화를 시도하고 있다. 전문가를 초빙해 총감독으로 선임하고 '함께 만들어가는 축제'로 운영시스템을 정착시키려 하고 있다. 이를 위해 어떤 곳은 관광학이나 문화콘텐츠 석·박사 학위를 가진 이를 채용했지만 현장 경험이 부족해 어려움을 겪기도 했다. 다시 말해 현장 경험이 부족한 상태에서 지휘하는 것은 현실과 동떨어진 구성, 연출을 낳는 원인이 될 수 있다. 또한 축제는 예술작품이나 공연 연출과는 큰 차이가 있다. 예술감독과 공연감독이 축제를 진두지휘해 실패하는 사례에서 알 수 있듯이 예술작품 장르의 축제에서는 예술감독이, 공연축제에서는 공연축제 전문 감독이 필요하며 마찬가지로 축제에서도 다분야의 경험이 풍부한 축제 전문 감독을 선임해야 한다.

넷째, 성공적인 축제를 이끌어가고자 한다면 예술 작품이나 공연 등의 일부분이 아니라 관광산업에 축제를 접목해 기본계획부터 행사계획, 운영계획, 홍보계획, 예산계획 등 전반적으로 구성·연출할 수 있는 전문가를 선정해 축제 컨설팅 및 자문을 받으며 함께 만들어가는 방식이 좋을 것이다.

㉖ 지역문화의 인프라 육성에 대한 무관심은 축제 발전의 독이다

축제는 지역문화의 인프라 속에 콘텐츠가 개발되고 킬러 콘텐츠가 만들어진다. 지역문화의 인프라 구성이 되지 못한 축제는 절대로 성공할수가 없다. 축제는 바로 지역민이 만들어가는 것이기 때문이다. 지역민이 참여하지 않는 축제는 지역축제로서의 가치를 상실한 것이나 마찬가지이다. 지역민이 참여해 즐기고 이끌어가는 축제, 바로 이런 축제가 가치 있는 축제이다.

현재의 지역문화는 선진국처럼 문화의식이 성숙하지 못한 상황이다. 하지만 점차적으로 성숙해 가고 있으며 예술, 먹거리, 특산물 등 다양한 콘텐츠로 구성된 지역문화가 생산되고 있다. 이런 문화가 성숙되기 위해서는 문화의식이 성숙되어야 하지만 오랫동안 신분제 사회에서 개방이 늦었고, 일제강점기 속에서 우리의 전통문화를 지켜나가기가 어려웠던 것이 현실이었다. 자유를 잃은 문화, 오랫동안의 빈곤에서 탈출하느라 전통문화를 계승하기가 쉽지 않은 세월을 보낸 것이 이유라 생각한다.

그러나 점차적으로 나라살림과 경제가 살아나면서 여유를 가지게 되었고 여유가 생기면서 여가, 관광 등의 문화에 대해 새로운 시각으로 바라보게 되었다.

일본과 유럽에서 성공한 축제들은 거의 수백 년 동안 전통을 이어오고 있다. 그러나 대한민국은 어떠한가? 전통과 함께해온 문화가 잊혀지고 새로운 체인점들의 개통으로 인스턴트 문화가 활성화되고 있는 나라다. 쉽게 생긴 상가는 통계적으로 80% 이상이 문을 닫는다고 한다.

앞으로 우리의 문화도 장인이 함께하는 세상, 전통을 중요시하는 나라, 함께 살아가는 세상을 만들도록 노력해야한다.

축제도 인스턴트의 문화와 같은 이벤트성의 축제보다는 지역의 전통문화나 특화된 문화로 구성된 축제로 만드는 것이 성공한 축제로 가는 지름길이다. 축제를 이끌어감에 있어 수십억 원의 대규모 예산 편성을 한다고 해도 이벤트사나 대행사를 선정해서 진행하면 규모와 열정에 있어 내실이 없이 진행된다. 실제 사용하다 보면 쓸 돈이 없는 것이다. 단시일에 진행되는 것은 입찰로 대행사를 선정해 이벤트성의 축제를 펼치는 게 가능하다.

또한 한 지역을 특화한 이벤트 성격으로 진행되는 박람회나 엑스포 등에서는 대행사가 필요하다. 그만큼 예산이 뒷받침되기 때문이다. 그러나 축제에서 대행사를 선정해 맡기면 그만큼 용역비가 빠져 나가는 관계로 내용이 빈약해지는 것이 현실이다. 또한 지역민의 참여율이 저조한 관계로 축제에 대한 명분을 잃게 된다. 성공한 축제로 만들고 싶다면 지역의 인프라를 육성하고, 지역민이 참여의식과 자원봉사 정신을 가지고 지역민 스스로가 '우리가 만들어간다'는 애정으로 축제 문화를 만들어가는 것이 바람직하다.

하나의 문화는 쉽게 만들어지지 않는다. 그러나 지속적인 소통으로 공감대를 형성해 간다면 빠르게 문화가 형성될 수도 있을 것이다. 처음은 힘들지만 관과 지역단체, 지역민이 합심해서 함께 문화를 만들어가야 할 것이다.

㉗ 단체장의 선거캠프 일행이 축제 요직에 참여한다면?

지자체를 다니다 보면 축제의 위원장이나 위원 등이 단체장 측근들로 모두 교체되어 운영되는 경우가 있다. 물론 그럴 수 있다. 그러나 단체장이 출마한 선거에서 공로를 세웠다는 이유만으로 축제를 좌지우지하는 경우가 있다. 축제의 내용도 모른 채 축제추진위원으로 선임되고 축제 방향이 정해지는 것이다. 이는 축제를 통해 선거를 도와준 측근들에게 챙겨 주기 식으로 자리를 주는데 근본적 원인이 있다. 게다가 전임 단체장이 진행했던 프로그램들을 모두 없애 버리는 일도 더러 있는데 이는 매우 비효율적인 일이다.

비전문가인 위원들이 짧은 식견을 가지고 축제를 진행하다 보니 전체의 구성이 어설픈 상태에서 운영되는 상황이 나온다. 그들은 단체장이 새롭게 바뀌었으니 축제도 새롭게 구성해 운영하겠다고 주장한다. 물론 그 방법이 맞을 수도 있다. 그러나 이런 경우 대다수의 축제들은 배가 산으로 가는 상황이 많이 생긴다. 여기에는 담당 공무원들이 이런 상황을 방조하거나 오히려 동조하는 경우가 많다.

진심으로 축제를 사랑하고 시·군민을 사랑한다면 축제를 선거에 이용해서는 안 된다. 어떤 축제는 단체장의 당이 바뀔 때마다 존폐의 위기가 된다. 어느 당은 존속시켜 확대하고자 했다가 다른 당의 단체장은 축소하거나 폐기하고자 하는 축제의 운영시스템, 이것은 지역을 죽이는 행위라고 본다. 절대로 이러한 상황이 되어서는 안 된다. 모두가 지역을 사랑하는 마음이 있을 것이다. 좋은 축제라면 어느 당의 단체장이 되든지 현실에 맞게 잘 대처해 축제를 모범 축제로 만들고 지역민에게 자부심와 긍지를 심어줄 수 있도록 하며 지역경제에 도움이 될 수 있는 방안을 찾아 운영해야 한다. 지자체의 심사를 다니다 보면 대행사의 능력이나 제안서와는 상관없이 사전에 대행사를 정해놓고 형식적인 심사를 보는 경우가 있다. 축제의 과정이나 결과에는 관심이 없는 것으로 보인다. 그냥 합법화에 맞춰 무탈하게 끝나면 된다는 무사안일한 사고를 가지고 있는 것으로 보인다. 아니, 본인들은 잘하고자 할 수도 있을 것이다. 그러나 대행사의 능력이나 프로그램 내용 등이 따라 오지 않는데 어떻게 성공하는 축제로 만들 수 있을 것인가. 이러한 경우는 요행을 바라는 것인지 아니면 그냥 잘 될 것이라는 믿음이 있는 것인지 궁금하다.

축제를 준비하는 모두가 성공하는 축제를 만들고 싶어 한다. 그렇다면 축제를 정치적으로 이용하거나 개인 욕심으로 운영해서는 절대로 성공할 수 없다. 이는 바로 지역민을 배신하는 것이라고 나는 당당히 말할 수 있다. 축제는 순수성을 가지고 지역민에게 돌려줘야 한다. 능력이 있는 대행사나 축제 전문가를 위촉해 지역민과 함께 만들어 가는 축제가 바람직할 것이다.

㉘ 잘 되는 축제는 기자들이 넘친다

빅 이벤트가 실행되고 있는 행사에는 전 세계의 기자들이 넘친다. 축제도 마찬가지이다. 세계적으로 가치가 있는 축제에는 기자가 넘치며 서로 경쟁적으로 기사를 쏟아 낸다.

대한민국의 축제는 어떠한가? 대다수 축제 현장에 이른바 '중앙기자'는 보이지 않는다. 즉 지역에서는 축제 현장이 떠들썩하지만 중앙 일간지 입장에서는 이 축제를 전국적인 뉴스 가치로 평가하지 않는 것이다. 중앙기자의 외면 속에 지방기자만 넘치는 축제장에서는 관광상품을 찾아보기 힘들다. 축제의 가치를 높이면 언론의 주목을 받을 수 있다. 우리는 축제의 가치를 높여 기자들이 넘치는 축제로서 정보를 소통할 수 있는 축제로 만들어 가야 할 것이다.

기자는 기삿거리를 찾아다닌다. 축제에 기자를 초청해도 기삿거리가 없다면 기사화나 방송화 되지 못한다. 우리는 먼저 관심을 모을 만한 이슈를 만들어 기자들을 유치해야 할 것이다. 서로가 필요에 의해 생존하는 시스템이기에 이슈의 가치만 높다면 방송사나 언론사 등에서 서로 방문해 기사를 만들어 전송할 것이다.

우리는 뉴스에 나올 수 있는 프로그램 가치에 대해 고민해 봐야 할 것이다. 대한민국을 나아가 세계적인 뉴스거리를 어떻게 만들어 세계인의 이목을 끌 것인가에 대해 고민을 해야 할 것이다. 또한 축제의 가치를 높일 수 있는 프로그램 구성과 운영에 있어서도 고민을 해야 한다.

축제의 가치와 브랜드의 가치가 제대로 완성되기 전까지는 항상 기자

들과 소통하고 그들이 참여할 수 있는 시스템을 갖춰 가는 것이 성공
요소 중의 하나이다.

㉙ 축제 운영을 열심히 한다고 모두가 성공하는 것은 아니다

매년 축제 담당자들을 만나다 보면 매우 열심히 노력하는데 노력에 대
한 결과가 잘 나오지 않는 경우가 많다. 축제의 전문지식이 얕은 데에
서 나오는 것은 아닐까, 축제를 운영하는 방향에서 헤매고 있는 것은
아닐까, 축제의 자문을 받을 때 자문위원의 자질 문제인가 등 여러 생
각을 해본다.

또한 그 이유를 여러 방면으로 고민해 봤다. 축제를 성공적으로 계획,
운영하기 위해서는 대한민국의 축제는 물론 전 세계의 축제흐름을 분
석하고 해당 축제에 대한 자체분석과 함께 세계 유수의 축제와 비교해
어떻게 구성, 운영해야 하는지에 대한 포인트를 세워 실행해야 할 것
이다.

이 포인트에 대한 정확한 확신이 없다면 실행에 두려움이 있을 것이고
결과에 대한 예측도 어려울 것이다. 축제를 운영함에 있어서는 전반적
인 흐름도 알아야 하겠지만 무엇보다 정확한 맥을 짚고 운영해야 한다.
부족한 점은 전문가의 조언이나 컨설팅을 받으며 함께 준비해 가는 것
이 바람직하다.

㉚ 올해는 그대로, 내년에 보자고?

관공서 축제 담당자들과 대화를 하다 보면 올해 한번 해보고 부족한 점
은 내년에 보강하면 되니 내년에 보자는 이야기들을 많이 한다. 올해

부족한 점을 보강해 내년에 새롭게 준비하는 것은 당연한 것 아닌가! 하지만 내년도 물론 중요하지만 현재가 더 중요하다. 내년에 앞서 올해도 할 수 있는데 끝까지 최선을 다하는 노력이 반드시 필요하다는 점을 강조해서 말하고 싶다.

가끔 잘못된 것을 알면서도 시행하는 담당자가 있다. 뭔가 새로운 시도를 하지 않는 경우도 있다. 때론 비용을 들이지 않고도 현재 있는 자원 내에서 곱절 이상의 효과를 얻을 수 있는 방안을 제시해도 일만 많아지고 귀찮고 번거롭다는 생각에서인지 작년 행사의 답습을 이어가는 경우도 있다.

기업이라면 한번 실수조차 용납될 수 없다. 기업의 경우 변화하지 않으면 존재조차도 힘들고 부도라는 위기를 맞게 되면 내일이 없기 때문이다. 빠른 속도로 변하는 세계 속에서 발 빠른 대처와 변화가 필요하다.

축제 담당자라면, 내년의 축제가 아니라 현재의 축제에 집중해 실패를 최소화시키고 전문가 마인드로 최대의 성공을 이룰 수 있도록 노력해야 할 것이다.

㉛ 축제 전문가가 넘치는 세상, 실제로도 그럴까?

어느 정도의 수준을 갖춘 이에게 축제 전문가라는 직함을 부여할 수 있을까?

전국의 축제를 자문하고 심사, 평가 등을 하러 다니다 보면 모두가 축제 전문가라고 소개한다. 그러나 과연 제대로 축제를 자문할 수 있는 전문가는 몇이나 될까? 잘못된 전문가의 자문이 축제를 시간낭비, 예산낭비 등 돌이킬 수 없는 나락으로 떨어뜨릴 수 있다. 현실과 맞지 않는 자문으로 인해 실패의 축제로 만들 수도 있다.
학교에서 관광학을 공부했다면 모두가 관광 전문가일까? 이론적이나 학술적으로는 제안할 수 있어도 그 제안이 모두가 현실성이 있는 것은 아니다. 축제라는 것은 이론으로 연출할 수 없는 것이기 때문이다. 학술적인 데이터는 참고 사항일 뿐 현장의 연출과는 차이가 많다. 즉 현실과 맞지 않는 축제의 자문은 올바르지 않다.
축제는 종합상품이라서 다분야의 능력이 필요하다. 이벤트 몇 번, 축제 몇 번 했다고 축제 전문가라고 자문을 하는 현상은 위험이 크다.
누구나 축제 전문가로 자칭하며 활동하는 현시대에서 축제를 담당하는 부서는 옥석을 가려 실력 있는 축제 전문가의 조언을 받으면서 축제를 함께 만들어 갈 때 성공적인 축제로 완성시킬 수 있을 것이다.
감독도 다양한 전시, 음향, 조명, 예술, 영화 등의 분야별 감독들이 있다. 모두가 전문 분야가 따로 있듯이 축제는 축제 전문가가 자문과 연출을 하는 것이 맞는 일이다. 대한민국 축제를 제대로 자문과 컨설팅을 할 수 있는 전문가는 소수라고 본다. 모두가 자칭 전문가라고 외치며 전국의 축제 담당자들을 현혹시켜 축제의 운영에 혼란을 주어서는 안 된다.

㉜ 축제를 준비하는 분들의 마인드 변화가 중요하다

생산적인 축제, 성공적인 축제를 위해서는 개혁적인 변화로서 새롭게 태어나야 한다고 생각한다. 축제 담당자들은 전국적이고 국제적이며 오픈된 마인드 속에서 많은 축제의 답사와 분석 자료를 가지고 축제를 기획, 구성해야만 현실적인 기획서가 나온다. 이러한 이유로 전국적이고 국제적인 마인드 소지자로서 풍부한 노하우가 있는 참모를 잘 두고 함께 만든다면 생산적인 축제로 만들 수 있다. 이 마인드와 노하우가 부족한 상태에서 작년 축제를 답습하고 부분적 변화만으로는 절대로 관람객들의 눈높이를 맞출 수가 없고 생산적인 축제가 될 수 없다.

총감독의 역할이 중요한 만큼 노하우가 부족한 총감독을 선정하면 실패의 지름길이라고 본다. 건축에서도 기본 설계가 가장 중요하기 때문에 기본 설계는 전문가가 한다. 기본 설계가 잘 되어야 건물을 튼튼하게 쌓아 올릴 수 있기 때문이다. 전문가가 기본 설계를 하지 않은 채 발주되는 입찰은 모순이라고 생각한다. 같은 맥락으로 봤을 때 전국적이고 생산적인 축제로 만들고 싶다면 지역민과 함께 만들어가면서 동시에 지역주의를 벗어나 전국적으로 인적교류를 쌓고 퀄리티를 높여야만 한다. 지역주의를 탈피하지 못하고 능력이 부족한 파트너들과 함께 한다면 자승자박하는 결과를 초래할 것이다. 생산적인 축제를 원한다면 작년 답습의 축제 구성, 연출이 아니라 개혁적인 변화의 축제 구성, 연출이 되어야 한다.

㉝ 잦은 인사이동은 운영시스템의 전문성을 잃게 한다

대한민국 축제는 대다수가 관의 주도로 진행되고 있다. 그러나 정책을 만드는 중앙부처 공무원들이나 지자체 축제 담당부서원들의 잦은 인사이동으로 인해 일관성 있는 정책이 되지 못하고 있다. 정책은 지속성을 유지하면서 수정해가는 시스템이 되어야 한다. 전문성이 결여된 신입 축제 담당은 정책을 이해하는데 시간이 걸리고 얕은 축제 지식으로 인해 비효율적인 정책이 만들어진다. 그리고 그 정책을 실행하는 지자체는 혼란스러워진다. 대한민국 축제 운영 정책 시스템은 반드시 변화가 있어야 한다. 현실 가능한 축제 자문위원 조직 시스템을 상설로 운영되도록 하고 축제 담당자는 바뀌더라도 정책은 일관성을 가지고 지속적으로 유지될 수 있도록 하는 것이 바람직하다. 또한 자문위원 조직을 형식이나 이론에 치우치지 않고 현실성 있는 자문을 받을 수 있는 위원으로 위촉해야 한다고 본다.

전문성을 요구하는 직책은 적어도 5년 정도의 임기를 부여하는 것이 축제 발전에 기여 할 수 있을 것이다. 잦은 인사이동과 일관성 없이 수시로 바뀌는 정책은 예산의 낭비도 가져 올 수가 있다. 정책을 이어주는 특별시·광역시나 실행하는 지자체에서도 새 정책을 만드는데 있어서 실패하지 않고 정책이 지속적으로 유지 될 수 있도록 신중하게 일처리를 해야 한다고 본다.

본인은 20여 년간 특별시·광역시를 방문해 왔다. 열정 가득한 축제 담당자들이 맡은 곳은 그 특별시·광역시에서 지자체를 잘 이끌어주어 빠른 발전의 모습을 보았다.

그러나 관심과 열정이 부족한 담당자들이 축제를 맡은 곳에서는 지자체의 융화가 이루어지지 않는 모습을 봤다. 일부 특별시·광역시에서의 축제 담당자분들에게서 열정을 많이 보지 못했다. 열정보다는 행정적인 업무처리가 습관이 되어 있었다. 담당자들이 좀 더 지자체와 소통하며 방향성의 제시와 정책지원을 해주는 것이 축제 발전에 큰 기여를 할 수 있을 것이라고 본다.

축제에 대한 열정보다는 인사이동으로 인해 지자체에서도 무탈하게 진행하는 수준의 마인드를 가지고 있는 담당자들이 많았다. 이러한 축제는 거의 변화가 없는 답습형으로 축제로 진행되고 있다. 그러나 소신과 열정이 있는 담당자들이 축제를 맡아 진행하는 곳에서는 많은 변화 속에 축제가 발전되고 있는 모습을 보았다.

중앙부처나 관계 부처에서는 정책을 만들 때 신중하게 만들어 운영했으면 하는 바람이다. 또한 전문 축제 자문위원단을 상설로 구성해 담당이 바뀌더라도 지속적으로 진행되어야 한다고 생각한다. 특별시·광역시에서도 좀 더 열정을 가지고 축제를 이끌어가야 하며 지자체에서도 임기 기간 동안 소신, 열정, 개혁, 오픈된 마인드로 임해야 경쟁력 있는 축제를 만들어 갈 수 있을 것이라고 본다. 축제를 만드는데 소신과 열정이 없다면 절대로 그 축제는 발전이 없다고 감히 말을 할 수가 있다. 경쟁력 있는 글로벌 축제로 도약하기 위해, 지역의 경제 활성화를 위해 열정을 가지고 축제에 임해야 한다.

㉞ 대한민국 축제, 원점부터 개혁적인 변화로 재구성해야 한다

현재 대한민국 축제 중 소수의 축제를 제외하고는 관광산업형 축제로서의 구성이 많이 약하다. 대대적인 변화를 시도하지 못한다면 지역 축제에서 벗어나지 못할 것이다. 대다수 축제가 이벤트성이나 형식적인 입찰 등의 방식과 나눠주기 식 등으로 운영하고 있는 것이 문제이다. 관광산업형 축제로서 경쟁력 있는 축제를 하려면 기본계획과 방향 등 전반적인 변화를 시도해야만 생산적인 축제로 만들어 갈 수 있다. 이러한 축제를 구성하려면 축제의 콘텐츠 개발과 관광, 여행 등 다분야의 연결 속에서 상품을 만들고 상품의 가치를 만들어 내야 한다. 그러므로 이러한 구성, 운영, 연출을 하려면 많은 전문성이 요구되며 조건을 갖춘 기획, 구성이 이뤄지지 않는다면 가치 있는 축제를 만들어갈 수 없을 것이다.

20여 년 동안 중앙부처 축제 관계자와 전국의 150여 지자체 관계자들을 매년 만나왔다. 우선 이런 축제를 만들기 위한 인식이 많이 부족한 것이 현 상황이라고 본다. 먼저 이러한 축제를 구성하기 위한 마인드와 전략이 필요하다. 문화체육관광부나 축제 관련 교육기관에서는 변화와 발전을 위한 교육 강의 구성을 해 현실적인 변화를 시도하는 것이 바람직하다고 본다.

㉟ 예산 배분에 있어 대대적인 변화가 필요하다

지역민이 주최가 되어 자발적으로 진행되는 축제들은 적은 예산으로 진행이 가능하다. 대행사 체제로 입찰을 운영하는 방식은 하청에 하청으로 발주가 되기에 예산 대비 내용이 많이 빈약해진다. 관광 축제의 구성은 이벤트성의 프로그램 구성이 아니라 관광형, 즉 체험형의 축제로 구성·연출해야 한다. 특히 체험형의 프로그램은 이벤트사가 아니라 지역민이 참여해 만들어가는 시스템으로 운영되어야 한다.

현재 대한민국 축제는 이벤트성의 무대 공연 등에 많은 예산이 배정되어 있다. 그러나 관광객은 이벤트성의 행사나 무대 공연에 큰 관심이 없다. 이러한 예산들을 많이 절감할 필요가 있다. 엑스포나 박람회 등의 이벤트나 프로젝트 목적형의 이벤트에서는 고품질의 대형 이벤트를 선호한다. 그러나 난장의 축제들은 엑스포 정도의 품질을 원하지도 않고 그만한 예산도 없다. 전시관 등에 예산을 굳이 많이 배정할 이유가 없다. 오히려 편의시설 등 환경시설에 투입할 예산을 고려해야 한다. 또한 현수막 디스플레이 등에도 너무 많은 예산을 투입할 필요가 전혀 없다. 홍보 예산에서도 관광형의 축제라면 지역의 탑이나 현수막 가로등 배너, 지역 언론 등의 배정 예산을 많이 삭감해야 할 것이다. 이러한 예산으로 전국에 홍보를 해야지 굳이 지역에 홍보할 이유가 없다.

해외에서 성공한 축제들은 현장에 홍보 현수막도 거의 찾아 볼 수 없는 경우가 많다. 이미 알려진 행사들은 그 축제 시기가 되면 알아서 찾아오는 시스템이 정착되어 있다. 우리는 지역민들이 행사에 참여하도록 분위기를 유도하고 지역 외의 홍보에 심혈을 기울여야 한다. 공연 등에서도 예산의 투자보다는 재능 기부의 형태로 초청해 운영하는 시스템으로 구성, 연출해 예산을 아끼고 잘 배정하는 것이 성공의 축제로 향하는 지름길이다.

㊱ 축제 담당자는 '쟁이'가 되어야만 한다

축제뿐만 아니라 모든 행사의 담당자는 이벤트 전문가가 되어야 한다. 전문가만이 담당하는 축제와 행사는 제대로 된 행사가 될 수가 있다. 그러나 안타깝게도 현실은 축제 담당자가 이벤트를 전혀 모르고 있을 뿐더러 관심조차 없는 경우가 많다. 이런 축제는 작년 행사를 답습하는 것들이 대부분이다. 본인의 의지와는 상관없이 상부에서 시키는 일을 하고 있기 때문에 축제는 형식적인 행사가 되고 만다. 반면 준전문가가 된 담당자는 다른 행사들을 많이 답사하고 다니면서 분석하고, 본인이 담당하는 축제를 잘해내고자 하는 의욕이 있다. 그러나 비전문가의 경우는 추진위원회 등에 위탁해서 결과만 받아 서류만으로 평가한다. 이는 예산을 불필요하게 낭비하는 결과를 남긴다. 일부는 아예 관심조차 없고 그저 책임회피에만 급급한 것이 현실이다. 실패를 하는 자에게는 벌점을 주고 성공한 담당 전문가에게는 보상을 해야 대한민국의 축제가 발전할 것이다.

㊲ 프래그램 개발·구성에 최우선적으로 예산 배정해야 한다

축제 전문가가 아닌 예술감독, 영화감독 등은 분야별 전문 감독으로 참여시키는 것이 바람직하다고 본다. 총감독이 축제의 성공유무를 좌우할 중요한 역할을 하기 때문이다. 총감독 체제에서 실패한 축제는 총감독 체제의 문제이기보다는 총감독을 잘못 선정한 것이라고 볼 수 있다. 성공적인 축제를 위한 구성은 지역민이 참여해 이권 개입 없이 함께 이끌어 갈 수 있는 운영시스템이다. 축제의 장르에 따라 차이는 있지만 주제와 어울리는 스토리텔링이 있는 존을 구성해서 체류 시간을 확보하고, 체험하며 즐거움을 줄 수 있는 프로그램을 그 다음으로 구성한다. 그 외 부수적으로 전시, 판매, 공연 등으로 구성하는 시스템으로 운영될 때 99%가 다시 오고 싶은 축제로 평가할 것이다. 화천의 산천어축제의 경우 한겨울에 하는 산천어 낚시의 즐거움 하나만으로 150만 명의 관광객을 유치하고 있다.

현실적이고 효율적인 예산 배정으로 운영되어야 한다. 생산적인 축제를 위한 프로그램의 개발과 구성에 최우선으로 예산을 배정해야 할 것이다. 나눠 주기 식의 예산 배정은 축제를 제대로 구성하기가 힘들고, 좋은 아이템이 생겨도 배정할 예산이 없어 부실한 내용의 축제가 될 수 있다. 전국적으로 관광객을 유치하기 위해서는 중앙 홍보에 집중적으로 예산을 배정해야 한다. 지역 언론사에 휘둘려 지방으로 홍보를 배정하면 지역 축제의 한계를 벗어나지 못할 것이다.

성공하는 축제를 만들기 위해서는 축제 담당 공무원들이 전문적인 지식을 가질 수 있도록 축제의 워크숍 참여와 축제의 벤치마킹을 할 수 있는 기회, 최소한의 업무 연수 등을 보장해 줘야 한다. 또한 힘든 업무이지만 보람을 가질 수 있도록 인센티브를 지급해야 할 것이다. 상설기구를 두어 1년의 업무 체제가 지속될 수 있도록 해야 한다. 지역민들이 참여하도록 의미 부여와 분위기를 조성하고, 봉사정신을 가지고 참여해 자부심와 긍지를 느낄 수 있도록 해주어야 한다. 이권 개입 없이 관과 상설기구 및 지역민이 함께 하는 축제를 통해 행복도시로 만들어 갈 수 있을 것이다.

㊳ 지역 문화가 형성되지 않는 축제는 성공할 수가 없다

세계적으로 성공한 축제들의 대부분 공통점은 지역민의 관심과 참여율이 높다는 점이다. 지역민들에게 자부심과 긍지를 심어주고 참여토록 해 축제를 함께함으로써 보람을 느낀다고 한다. 일본의 경우 '내 고향은 내가 지킨다'는 인식으로 시간을 할애하고 휴가까지 내서 참여하는 것을 당연한 일이라 생각하는 데 이것이 일본의 문화이다.

이와 같이 세계적으로 성공한 축제들은 지역민이 참여해 같이 어울리면서 즐거운 분위기가 조성되어 관광객을 유치하게 된다. 지역민이 즐길 줄 모르고 지역민이 참여하지 않는다면 과연 그 축제는 누구를 위한 것인가? 지역민이 참여하는 즐길 거리가 없는데 어느 관광객이 찾아와서 즐길 수 있을까? 대한민국 축제는 기본계획 구성, 운영, 예산 배정 등의 모든 부분을 새롭게 바꿔 변화를 촉구할 때 성공 축제를 만들 수 있다.

첫째, 축제의 구성을 통해 킬러 콘텐츠를 만들어야 한다.

둘째, 지역민이 자부심과 긍지, 보람을 가지고 함께 만든다는 인식으로 참여해야 한다.

셋째, 지역에 있는 관, 민간 단체와 기업, 초, 중, 고, 대 등 모두가 참여할 수 있도록 분위기를 조성한다. 보람을 느낄 수 있도록 참여증을 지급하고, 경연대회를 통해 시상을 하고 부족한 부분은 채워 다시 도전할 수 있는 축제가 되어야 한다.

넷째, 현실적으로 예산을 재배정해 참여 단체가 자부담금과 함께 소정의 지원금으로 운영할 수 있도록 한다. 지원금만으로 운영하며 이윤을 챙기고자 하는 단체는 다음 축제 때 선택을 고려해야 한다.

다섯째, 홍보, 마케팅, 협찬 등은 전문가들의 도움을 받아 집중적으로 마케팅을 하고, 홍보 스폰서 전략을 세워 운영한다.

여섯째, 전문성이 부족한 기획, 운영, 연출은 워크숍을 통해 축제 전문가를 선정해 지원받으며 지역의 인프라를 육성한다.

일곱째, 현실적인 조직 운영시스템을 갖추는 것이 성공하는 길이다.

㊴ 장기적 전략과 전문가의 지원이 필요하다

모두가 성공한 축제를 만들고 싶어 한다. 또한 문화체육관광부 지정 축제에 선정되고 싶어 하고 최우수축제, 더 나아가 대표축제로의 꿈을 꾼다. 성공한 축제란 무엇일까? 문화체육관광부에서 높은 등급을 받으면 모두 성공한 축제라고 할 수 있을까? 성공한 축제란 지역민이 자발적으로 참여해 함께 만들어가는 축제 문화로 만든 도시라고 본다. 많은 관광객이 참여해 즐거워하고, 만족도가 높아 재방문율이 높은 축제가 지역경제에 미치는 영향이 크고 그런 축제가 관광 상품의 축제로 정착되어 지역의 브랜드가 되는 것이다. 어떻게 보면 단순한 논리이나 이러한 축제를 우리나라에서 찾아보기 힘들다. 여기에 어울리는 문화 현상이나 구성, 운영, 연출에 있어 문제점이 많다는 것이다.

이벤트 30년 동안 기업 프로모션, 스포츠, 방송, 언론사 등 여러 분야에서 활동하며 90년대 초반에는 대한민국 10대 메이저 기획사 CEO총감독으로서 20여 년 동안 매년 150여 전국의 지자체를 방문해 300여 개의 축제를 스케치했다. 또한 총감독한 현장의 노하우와 접목해 관광학 석·박사 과정에서 축제에 대한 연구를 하다 보니 새로운 분석들이 나왔다. 나는 현장에서 오랫동안 진두지휘하다보니 머리보다는 몸이 먼저 움직이고 행동으로 업무 처리를 하는 습관이 있다.

이러한 연구가 새로운 분석을 내놓게 되었다. 일반적으로 과학에서는 실험의 연구 자료가 중요하다. 그러나 축제에서는 현장의 실험 연구란 거의 불가능하다. 방송 용어로 말하자면 축제는 녹화가 아니라 생방송의 역할을 하고 있기 때문이다. 그렇기 때문에 이론보다는 현장의 경험이 중요하다. 그러나 대한민국 축제는 현실과 맞지 않게 현장의 노하우보다는 이론적인 자료 등을 우선시 하고 있다.

우리나라의 축제를 2가지로 분석해볼 수가 있다.

축제에 대한 개념 없이 전년도의 축제를 답습해서 매년 운영하는 시스템, 또 한 가지는 현실에 맞지 않는 학술적인 자문으로 정책이 이루어

사진 출처: 제이비 컴즈

지는 시스템이다. 첫 번째는 개념이 없어 발전을 저해시키는 것이지만 두 번째는 현실에 맞지 않는 이론으로 추상적인 학술 정책이 이루어지고 자문이 이루어지는 병폐라는 생각을 한다.

축제를 성공으로 이끌어가고 싶다면 장기적인 전략과 실행이 필요하다. 축제 관련자들과의 소통 속에 이루어진 관계, 관광과 연계해 만들 수 있는 상품, 메이저 축제 분석 속에 나만의 전략을 세워 실행하며 동시에 축제 이론과 실행 및 인적 네트워크에서 지원 받을 수 있는 전문가를 선정해 함께 만들어가는 것이 방법이다. 축제는 지역 문화를 토대로 만들어지는 것이기에 하루아침에 완성될 수는 없다. 꾸준한 전략과 노력이 성공 축제로 만들 수 있을 것이다.

⓵ '관광 축제'로 정착되지 못하고 있는 이유와 해결 방안은?

대한민국의 모든 축제가 지역경제를 활성화시키고 지역 이미지를 브랜드화 시켜 관광 상품으로서의 가치를 높여 대한민국 메이저 축제 더 나아가 글로벌 축제로의 도약을 꿈꾼다. 그러나 그것은 지자체의 희망일 뿐 현실적인 기획, 구성, 운영시스템을 갖추지 못하고 기대만 하고 있는 것이 현실이다. 문화체육관광부에서도 경쟁력 있는 관광 축제로 도약시키기 위해 방향성을 잡고 육성시키고자 노력하고 있다. 그러나 문화체육관광부 또한 잦은 인사이동으로 인해 전문성 부족과 일관성 없는 정책이 만들어져서 혼돈이 오는 상황이 생기고 그런 이미지가 신뢰를 떨어트린다.

그럼 경쟁력 있는 축제를 만들지 못하는 몇 가지 이유를 살펴보자.

지역의 인프라를 구성하지 못하고 일괄입찰로 운영하고 있다. 때문에 이들 축제만의 고유성과 가치를 지닌 킬러 콘텐츠를 만들어 내지 못하고 있다. 또한 축제장 구성과 규모, 운영 방식에 있어 관광 축제로서의 가치가 있는 축제로 만들지 못하고 있다. 구성이 단조로워 가치를 잃어버리고 체류 시간 확보가 되지 않으며 만족도가 있는 프로그램이 약하기 때문에 생기는 상황이다. 다양한 관광 프로그램과 연계한 프로그램을 개발, 운영해야 할 것이다.

축제를 제대로 구성, 운영할 수 있는 축제 전문가 혹은 전문 조직 체계를 갖추지 못하고 있는 상황이다. 또한 이러한 문제점을 제대로 인식조차 못하고 있는 것이 문제이다. 축제를 제대로 이끌어갈 수 있는 축제 전문 조직체를 만들어 전문성을 갖고 진행할 때 축제에 대한 긍정적인 변화가 생길 수 있다. 그러면 잦은 인사이동으로 인해 생기는 공백과 전문성 결여도 막을 수 있다.

불필요하게 배정된 예산과 콘텐츠와 관계없는 프로그램들이 실행·운영되고 있다. 반면 축제 운영에는 홍보가 중요한데 예산 때문에 잘 이뤄지지 못하고 있다. 예산도 한계가 있지만 관광객 유치를 위한 예산 배정보다는 지역의 여러 이해관계 단체들에 대한 안배 차원에서 이루어지는 홍보예산 배분에 더 큰 문제가 있다. 세계적으로 성공한 축제들을 보면 글로벌 축제로의 도약을 위한 전문 홍보팀이 구성되어 있다.

그러나 태국의 송크란축제나 일본의 축제는 홍보를 거의 하지 않는다. 역사가 깊고 세계적으로 유명하기 때문에 홍보가 없어도 알아서 찾아오는 축제, 재방문율이 높은 축제로서 운영되고 있다. 그만큼 즐길 수 있는 체험 문화의 축제로 구성되어 있기에 만족도가 높은 이유라고 본다. 대대적인 홍보를 하지 않고 또한 디스플레이에도 그다지 많은 예산을 투입하지 않는다. 이처럼 단순하고 순수한 킬러 콘텐츠 프로그램에만 집중을 해도 수백만 명의 관광객이 함께 즐기는 문화축제로 이끌어 갈 수 있다.

성공한 축제는 관이 거의 개입을 하지 않는다. 민간단체에서 순수성을 가지고 운영하는 시스템이라고 보면 될 것이다. 우리도 의전이나 배분적인 예산, 프로그램 등을 배제하고 새로운 구성·운영에 대한 시스템을 갖춘다면 경쟁력 있는 축제로 만들어 갈 수 있을 것이다.

㊶ 성공한 축제를 만들려면 1년 전부터 축제 상품 판매를 준비해라

대한민국의 축제 중에서 1년 전부터 축제 관광 상품을 판매하는 곳은 거의 없다. 관광 상품으로서의 가치가 없기 때문이라 생각할 수도 있지만 축제 상품을 판매하기 위해서는 상설 축제 전문 운영팀이 존재해 지속적인 업무를 볼 수 있어야 한다. 또한 일시적으로 운영되는 시스템이 아니라 장기적인 계획으로 프로그램이 연속성을 가져야 한다. 축제의 가치를 높이려면 킬러 콘텐츠를 집중적으로 홍보하고 관광객의 만족을 높여줄 수 있을 때 가치가 상승할 것이다. 공연 축제에서는 주 공연팀에 대한 섭외가 빨리 정해져야겠지만 일반 축제에서는 일탈에 따른 킬러 콘텐츠를 주로 홍보해야 한다. 또한 축제 콘텐츠와 함께 숙박, 연계축제 또는 즐길 거리, 교통 등을 묶어서 상품을 판매해야 한다. 상품판매는 홈페이지의 역할도 중요하지만 그보다는 여행사의 묶음 상품으로 판매할 때 관광 상품으로서의 가치를 더하고 생산성 있는 축제를 만들 수 있다.

㊷ 함께 즐기는 킬러 콘텐츠가 축제 성공의 관건이다

그 축제만의 특별한 가치가 있을 때 축제의 성공 가능성은 커진다. 다양한 장르의 축제가 존재하지만 대상에 따라 축제의 가치나 만족도가 달라진다. 축제에도 특별히 전문성이 요구되는 축제들이 있다. 특히 전시 성격이 강한 미술 전시회 등은 주 관람객이 전문 마니아들이기 때문에 작품의 수준에 따라 가치를 평가한다.

공연 예술 축제에서는 함께 즐기는 분위기 형성도 중요하지만 고품질의 공연 작품들에 따라 그 축제의 가치가 정해진다.

기업 프로모션의 전시는 알리는 것이 목적이고 전시 작품을 직접 체험하면서 가치를 인정할 때 구매를 선택한다. 그러나 일반적인 일탈 축제에서는 수천 명 아니 수만 명 이상이 동일 프로그램으로 동시간대에 함께 즐길 수 있는 킬러 콘텐츠가 존재할 때 축제의 성공 가능성이 높아진다.

㊸ 누구를 총감독으로 선정하느냐는 축제 성패와 직결된다

이벤트 업계에서 CEO이자 총감독으로 활동하면서 많은 갈등을 겪었다. '사느냐, 죽느냐 그것이 문제로다'라고 하는 햄릿의 독백처럼 늘 '사업을 선택하느냐, 장인으로 살아가느냐'와 같은 두 갈래의 길에서 머뭇거리곤 했다. 나는 결국 비즈니스 마인드를 버리고 장인정신을 선택했다. 그 길은 내가 선택하지 않는 나머지 하나의 길을 돌아볼 만큼 힘들었다. 하지만 어찌됐든 지금까지 장인정신으로 버텨왔다고 자부한다.

하지만 최근 들어 장인정신만으로는 회사 운영에 대한 한계를 느끼고 있다. JB축제연구소는 개인적으로 축제 개발, 축제 연구, 축제 총감독 및 자문위원, 축제 심사위원 등의 역할을 맡으며 작품을 만들고자 한다. 때로는 작품을 위해서 자비도 투자해 운영한다. 하지만 ㈜JB 컴즈는 입찰 위주로 운영하고 업무 대 업무로 비용만큼 진행한다. 총감독을 평가하는 것이 아니라 회사나 제안서를 보고 선정해 운영하는 방식이기 때문이다. 총감독 제도는 총감독 한 사람만을 평가하고 그 사람을 선택한 것이라서 총감독이 직접 일을 수행하지 않으면 계약위반이다. 총감독이 중요한 역할을 하는 만큼 잘 선정하는 것이 축제의 흥망성쇠를 좌우한다. 총감독은 국·내외의 축제 식견과 15년 이상의 CEO 감독 정도의 프로필, 문화체육관광부 지정 축제 총감독 실적, 방송연출 및 관계, 언론사, 여행사, 문화체육관광부, 한국관광공사, 학계(관련교수), 기업프로모션 등의 다양하고 풍부한 노하우와 인맥을 가지고 있는 감독을 선정하는 것이 바람직하다.

총감독 및 연출 스태프가 하는 일은 전체적인 기본구성(관과 함께 구성), 프로그램구성, 운영매뉴얼, 홍보계획, 시설 장치물 운영계획 등과 현장 작품 연출 등과 장식적인 워크숍 등의 업무이며 전반적인 운영매뉴얼 작성, 큐 시트작성, 시나리오 작성, 음악편집, 홍보 등의 역할을 한다.

총감독 및 연출 스태프의 예산은 1년 동안의 업무 역할과 투입 인력구성 등의 구성을 효율적으로 협의해 연출 대행료를 지불하고 분야별 직거래방식의 입찰로 운영하는 것이 바람직한 축제 운영방법이라고 생각한다.

㊹ 총감독과 연출 스태프를 잘 활용하면 '가성비'가 높아진다

연출조직은 최소한 CEO 총감독과 전문 연출 스태프 5명 이상이 투입되어야만 완성도가 높은 작품을 만들어 낼 수 있다. 축제 운영에 있어 공무원들이 총감독 및 연출 역할을 하는 상황에서는 전문성 및 인력이 부족하기 때문에 연출이라기보다는 행사를 나누어 주기 식 운영이 많을 수밖에 없다. 전문성이 없으면 축제 작품의 완성도가 떨어지고, 인력낭비, 예산낭비, 나만의 축제에서 벗어나기 힘들다. 관에서 민간 조직에 위탁해 운영되는 경우가 많아졌는데 합법화에만 맞춘 운영시스템, 민간 조직이 자체적으로 운영한다고 하며 관과 마찰 속에 불신으로 운영되고 있는 것이 대다수 축제라고 생각한다. 관에서는 변화를 요구하지만 민간 조직에서는 자체적으로 총감독, 연출한다고 고집을 부리는 축제가 많다. 전문성이 부족한 소수 인원 상태에서 총감독, 연출까지 한다는 것은 과욕이다.

민간 조직은 관에서 하던 행정 업무를 대신해 집행하며 이론과 현장의 노하우가 풍부한 전문 축제 총감독과 연출 스태프의 컨설팅을 받으며 함께 만들어가는 것이 바람직하다. 현실을 직시하지 못한다면 질적 저하, 예산낭비 축제로 끝날 수밖에 없다.

예를 들어 10억 원 예산의 축제를 대행사에 일괄입찰 하는 경우 25~40%는 수입금 및 운영자금으로 빠져 나가고 행사는 6~7억 원 규모의 행사가 된다. 현장의 행사 구성 등에 있어 예산만큼 부분적으로는 깔끔해질 수는 있으나 전체의 내용은 예산대비 초라해질 수밖에 없다. 총감독 및 연출 스태프를 활용하고 분야별 직거래를 한다면 총감독 및 연출 스태프 비용이 약 5천만 원으로 예산이 대폭 절감된다. 입찰은 부분 대행이지만 총감독 체제는 기본구성, 프로그램, 운영 메뉴얼, 시설 장치물, 홍보계획, 예산편성, 현장의 전문 연출 작품, 방송, 언론, 기업, 학계, 중앙부처 등 전반적인 면에서 지원을 받으며 9억 원 이상의 내실 있는 축제가 될 것이라고 확신한다. 공연축제 등은 공연위주로 구성, 연출하면 되겠지만 일반 축제는 공연 중심의 축제가 아니다. 관광객은 가수와 공연 등을 보러 오지 않는다. 지역민을 위해 운영에 보조적으로 예산을 배정하고 그 축제에서만 느낄 수 있는 체험행사에 예산을 투입해야 한다.

기획사 입장에서 본다면 체험행사는 수입이 적고 일 자체가 힘들기 때문에 하기 쉬운 공연에 예산을 많이 배정하려 하겠지만 관광객은 그 축제에서만 느낄 수 있는 체험행사를 원한다. 그러므로 스토리텔링적인 체험행사를 구성해 만족도를 높이는 것이 중요하다. 체험행사로 구성된 축제가 재방문 하고 싶은 축제로서 관광객의 만족도를 높이고 생산적인 축제가 될 것이다.

총감독 체제는 축제 전문가인 총감독을 영입해 기본계획부터 함께 만들고 지역 인프라를 활용, 주최 측에서 분야별 분리 입찰을 통해 직접 발주를 함으로써 유통과정을 줄여 축제의 질적 상승효과와 예산 절감 효과를 주는 시스템이다. 현재 많은 지역에서 축제의 한계성에서 벗어나 전반적인 변화를 위해 이 시스템을 점진적으로 활용하고 있다. 그러나 총감독 체제를 선택한다고 모두가 성공하는 것은 아니다. 축제에는 공연, 전시, 특산물, 인물, 환경 등 다양한 장르의 축제가 있다. 축제 총감독은 전반적인 기본계획, 프로그램계획, 행사운영계획, 홍보계획, 예산계획 등 다양한 업무를 다룰 수 있어야 한다. 일부분이 아닌 다분야의 풍부한 노하우가 있는 축제 전문 총감독을 위촉해 함께 만들어 가는 체제이다.

즉 검증된 총감독을 잘 선정해 함께 만들어 갈 때 성공적인 축제로 갈 수 있다. 다양한 장르의 전문가들을 총괄할 수 있는 축제 전문 총감독의 선정이 바람직할 것이다.

방송, 기업 프로모션, 공연, 축제 등 다분야에 풍부한 노하우가 있고, 작품연출과 많은 인적 네트워크를 보유하고 있으며 관광에 대한 연구 데이터를 활용할 수 있는 축제전문가를 선정한다면 전반적인 구성, 연출, 운영에 도움을 받을 수 있다.

㊺ 체육대회도 이젠 경쟁력 있는 문화체전으로 탈바꿈해야 한다

올림픽은 세계 4대 축제 중 하나이고 월드컵처럼 단일 종목의 경기로 이루어지는 문화체전도 있다. 우리나라에서도 각종 세계선수권이나 전국체육대회 등의 엘리트 체육대회 그리고 각종 단체의 동아리에서 진행하는 생활체육문화체전이 활성화 되고 있다. 예전의 체육대회가 토너먼트의 경기 위주였다면 지금은 우승보다는 함께 즐기는 문화체전이 필요한 시대이다. 우리는 시민체전이나 군(ㄷ)민체전을 기획할 때 경기에 앞서 어떻게 함께 즐길 것인지에 대한 고민 속에 체전을 기획, 구성, 운영해야 한다. 예전 기업의 체육대회에서는 축구, 배구 등의 토너먼트 경기에서 오전에 탈락한 팀은 오후에 할 경기가 없어진 관계로 일찌감치 술판이 벌어지는 분위기였다. 그러나 현대의 체육대회는 명랑운동회 성격으로 변해 시작부터 끝까지 참여자가 모두 함께 즐길 수 있는 문화체전을 기획, 운영하고 있다. 나는 1990년대 초 기업체육대회에서 경기 위주의 체육대회를 협동 중심의 '명랑운동회' 체전으로 바꾸는데 일조했다. 도민체전, 전국체전 등의 체육대회들은 대부분 오전 10시 개막식을 하는데 관중이 별로 없어 강제 동원해 객석을 채웠다. 나는 1990년대 말 체육대회의 개막식을 야간으로 이동하고 자발적으로 참여하는 분위기의 문화체전으로 기획, 구성해 운영하는데 일조를 했다. 또한 체육대회 문화행사에 생방송과 공개방송을 처음으로 도입시켜 정착시켰다. 이러한 변화는 데이터 자료를 분석하고 명분을 만들어 담당 공무원들을 끈덕지게 설득해 일구어낸 결과이다. 앞으로도 함께 즐길 수 있는 문화체전으로 발전하기 위해서는 더 많은 노력과 변화가 필요할 것이다.

사진 출처: 제이비 컴즈

- 에필로그
- 프로필
- 참고 문헌

이벤트 인생 30년

즐거움과 고소득에 끌려 레크리에이션 강사가 되다

이벤트라는 단어가 없던 시절, 1985년 군 제대 이후 1986년 4학년에 복학
해 이벤트에 입문한 후 30여 년 동안 이벤트 관련 한 길만을 걸어왔다. 체
육대학을 다니던 시절, 선배들이 기업·산업연수에 많이 종사했는데 그 덕
분에 기업·산업훈련과정 중 극기 훈련 교관아르바이트를 하게 되었다. 당
시 힘들었던 야간 산악훈련을 끝내고 긴장을 풀어준다는 의미에서 밤에 캠
프파이어를 했다. 캠프파이어는 레크리에이션 강사가 진행했는데 강사 비
용이 1~2시간 진행에 30만~40만 원이었다. 그때 당시 기업의 월급이 약
40만~60만 원이었으니 상당한 고소득이었다. 즐겁게 놀고 고소득을 올리
는 직업이라는 점에 매료되어 나는 1987년 1월 레크리에이션 강습을 받고
본격적으로 전문 레크리에이션 지도자로 활동했으며 MBC 여름·겨울 스
키캠프 등 많은 캠프에 참가했다.

처음에는 선배들을 쫓아다니며 메모를 해가면서 어깨 너머로 배우기 시작
했다. 진행을 할 수 있는 자질 보강과 운영 매뉴얼 등을 공부할 수 있는 기
회라서 무보수라도 참여만 시켜줘도 고마웠다. 친하지 않은 선배들은 혼자
가 편하다고 후배들을 데리고 다니는 것을 별로 좋아하지 않았다. 하지만
나는 성실함과 부담 없는 조건을 내세워 선배들을 쫓아다니며 나의 기량을
닦아 갔다.

첫 직장인 현대훼미리타운에서 나와 독립을 선언하다

1987년 가을, (주)현대훼미리타운에 입사해 이벤트와 레포츠 담당으로 약 2년간 근무했다. 나는 고등학교 때부터 포장마차라도 내 사업을 하고 싶다는 꿈을 가지고 있었기에 사회의 경험과 직장생활의 경험을 쌓으려고 취업을 했다. 직장에서 전국의 관광과 레저, 리조트, 워크숍 등에 관련된 일을 하며 많은 것을 배웠다. 또한 콘도미니엄 회원권 판매도 하게 되었다. 회원권 판매는 체인망 계획을 세우고 비전을 제시하는 일이었는데 잘되면 비전이지만 잘못되면 사기일 수도 있겠다는 생각으로 회원권 판매에 대한 신뢰성 문제로 크게 갈등하고 있었다. 그러나 내가 고민하던 그 시간에 다른 동료들은 좋은 실적을 올리고 있었다. '결국 갈등만 하다가 이 회사를 그만둔다면 다른 회사를 가더라도 마찬가지일 것이고 나의 정착지는 없을 것이다. 매번 남의 탓만 하고 변명만 할 것 아니겠는가? 나의 사전에는 실패란 없다. 어디를 가든 포기하지 않고 인정받으며 내가 여건이 될 때 떳떳이 회사를 나갈 것이다'라고 생각하고 다시 시작하는 마음으로 열심히 했다. 처음에는 영업이 쉽지 않았다. 주변에는 돈 많은 사람도 없었고 좋은 직장에 다니는 지인조차 없었다. 나는 충주 면단위 소재 시골에서 5형제 중 막내로 자랐다. 늦둥이로 태어나 거의 혼자 놀거나 친구들과 어울리며 성장했기에 새로운 문화를 접하지 못하고 살았다. 고등학교를 졸업하고 대학 학업을 위해 서울 큰 형님 집에서 생활하게 되었는데 문화 차이를 크게 느꼈다. 조카들은 샐러드를 좋아했는데 나는 시골에서 먹어본 적이 없는 음식이라 입맛에 맞지 않았다. 시골에서는 거의 밥과 국이 아니면 사탕, 콜라 등이 전부였고 칼국수 만들고 남은 꼬랑지를 구워 먹는 게 최고의 군것질이었다. 부모가 젊은 아주 소수의 아이들은 유치원을 다녔지만 나는 유치원과는 거리가 멀었다. 그렇다고 우리 집이 못 사는 형편은 아니었다. 면에서 TV를 최초로 구입했고 5일장이 열리는 날이면 아버지를 따라 시장에 가서 먹고 싶은 것을 마음껏 먹을 수 있었다. 초등학교 시절 도시락을 싸오지 못하고 굶는 친구들이 많았다. 운동화는 잘 사는 집의 전유물이었고 우리는 고무신을 신고 다녔다. 학교에서는 보리밥이 건강에 좋으니 혼합 밥을 먹으라고 권장하며 매일 도시락 검사를 했다. 검사를 하지 않아도 대다수가 쌀밥 구경하기가 어려운 시기였다. 나는 막내라는 권한으로 보리쌀을 걸러내고 가능한 쌀밥을 달라고 엄마를 졸랐다. 이런 환경에서 자라온 내가 대학을 졸업하고 콘도미니엄 판매사원이 된 것이다. 여행을 즐길 여유가 있는 구매자들을 만나야 콘도미니엄을 팔 수 있을 텐데 이런 사람들을 찾는 것이 사막에서 물을 찾는 것과 같이 어려웠다. 마땅히 방문할 곳이 없어 전화번호부를 구입해 압구정동 등 부자 동네 아파트 주소를 보고 무작정 전화를 걸었다. 또한 각 대학 동문 수첩을 입수해 좋은 회사를 다니는 분들에게 전화를 걸거나 찾아다니며 영업을 뛰었다. 그들을 만나기 위해 나는 호텔 레스토랑 등에서 처음으로 돈가스와 비싼 커피를 먹었다. 한참 먹을 때라 고객과 돈가스를 먹고 나면 금방 배가 고파, 호텔 밖에서 다시 식사를 한 경우가 한 두 번이 아니었다. 시간이 흘러 나름대로 정착이 되었고 고객도 꾸준히 유치해 소개를 받기도 했다. 그때 당시 콘도미니엄 1개를 판매하면 40만~60만 원의 수당을 받았다. 한 개를 판매하면 한 달 월급 정도의 수입이 생기는 것이다. 나는 매일 300여 통의 전화를 돌리며 열심히 노력했다. 공치는 달도 있었지만 평균적으로 한 달에 몇 개의 구좌를 판매해 수입을 올렸다. 내가 노력한 만큼 수입을 올릴 수 있다는 점이 내

사업을 하는 것과 같았기 때문에 힘은 들었지만 영업에 대한 메리트를 느꼈다. 영업 활동을 하다 보니 고정 월급만 받는 사무직은 영업수당이 없어서 싫었다. 고소득을 올린 날은 동료들과 어울려 기분을 풀기위해 술집을 찾았다. 그런데 새벽까지 술을 먹다보면 그 다음날 리듬이 깨지고 한번 깨진 리듬은 몇 주씩 이어졌다. 이를 교훈 삼아 지금까지 리듬이 깨지지 않는 생활을 하고자 많은 노력을 한다. 우스갯소리로 80년대 초에 명성콘도(지금의 한화리조트)가 생기면서 강남의 룸살롱의 술값은 명성콘도 영업사원들이 모두 올려놓았다는 말도 있다. 회사 생활 2년 동안 관광과 이벤트 등의 업무와 콘도미니엄 회원권을 판매해서 나름 자금을 마련하게 되었고 회사에서는 관리직으로의 이직을 권했지만 관리직은 영업에 대한 메리트도 없고 대인관계에 있어 한계가 있다고 생각해 1989년 5월 퇴사하고 독립을 하게 되었다.

상품의 가치를 높여 고가로 팔 수 있는 방법을 배우다

현대훼미리타운 재직 기간에 영업을 배웠다. 무형에서 유형상품을 만들어가는 방법론을 배운 것 같았다. 모든 것은 마케팅 중 포장술로 단가가 정해진다고 본다.

고객에게 선물하기 위해 홍삼을 구매한 적이 있다. 그런데 구매 장소에 따라 가격이 5배 이상 차이가 났다. 홍삼은 동대문시장, 남대문시장, 일반 슈퍼마켓, 백화점 등 여러 장소에서 판매를 한다. 나는 파는 곳에 따라 홍삼의 질이 차이가 있지 않을까 고민했지만 상품 자체보다는 포장술과 판매 장소에 따라 금액이 정해진다는 것을 알게 되었다. 생산부터 판매까지의 유통과정에서 수십 배의 금액 차이가 난다는 것은 모두가 아는 사실이다. 명품 백화점에서 구매는 상품의 질에 대한 믿음도 있겠지만 판매 장소에 대한 품격도 있을 것이다. 아무튼 판매 장소와 판매 과정을 잘 알고 구매를 한다면 소비자는 저렴한 금액으로 구매할 수 있고 반대로 판매자는 높은 금액으로 판매할 수가 있다. 현대휘미리타운에서 콘도미니엄 회원권을 판매하면서 나는 이런 포장술을 나름대로 터득했고, 지금까지도 어떤 상품이든 판매할 수 있다는 자신감을 얻었다.

새로운 도전! 이벤트 회사를 설립하다

1989년 5월 현대휘미리타운에서 퇴사한 후 1989년 6월 19일 부일레크기획이란 이름으로 이벤트사를 설립했다. 이후 주식회사 부일기획으로 상호를 변경했고, 지금은 JB축제연구소, (주)제이비엔팀, (주)제이비 컴즈를 운영하고 있다.

회사는 설립을 했으나 처음에는 막막했다. 그러나 야유회 레크리에이션으로 방향을 잡고 영업을 뛰기 시작했다. 맨 처음 시작한 것이 기업체 부서별 야유회 레크리에이션 영업이었다. 1~2년 사이에 많은 캠프를 운영했는데 주로 하던 것은 학단캠프와 유치원 여름캠프였다. 처음에는 받아서 운영하는 캠프를 하다가 차차 직접 영업을 뛰었다. 리조트 등과 연결해 전국의 학교 리스트를 정리해 학교 수학여행과 수련회 영업을 뛰었다. 나는 그때 당시 선생님들을 매우 존경했다. 어렸을 때부터 선생님 말씀은 법 그 자체였고, 선생님은 그림자도 밟지 않을 정도로 최고 존경의 대상이었다. 그래서 선생님은 우리와 다른 신비한 존재라는 환상을 가지고 있었다. 그러나 수

련회를 하면서 수련회의 내용과 질보다는 접대를 원하고 접대가 부족하면 수련회의 질에 대한 질타를 하는 모습에 환상이 깨졌고 환멸을 느껴 학교의 영업을 그만 두고 기업 영업으로 방향을 바꿨다. 당시 회사의 인지도와 노하우가 약해 큰 행사를 할 수가 없었다. 그렇다고 광고대행사의 하청을 받지도 않았다. 대다수 이벤트사가 광고대행사에게서 하청을 받으며 성장한 것에 비해 나는 지금까지 원청만을 고집하며 영업을 뛰고 있다. 거의 하청을 받은 기억이 없다. 처음 이벤트 회사를 운영할 때는 대한민국에 이벤트란 단어가 없어 행사대행 사업으로 시작했다. 우리나라의 이벤트는 1980년대 초 프로야구 및 스포츠가 생기면서 치어리더와 응원문화의 이벤트가 생겼고 1986년 아시안게임과 1988년 올림픽을 유치·실행하면서 행사 이벤트에 대한 관심이 높아 졌으며 1993년 대전엑스포를 통해 기업의 프로모션과 내레이터 모델 도우미들이 급성장하면서 공식적인 이벤트란 단어가 형성되었다. 우리나라 이벤트문화의 시초는 문화엑스포가 진행된 대전엑스포이다. 그전까지는 행사대행사란 명칭으로 거의 진행되었고 지금은 이벤트사란 이름으로 교류된다. 모든 행사에서 이벤트와 도우미 등의 명칭을 사용하다보니 최근에는 좋지 않은 곳에 연루되는 모습도 볼 수 있다.

80년대에는 이벤트 학원이나 학교에서의 학과 과정이 없었다. 나는 다른 행사의 내용을 분석하고 스스로 연구하고 공부해, 나만의 것을 만들어 가면서 지금까지 왔다. 지금은 배우려는 의지만 있으면 배울 수 있는 기회는 많은데 열정을 가지고 배우려는 사람들은 많지 않은 것 같다. 나는 인터넷이 없던 시절 타자기로 기획서를 만들었고 팩스로 제안서를 주고받았다. 또한 직접 방문해 스케치하며 공부를 했고 실물로 보관하는 그런 자료가 자산이던 시절이었다. 그러나 지금은 인터넷에서 거의 모든 정보를 얻을 수가 있다. 배움도 청할 수 있다. 지금은 종이 자료로 보관하지 않고 모두 외장하드에 저장해 보관하는 시대이다. 내가 힘들게 확보한 자료를 신입이 와서 USB 등에 쉽게 복사해 갈 수 있는 세상이 된 것이다. 그 시대에는 거의 행사를 레크리에이션 지도자들이 해왔다. 그러던 중 스포츠와 체육대회 등 응원문화가 생기면서 초창기 이벤트사들은 대학교 응원단 출신들이 참여해 만들었고 레크리에이션 회사들은 개인 중심으로 활동하므로 기획팀의 인원조직이 잘 형성되지 못했다. 그러나 응원단 출신들은 경기소품 등의 임대와 인력 에이전시를 통해 기획과 연출전문회사로서 조직적으로 성장해 왔다. 지금은 전시와 마이스 등 다양한 분야가 생겼고 학교에서 전문가들을 육성하고 있기에 새로운 패러디를 이끌어 가고 있다.

천편일률적인 체육대회에 변화를 주다

나는 용인대에서 태권도를 전공했다. 1986년 최연소 서울시 태권도 심판위원과 1988년 최연소 대한태권도협회 상임 심판으로 활동하기도 했다. 1990년에는 체육관을 개관해 태권도와 이벤트사를 병행 운영하기도 했다. 나는 이를 토대로 스포츠 행사를 전문으로 하고 싶었다. 하지만 회사의 인지도가 약해 어려움이 컸다. 그래서 작은 체육대회부터 영업을 펼쳐나가기로 했다. 매일경제 기업 연감을 구입해 발로 뛰었다. 기업들을 300명 이하 사업장 E급, 500명 이하 사업장 D급, 1,000명 이하 사업장 C급, 3,000명 이하 사업장 B급, 5,000명 이하 사업장 A급, 5,000명 이상 등 6개 그룹으로 분류하고 가장 규모가 작은 E급의 회사부터 영업을 뛰기 시작했다. 차츰차츰 노하우가 축적되면 D급에서 C급, B급, A급으로 한 단계씩 영업의 대상을 상향 조정했다. 나중에는 전사 또는 그룹체육대회를 주로 맡아 기획, 운영, 연출을 하면서 체육대회 전문기획사로 도약했다.

스포츠 영업을 하기 위해 협회, 연맹, 구단 등의 자료를 정리해 모두 방문하고 관리했다. 음반제작을 하러 전국의 모든 방송사를 뛰어 다녔고 축제사업으로 20여 년 동안 매년 150군데가 넘는 곳을 방문하며 분석하고 관리하며 지금까지 살아왔다. 1995년 중반까지는 대한민국 10대 메이저 기획사로 활동을 했다. 1990년대 초 무렵까지 체육대회는 축구, 배구, 족구 등 구기의 토너먼트 체육대회로 진행되었다. 그러다보니 거의 오전에 탈락된 팀은 오후에 할 일이 없어 술판이 벌어지고 싸움이 일어났다. 이러한 과정이 되풀이 되다보니 체육대회에 대해 좋지 않은 인식을 하는 경우가 있었다. 체육대회 담당자들은 체육대회에 축구, 배구, 족구 등이 빠지면 안된다는 인식이 아주 강했다. 그러나 나는 체육대회 문화를 일심동체 스타일로 바꾸고 시작부터 끝까지 함께 즐길 수 있는 체육대회로 만들기 위해 관계자를 설득하기 시작했다. 그리고 응원을 강화시켜 처음부터 응원단장과 치어리더 및 응원소품을 가지고 함께 응원을 하면서 즐길 수 있는 구성을 했다. 그래서 토너먼트의 경기는 가능한 줄이고 동시에 명랑운동회 방식을 택하도록 했고 체육대회의 분위기를 바꿔가며 실내체육관에서 할 수 있는 체육대회를 추천하기도 했다.

축구는 사전 경기를 통해 결승만 하는 방법 또는 다른 경기장에서 진행하고 메인 행사장에서는 다 같이 어울리는 체육대회의 구성을 주도했다. 아니면 청·백 경기로 나누어 함께 참여할 수 있는 경기 구성을 주도했다. 때에 따라서는 오전에 관람석에서 응원 구성 연출과 축구, 배구, 족구, 피구 등이 각 경기장에서 동시에 진행하는 방법을 택했고 오후에는 다 같이 할 수 있는 릴레이 경기와 명랑운동회 프로그램을 구성해 연출했으며 또한 직원의 장기자랑과 축하공연을 섞어 끝까지 함께 어울려 진행할 수 있는 연출을 해 호응을 받았다. 또한 점차적으로 비전 선포 등의 퍼포먼스를 프로그램에 넣어 체육대회를 통해 자부심과 긍지를 느낄 수 있도록 했다. 실내체육관에서 하는 행사는 날씨와 관계없이 진행할 수 있는 점과 조명을 활용할 수 있는 장점이 있다. 간혹 실내 행사에서 조명을 활용한 작품연출로 호응을 받았고 대한민국 체육대회 문화를 바꾸어 놓는데 일조했다고 생각한다.

응원단과 치어리더 운영을 대행하다

나는 체육대회 전문기획사로서 체육대회 활성화와 작품의 연출을 위해 응원단과 치어리더를 직원으로 채용해 직접 운영했다. 하루에도 10여 곳의 체육대회를 직·간접으로 운영했는데 일이 너무 많아 대학교 응원단의 치어리더와 많이 협력해 운영했다. 그러던 중 스포츠경기에 응원문화가 활성화되면서 전문적인 치어리더가 구성되어 전문 댄스 공연과 퍼포먼스의 공연을 펼치기도 했다.

이 시기에 나는 아마추어 경기부터, 프로야구, 프로축구, 농구장, 배구장, 씨름천하장사 경기장 등에서 구단의 응원단을 대행하는 한편 연맹 및 협회의 일원으로서 응원 문화, 치어리더의 문화를 이끌어갔다. 또한 가수로 활동하던 거리 시인인 노현태와 윤초원을 단장으로 해 각 방송사의 무용단과 벽, 김원준, 배반의 장미를 부른 엄정화, DJ DOC, 등 수많은 가수들의 안무를 담당했다. 나 또한 이런 가수들의 성장과 함께 대한민국 공연문화를 이끌어 갈 수 있었다. 1990년대 중반에는 노현태 단장이 가수 안무를 하면 뜬다는 소문이 나서 너도나도 안무를 받기 위해 연습실을 찾아왔다. 나는 내가 맡은 체육대회와 공연, 방송을 최고의 작품으로 만들기 위해 치어리더와 방송무용단을 직접 운영해 큰 도움을 받았다.

방송 TV '스포츠 빅 쇼' 현장 총감독으로 활동하다

나는 오랫동안 체육대회 전문기획사로 활동해왔다. 또한 프로야구, 축구, 농구, 배구, 씨름천하장사 등 스포츠경기 행사에서 메인 치어리더 이벤트공연과 각 구단의 시즌 동안 응원대행을 해왔다.

예를 들면 부산이 연고지인 기아농구단을 오랫동안 대행했고, 원주 연고지인 나래의 응원대행을, 대구 연고지인 동양의 응원대행 등 많은 구단의 응원대행을 했다. 배구에서도 남자배구 삼성화재와 대한항공의 시즌응원 이벤트대행과 여자부 SK와 현대산업개발 등의 시즌응원대행을 했다.

그러던 중 새로운 빅 이벤트를 하고 싶었다. 나는 SBS TV 스포츠 국에 가서 농구대잔치 올스타전을 제안하고, 농구대잔치 현장 총감독으로서 전체의 구성과 연출을 했다.

그렇게 만든 '농구대잔치 올스타전'은 최고의 작품으로 찬사를 받았고 당시 엄청난 인기를 구사하며 시청률을 높였다. 나는 프로로 전향해서도 농구의 올스타전을 오랫동안 연출했는데 그때 당시 우리나라에서 내로라하는 가수들 거의 모두를 출연시켰다. 가수들도 올스타전에 출연하는 것을 영광으로 생각했다.

나는 현장에서 연출로 먹고 사는 연출전문가이다. 올스타전에는 사전행사

(함께 어울리는 명랑운동회 게임), 식전행사(치어리더 경연대회), 올스타전 개막 퍼포먼스(개막퍼포먼스, 입장식연출) 경기진행, 휴식타임 이벤트(3점슛 경기대회, 덩크슛 대회) 중간 중간에 CM이 있다.

나는 현장의 리듬을 깨지 않기 위해 CM타임에도 현장 이벤트를 넣어 전체가 하나의 작품이 될 수 있도록 구성·연출했다. 지금까지도 생방송 경기에서 이렇게 연출을 하는 사람은 없을 것이다. 이런 점을 인정받아 KBS 슈퍼리그 개막식 연출과 프로축구, 프로야구 올스타전과 씨름천하장사의 올스타전과 빅 이벤트 현장방송연출을 오랫동안 독점했다. 그 외 태권도, 핸드볼 등 많은 스포츠 생방송 중계를 섭외해 총연출 했다. 오랫동안 생방송을 하면서 방송에 대한 전문성과 틈새를 알게 되어 거의 독점으로 진행했고 다른 사람들이 나의 작품을 따라오지 못할 정도의 노하우를 갖게 되었다. 이때 박종부 하면 스포츠, 스포츠 하면 박종부라는 등식이 나올 만큼 거의 독보적인 전문가로 활동했던 시기였다.

50미터의 사직체육관 지붕에 오르다

오랫동안 스포츠방송 현장연출을 해온 경력으로 프로농구가 탄생하면서 당시 최고의 인기를 누리던 기아엔터프라이즈 농구단의 개막식과 시즌이벤트를 담당하게 되었다. 그때 당시 기아엔터프라이즈 농구단의 연고지는 부산 사직 실내체육관이었다. 낮 2시 개막식에 기아엔터프라이즈의 탄생을 알리는 거대한 엔터프라이즈 배가 입장하는 퍼포먼스를 연출할 예정이었다. 그러나 사직체육관의 지붕은 유리로 되어 있어 낮 2시에는 환했기 때문에 어두운 환경을 만들기 위해 체육관의 천장을 덮어야 했다. 지붕을 덮기 위해 관리실에 찾아가서 부탁을 했지만 보안과 안전 문제로 대통령 행사 때에도 덮지 못한 지붕이라며 덮을 생각일랑 아예 하지 말라는 답변을 들었다. 나는 필사적으로 "보안이 문제라면 나의 뒷조사를 모두 해라. 내가 직접 덮겠다. 그리고 파손에 대한 보상에 대해서도 책임지겠다"고 겨우 설득해서 허락을 받았다. 그리고는 얼마만큼 덮어야 하는지 면적을 실측하기 위해 직접 지붕에 올라갔다. 40~50m 높이의 지붕에 막상 올라와 보니 허허벌판에 강한 바람이 아찔했다. 그러나 부산MBC와 TV생방송으로 진행하는 역사적인 개막식인데 죽을 각오를 해서라도 작품을 만들어야 된다는 생각뿐이었다. 덮을 방법을 고민하던 중 마침 관리실로 부터 예전에 동일한 작업을 했던 팀이 있다는 연락을 받아 작업을 의뢰했는데 처음에는 엄청난 금액을 요구하는 것이었다. 내가 직접 하려면 새로 물품을 구입해야 되지만 그쪽은 덮을 재료를 가지고 있지 않느냐며 설득해 협상을 마치고 일을 위탁하게 되었다. 애쓴 결과 검은 천으로 지붕을 덮은 상태에서 나는 최고의 작품을 연출할 수 있었다.

신촌문화축제를 서울 대표축제로 만들다

스포츠 빅쇼를 대행하다보니 방송에 대한 노하우가 충분히 쌓여 다른 장르의 행사에도 관심을 갖게 되었다. 그래서 시작한 게 바로 기업 프로모션의 행사였다. 체육대회는 총무과 소관이고 프로모션의 판촉행사는 판촉과나 홍보과 또는 마케팅과에서 담당했다. 나는 체육대회 전문기획사였기에 총무과를 주로 상대했다. 연도시상식 행사를 맡으려고 연도시상식을 진행하는 영업관리과에 영업을 가면 부일기획은 체육대회 전문기획사인데 연도

시상식까지 하려고 하느냐는 말을 듣곤 했다. 우리 회사가 체육대회 전문 기획사라는 인식이 너무 강해 바꿔나가는데 어려움이 있었다.

1995년 서울 최고의 축제로는 상가번영회에서 운영하고 있는 명동축제와 종로구에서 활성화시키기 위해 노력하는 대학로 축제, 신촌대학가 일대에서 펼쳐지는 신촌문화축제가 있었다. 이 중 신촌문화축제는 1~3회까지 기획사가 협찬을 받지 못해 제대로 진행이 안 되서 기획사에 대한 불신이 상당히 컸던 상황이었다. 그 시대의 이벤트는 거의 백화점이 중심이었고 그 외는 그다지 협력이 되지 않았던 시기였다. 나는 당시 체육대회 인연으로 그레이스백화점(현재 현대백화점)과 교류가 있었다. 신촌문화축제는 대학가 상권이란 특혜로 시비와 서대문구비에서 5천만 원을 지원하고 1억5천만 원을 협찬 받아 2억짜리 축제를 진행하는 방식이었다. 그러나 그동안 기획사가 협찬을 제대로 받지 못해 축소 진행했었기에 서로 불신이 상당히 컸다. 신촌문화축제를 주최하는 서대문구에서도 이벤트 마인드가 부족해 그레이스백화점에 의존하게 되었고 그레이스백화점 전무이사가 축제위원회에 고문으로 참가해 진두지휘했다. 위원회에서는 그레이스백화점에 이벤트사 추천을 의뢰했고 전무이사는 총무과에서 추천을 받아 부일기획으로 선정하기에 이르렀다. 그때 당시 최고의 인기 프로그램인 농구올스타전을 총감독하고 있는 이벤트사였기에 높은 신뢰를 받고 있었다. 내가 결정하기도 전에 그레이스백화점에서는 부일기획을 위원회에 추천했고, 위원회는 최고의 인기 이벤트를 연출하고 있는 회사와 함께 한다는 명분으로 만장일치로 통과시켰다. 나는 새로운 분야의 행사를 찾고 있었지만 신촌문화축제는 수입을 남기기는 어려운 상황이라서 축제를 할까 말까 고민을 했다. 이번에는 적자가 나더라도 거래처를 많이 만들어놓고 차후에 새로운 거래처에서 매출을 올린다면 이득일 수 있겠다는 생각으로 축제를 맡았다. 이전 기획사들이 협찬에 실패해 축소시켜 진행해서 불신을 남긴 축제, 나도 역시 협찬을 유치하기 위해 노력했으나 어려웠다. 그래서 나는 적자 보는 상황에서도 좋은 이미지를 남기기 위해 약 2억 정도를 투자해 오히려 5억 규모의 축제로 만들어 성황리에 끝냈다. 이로써 대학로축제와 명동축제를 누르고 최고의 축제로 만들면서 명성을 쌓게 되었다. 스포츠이벤트 분야에서 최고의 인기를 누리는 부일기획이 신촌문화축제를 통해 최고의 축제기획사로 다시 태어나게 되었다. 나는 적자를 보는 경우에는 자기자본을 투자해 명분과 신뢰를 높이는 결과를 만들어내는 사업 마인드를 가지고 있었다. 2억 원 이상의 협찬을 받으면 협찬사에게는 신촌 거리의 현수막과 가로등 배너, 아치, 무대 등에 기재와 무대퍼포먼스 및 부스 운영권을 주었다. 1995년에는 메인 협찬사를 기재해야 하지만 메인 협찬사를 잡지 못해 부일기획이 메인 협찬사가 되었고 삼성신용카드와 카스 등에게 메인 협찬사 광고 면을 주었다. 1996년 제5회 신촌문화축제를 다시 맡게 되었다. 그러나 1996년에도 협찬 상황이 별로 좋지 않았다. 전년도에 1996년의 협찬을 위해 기업들에게 메인 협찬사 광고 면을 주었지만 별로 도움이 되지 않았었기에 그냥 부일기획이 메인 협찬사 광고를 하게 되었다. 이는 주최 측인 서대문구에게 "우리에게 너무하지 않냐. 모든 광고가 부일기획의 광고가 되고 있지 않냐. 어떻게 기획사의 광고로 모두 채울 수 있느냐"는 가벼운 항의의 의미이기도 했다. "서대문구에서는 5천만 원 주고 2억 이상의 축제를 만들어 달라고 했는데, 메인 협찬을 잡지 못해 돈 벌러 온 기획사가 메인 협찬사가 되어 광고를 하고 있는 심정을 알고 계시는가" 나는 담당공무원에게 이렇게 말을 했고 그는 나에게 아무 말도 하지 못했다. 아무튼 나는 1996년의 축제도 성황리에 끝났다. 덕분에 나의 인지도가 기하급수적으로 올라가서 서울 어느 주점에 가더라도 외상을 해 줄 정도였다. 그만큼 유명한 축제로 만들었던 것이다. 돈보다는 작품에 대한 욕심이 너무 커서 자비까지 투자해 멋진 작품을 만들어 신뢰를 받는 방식으로 회사를 운영한다. 두 번의 신촌문화축제를 치르며 협찬도 제대로 받지 못해 기획사에서 자체 투자로 최고의 축제를 만들어놓으니 그것이 습관이 되었는지 오히려 돈을 내면서 계속 축제를 해주길 원해서 그 이후에는 그만 두었다. 다만 이 계기로 삼성신용카드로부터 새로운 사명 선포식 용역을 수주하게 되었다.

부일기획컵 SBS 아이스하키를 타이틀 협찬하다

오랫동안 SBS 스포츠국과 함께 협찬 유치를 대행하고 스포츠 빅쇼를 진행했다. 그러던 중 SBS 아이스하키 대축제 경기에 메인 협찬사 유치를 요청받았다. 나는 2일 동안 생방송으로 진행되는 빅 경기라서 타이틀 협찬으로 2억 정도는 무난히 받을 것으로 예상했다. 그러나 협찬사는 5천만 원으로 제안을 했다. 예상보다 적은 금액에 실망해 내가 메인 협찬사로서 투자하고 기획, 연출하기로 결정했다. 그래서 부일기획컵 SBS 아이스하키 대축제가 탄생하게 되었다. 지금까지 광고대행사나 이벤트사가 빅 스포츠에 메인타이틀 협찬사가 되어 지원을 한 경우는 없다. 나는 큰 꿈이 있기에 나의 인지도를 높이기 위해 노력할 수밖에 없었다. 메인타이틀 스폰서가 되어 입장수입을 올리기 위해 첫날 개막식에 인기가수를 동원했고 이틀째에도 SBS 라디오 공개방송을 유치해 가수들을 많이 출연시켰지만 흥행에는 실패했다. 덕분에 많은 공부를 했고 이러한 노하우와 신뢰가 지금까지도 나를 지탱해 주고 있다고 자부한다.

공개방송 전문대행사로 태어나다

나는 KBS, MBC, SBS 등의 TV 생방송 현장 총감독으로 많은 연출을 했고 SBS 라디오 등 각 방송사와 공개방송 특집을 하면서 방송과 연출대행의 노하우를 터득하게 되었다. 공중파의 TV 생방송과 특집쇼 방송, 케이블TV 개국쇼, 지방 방송국 개국쇼 및 특집방송을 연출하면서 전국 방송사로부터 프로그램 제작을 의뢰받아 대행했다. 또한 스포츠와 특집공개방송, 축제에 특집공개방송을 연결해 시너지 효과를 창출했다. 방송사에서는 자체 제작비로만 진행해 왔지만 부일기획에서 협찬을 받아줘서 방송사 입장에서는 프로그램을 하나를 얻는 상황이 되었다. 또한 지자체의 축제나 스포츠에서는 공개방송을 통한 홍보와 인기가수를 출연시킴으로써 현장의 감동 분위기를 조성했다. 나는 방송사에서 협찬사로서의 대우를 받았고 지자체 축제에서는 저렴한 금액으로 공개방송을 유치해 줌으로써 예우를 받았다. 또한 야외 특집공개방송에 대한 노하우가 적은 방송사에게는 현장에서 진두지휘를 해주며 이벤트, 프로모션, 방송, 축제 등 다분야의 풍부한 노하우를 갖춘 모두에게 만족을 주는 전문가로 활동했다.

1999년 태백산눈축제를 방문했는데 일인당 4백만 원에 가수 3명을 준비하고 있었다. 나는 1천5백만 원 견적으로 가수 15개 팀과 TV예고 스파트 30회를 해주겠다는 조건으로 성황리에 연출을 해주었다. 관객을 강제 동원하던 도민체전에서 자립적인 관람 문화를 만들고자 저렴한 금액으로 공개방송을 유치하자고 제안을 했고 도민체전 등에 최초로 공개방송을 도입해 정착시켰다. 그러나 타 기획사의 경우 방송의 생리를 잘 몰라 제대로 효과를 보지 못하고 있는 것이 현 모습이다. 나는 현재까지 20년 넘게 전국의 축제를 총감독하고 대한민국 최고의 방송전문대행사로 활동하며 광고주와 방송사를 조화롭게 연결해 행사 효과를 높여주고 있다.

나는 매번 하는 퍼포먼스이지만 다른 이들은 새로운 감동받는다

나는 30여 년 동안 수많은 행사를 연출해 왔다. 체육대회 총감독을 맡아 수천 회 행사를 치렀다. 게다가 소품을 가지고 개최하는 다양한 주제공연도 수 없이 많이 연출했다.

나는 반복되는 소재와 소품 등에 회의를 느껴 색다르게 하고 싶지만 비슷하게 연출되는 경우가 있다. 제안서 작성이나 운영에도 수천 회를 연출했기에 몸에 배어 있다. 그러다 보니 짧은 시간에 제안서를 작성할 수가 있다. 제안서를 광고주에게 제출하면 어떻게 하면 이렇게 빠르게 제안서를 작성할 수가 있느냐고 반문한다.

너무 식상해서 하고 싶지 않은 작품들도 있다. 그러나 같은 작품이더라도 관객은 환호를 한다. 나는 매번 본 작품이어서 지루하지만 그들에게는 새로운 작품이고 감동을 주는 작품이 될 수 있기 때문이다. 그러나 나는 전문 연출가이기에 늘 대한민국 최고의 소재를 가지고 새로운 작품을 만들어 가는 꿈을 꾸고 있다.

무주군과 강원도가 동계올림픽 유치 경쟁을 했다. 무주가 먼저 신청을 했으나 신청권은 강원도가 가지고 갔다. 강원도가 유치를 하지 못한다면 그다음 유치권은 무주가 갖기로 했지만 무주군과의 약속을 버리고 강원도가 다시 유치권에 도전을 한 것이다. 이에 항의하기 위해 무주군은 무주에서 서울을 거쳐 강원도청으로 도보행진을 했다. 나는 도보행진의 모든 이벤트를 맡아서 했고 서울 평화의 문 광장에서 약속지키라는 의미로 약속의 손 ABR 퍼포먼스를 했다. 여러 차례 이 작품 연출을 했지만 무주군민에게는 처음 보는 퍼포먼스로서 감동을 주었고 아직까지도 그 감동을 잊지 못하는 사람들을 우연히 만나곤 한다.

7월의 두류공원 야외 음악당 기공식은 뜨거웠다

1990년 말 나는 코오롱의 체육대회 등 여러 가지의 이벤트를 하고 있었다. 그러던 중 대구의 두류공원 야외 음악당을 건설해 대구시에 기부하는 공사 기공식을 하러 7월에 내려갔다. 기공식을 하기 위해 대구 두류공원 일대를 찾았는데 서울에서 생활한 나는 그렇게 무더운 7월을 겪어 본 적이 없었다. 그러나 대구사람들은 무엇이 덥냐는 말을 한다. 대구의 여름기온과 서울의 여름기온의 차이가 심하다. 우리는 웃통까지 벗고 배너와 현수막 설치 등 여러 이벤트시설물을 설치하며 기공식을 마쳤지만 대구가 여름에 다른 지역보다 많이 덥다는 것을 처음 알게 된 일이었다.

가수들을 캐스팅해 음반제작 사업을 시작하다

인기 스포츠 생방송을 하면서 브릿지에 가수 공연을 많이 했다. 가수를 섭외하면서 많은 매니저들과 함께 교유했다. 그때 당시 매니저들은 나에게

"형님 음반 제작 한번 하시죠"라고 말하곤 했다. 그렇지 않아도 나는 언젠가는 꼭 음반제작을 하겠다는 꿈을 꾸어 왔던 터였다. 얼마 후 나는 정말 음반제작을 시도했다. 그동안 쌓아둔 인맥을 통해 도움을 받아 가수들을 캐스팅하고 곡을 받아 음반을 제작했다. 다른 엔터테인먼트들에 비해 내가 가진 영역에서 만큼은 노하우를 가지고 있고 경제적 여건도 부족하지는 않았으나 현재 주력하고 있는 이벤트 사업으로 인해 음반제작에 올인할 수는 없었다. 전문방송대행사로서 많은 공개방송을 대행하고 있었고 여러 가지 이유로 방송사와 연결이 되어있는 덕분에 주변의 방송 인적자원을 도움 받을 수 있기도 했지만 직접적으로 인적 관리를 못하다보니 내부의 문제에 봉착하기도 했다. 내부에서 시쳇말로 썸싱이 일어나고 제작발표에 앞서 여러 가지의 이유로 몇 번 멤버를 바꾸었다. 그 과정에서 후회스럽고 포기하고 싶은 마음과, 망하든 성공하든 빨리 끝내고 싶은 마음밖에 없었다.

그러나 한번 빼어든 칼 썩은 무라도 베고 싶었다. 이번에는 많은 공부를 하고 다음에는 제대로 해야지 하는 마음도 가졌다. 그렇게 음반이 나오고 방송에 내보냈다. 오늘까지도 여러 가지 면에서 그때의 경험이 많은 도움이 되곤 한다. 더욱이 IMF라는 찬 서리를 맞으면서 음반제작의 어려운 현실을 체감하기도 했다. 다시 한번 도전하고 있지만 이제는 조심스럽게 발을 내딛고 있다.

전국 광역·시군구의 체육대회에 변화를 주다

스포츠와 체육대회를 전문적으로 총감독하면서 도민체전에 총감독 제도를 도입해 실행했다. 나는 기존의 도민체전이나 전국체전을 보면서 사람도 없는 아침 10시에 관중들을 동원해 관중석을 채우는 것은 옳지 않다고 생각했다. 그래서 주간에서 야간으로 시간을 옮기고 작품을 만들고 동원이 아닌 자발적인 참여의 문화체전으로 만들자고 제안했다. 그러나 담당 공무원들은 타당성에 대한 이해를 하면서도 변화의 두려움을 가지고 있었다. 시간을 두고 많은 대화를 통해 점차적으로 설득을 시켰고 결국 공무원들은 시간대 이동의 장·단점 데이터를 요구했다. 나는 자료들을 넘겨주며 보필해 지금의 도민체전과 전국체전이 야간대로 시간 변경하는데 일조를 했다. 또한 엘리트체육대회에서 선수와 지역민 등 모두가 함께 즐기는 문화체전으로 가야한다고 주장했고 점차적으로 그렇게 운영되고 있다. 시간대와 운영시스템 등에 많은 변화를 주는데 일조를 했지만 현재의 도민체전은 사전행사, 식전행사, 개막식, 식후행사 등의 구성과 연출이 변질이 되어 콘텐츠에 대한 구성이 엉클어졌고 단조로워 졌다. 여기 저기 모두가 깃발 들고 멀티쇼로 진행되고 있다. 돈들인 만큼 효과를 얻지 못하고 있는 체육대회 개막식의 현 모습이라고 본다. 나는 다시 한번 체육대회가 진정한 화합의 문화체육대회로서 본질을 가지고 구성, 연출에 노력을 하길 바란다.

"장소대관이 안 되면 박종부를 찾아라"

체육대회 전문기획사로서 항상 장소 확보는 숙제와 같은 일이었다. 오랫동안 운동장과 실내체육관 등과의 유대관계가 있었기에 대관자료를 살펴보고 예약된 기업을 찾아다니며 직접 영업을 뛰어다녔다. 지금은 운동장과 실내체육관이 많이 늘어났지만 그때 당시에는 활용할 수 있는 운동장과 체육관은 한정되어 있었다. 그래서 매년 체육대회를 진행하는 회사는 전년도에 미리 예약을 했다. 나는 그 자료로 기업 영업을 뛰었고 그 예약 상황이 바뀔 수 있는 것인지 아니면 취소될 확률이 있는지에 대해 파악하고 있었다. 그래서 이러한 자료를 데이터로 보관해 장소대관 연결을 해 주고는 했다. 한번은 FAG가 그룹체육대회의 전진대회를 마산에서 진행하려 했으나 장소를 구하지 못하자 제의가 들어왔다. 장소를 대관해주면 2억 규모의 전진대회의 이벤트체육대회 대행권을 주겠다는 것이다. 나는 알아보겠다고 하고 장소를 수배했다. 그리고 마산 실내체육관을 섭외해주고 체육대회를 수주했다. FAG 담당과장은 창원에 공장 등이 있는데도 행사장 수배가 되지 않았는데 어떻게 대관을 할 수가 있었냐고 조심스레 물었다. 방법은 이러했다. 내가 마산 실내체육관에 전화를 해본 결과 전날 1천여 명으로 구성된 작은 대회가 있었다. FAG는 전진대회를 하기 위해서는 행사 날만이 아니고 사전 준비할 날짜가 필요했던 것이다. 그런데 그 전날에 행사가 잡혀 있는 관계로 대관이 어려웠던 것이다. 나는 예약단체에게 전화를 해서 두 가지 안을 제시했다. 그중 하나는 단체가 진행하는 전날에 FAG의 설치물을 설치해 놓고 대신에 행사를 모두 해 주는 안이었고, 나머지 하나의 안은 그 대회가 돈이 아쉬웠기에 행사 대금을 지원해주고 날짜를 사는 것이었다. 이런 방법으로 장소를 대관했고 몇 년 동안 FAG의 행사를 진행했다.

또 한 번은 삼성카드의 CI발표회였다. 나는 신촌문화축제 때 협찬사로 참여한 삼성카드 프로모션 팀과 친분을 쌓았다. 삼성카드 CI발표회는 장소가 정해지지 않은 상태에서 날짜가 정해졌고 이벤트사는 PT를 통해 Y회사로 선정되었다. 그러나 정작 Y회사는 장소 섭외를 못해 비상이 걸린 것이었다. 나는 그 당시 기아자동차 하계휴양소 이벤트 행사를 진행하고 있는 중이었는데 삼성카드 프로모션 팀에서 전화가 왔다. 장소를 구해주면 삼성카드 CI발표회 행사 대행을 주겠다는 것이다. 그래서 나는 장소를 알아보겠다고 하고는 그동안 친분을 쌓아온 행사장 관계자들에게 전화 몇 통을 걸어 어렵지 않게 장소를 구할 수가 있었다. 이 소식에 삼성카드회사에서는 가뭄에 단비를 만난 것처럼 좋아라하며 그럼 빨리 만나자고 제의해 왔다. 하지만 지금은 행사 중이라 시간을 내기 어려우니 행사가 끝나면 만나자고 했다.

그리고 얼마 후 삼성카드를 방문했더니 임원 모두가 모여 있었다. 이때가 8월이었고 9월에 삼성신용카드에서 삼성카드로 사명을 바꿔 CI를 발표하는 것이었다. 그 자리에서 삼성카드 측은 나에게 부일기획의 능력을 믿는다며 5일 안에 제안서를 만들어 오라고 하는 게 아닌가. 나는 앞뒤를 재지 않고 그렇게 하겠다고 답했다. 하지만 5일은 대규모 행사의 제안서를 만들기에는 너무나 촉박한 시간이었다. 그런가하면 대한민국 최고의 기획사들이 참여한 가운데 프리젠테이션이 끝난 이벤트에 대해 기획서를 만든다는 것이 자존심이 상하고 부담감으로 다가왔다.

나는 Y회사에게 행사 장소를 섭외해주며 선정된 제안서로 공동으로 주관하자고 제안했다. Y회사에서는 포기한 행사를 같이 수주하게 되어 고맙다고 전해왔다. 이렇게 해서 CI발표회를 Y회사와 부일기획이 함께하게 되었다. 그런데 소개해준 삼성카드 프로모션 팀으로부터는 왜 단독으로 하지 않느냐는 핀잔을 받았다. 어찌했든 Y회사와 나는 CI발표회를 함께 진행했고 행사는 성황리에 잘 끝났다. 이렇게 대관 문제로 방송사나 기업들이 장소를 구하지 못하면 나에게 연락이 오는 경우가 있었고 이런 방식으로 나는 많은 행사를 수주할 수 있었다.

디스크 수술 전날까지 현장을 지키다

나의 꿈은 60살까지 1천억 원을 벌어 나의 고향 충주에 예술과 체육을 전문으로 하는 초, 중, 고교와 대학교를 세워 세계적인 인재를 육성하고 매니지먼트회사를 세워 취업 기회와 진로를 제시하며 세계 각지의 인재들이 학습을 위해 충주로 올 수 있도록 운영하고 싶었다. 어릴 때부터 능력은 있으나 가정 사정이 어려워 육성되지 않는 인재를 대신 육성해 세계적인 바이올린 스타, 박지성, 박찬호 같은 선수를 육성해 매니지먼트를 하고 싶었다.

그러나 나에게는 젊음밖에 없었다. 그래서 스스로 성장하고자 노력했고, 그것은 살면서 많은 것을 도전한 이유 중의 하나이기도 하다. 1990년대 초에는 무대, 음향 등 여러 분야를 맡아 하루에도 여러 행사를 진행했다. 한 번은 잠실운동장 보조경기장에서 체육대회를 진행하던 중 비가 와 무리하게 무대를 혼자 철수했다. 그 일로 허리에 무리가 갔는데 그것이 나중에는 디스크로 돌아왔다. 나는 1년 동안 허리 디스크로 고통을 겪으며 여러 곳에서 치료를 받았으나 낫지 않아 차에 거의 누워있다시피 하며 활동했다. 수술받기 위해 디스크전문병원인 방지거병원에 입원했다가 1주일 후 허리가 아프지 않자 퇴원을 했다. 그러나 1년 후 다시 재발해 침도 맞고 많은 노력을 했으나 이때는 걷기조차 힘이 들어 수술하기로 마음을 굳혔다. 나는 그때 서울 아산병원의 체육대회를 진행하고 있어 총무과에 아는 분들이 있었다. 디스크수술에 대한 사정 얘기를 했더니 응급실에 입원을 하라고 해 나는 응급실에 입원을 했으나 허리디스크는 응급실 대상도 아닌데다 레지던트들이 와서 똑같은 질문을 하는데 스트레스를 받아 한밤중에 퇴원했다. 다시 일반병원에 입원해 추석을 보내고 수술 여부를 고민하다가 마음의 결정을 내리고 토요일 전문병원에 입원했다. 일요일에는 잠실보조경기장에서 열리는 체육대회를 누운 채로 연출하고 들어갔다. 월요일 아침에 의사와 미팅 중 수술 날짜를 물었더니 MRI촬영을 해야 수술 날짜를 잡을 수 있다고 해서 지인에게 부탁해 퇴근하는 직원을 붙잡고 MRI촬영을 하고 이어 그 주 목요일에 수술을 했다. 디스크 수술 후 3일 만에 걷게 하는 의사가 있고 1주일 만에 걷게 하는 의사가 있는데 내가 만난 의사는 3일 만에 걷게 하는 의사였다. 목요일에 수술 받고 그 다음 주 월요일에 걷게 되었으며 몇 주 휴식을 취해야 하지만 나는 각서를 쓰고 금요일에 퇴원해 토요일에 코오롱체육대회 연출을 하고 잠시 설악산으로 요양을 하러 갔다.

또 신촌문화축제 기간에는 피곤한 몸으로 25인승의 버스를 운전하다가 고속도로 중앙분리대를 들이받아 앞바퀴가 빠지는 사고가 발생하기도 했다. 사고차량은 정비소로 보내졌고 나는 아픈 다리를 이끌고 집으로 걸어갔다. 이튿날 한양증권 체육대회와 관련해 미팅이 있었다. 새벽에 퉁퉁 부은 발 때문에 구두를 신지 못한 나는 다친 다리를 운전대에 올려놓은 채 핸들을 잡았다. 약속 장소에 도착 후 구두를 들고 미팅 장소로 걸어갔다. 회사에서도 급하다며 맨발로라도 오라고 했는데 아닌 게 아니라 진짜 맨발로 방문한 셈이 된 것이다. 나는 오랫동안 태권도를 하면서 매일 부딪치고 다쳤다. 그래서 웬만하게 아픈 것은 별로 신경을 쓰지 않았다. 그러나 나이가 들면서 그때 관리 못한 것이 후유증으로 나타나는 것 같아 우울하다. 2009년 4월 23일경 문경전통찻사발축제를 일주일 앞두고 운동을 하다가 아킬레스건이 완전히 끊어졌다. 그 다리로 절뚝거리면서 문경찻사발축제를 모두 끝내고 그 외 행사도 진행하러 갔다. 그 해 태백산눈축제 관계로 12월 초 하얼빈 눈 조각가를 초청하러 출장 갔다가 12월 4일에 돌아와 다음날 수술을 받았다. 12월 15일경 억지로 퇴원해 태백산눈축제 추진위원회 관계자들을 가이드해 12월 말에 하얼빈 빙등제를 참관하고 1월에 중국국제전 눈조각의 작업을 진두지휘하며 술을 먹게 되니 매번 수술한 자리가 곪아 터져 부위가 많이 커져버렸다. 책임감과 정신력으로 버틴 세월, 한편으로는 참 바보처럼 살아온 것 같다.

강풍으로 인해 모두가 포기한 행사를 성공리에 마치다

2004년 농업경영인대회를 안동 둔치에서 하게 되었다. 전국농업경영인 5만 명이 모이는 그야말로 농업인의 잔치이다 보니 전국에서 지자체 단체장들을 비롯 지역구 국회의원과 많은 장관들이 참석한다. 개막식은 저녁 7시에 진행될 예정이었다. 그 이후에는 PBC 라디오 공개방송이 준비되어 있었다. 그런데 오후 3시 맑은 하늘에 갑작스럽게 천둥번개가 치면서 폭우가 쏟아졌다. 그런가하면 갑자기 바람이 불면서 애드벌룬에 달린 슬로건이 무대 조명 트러스를 치면서 트러스가 반 정도 무너져 내리고 있었다. 나는 먼저 무대 주변의 사람을 대피시키고 119에 크레인 2대를 불러줄 것을 요청했다. 그런 후 크레인이 빨리 들어올 수 있도록 동선에 따라 의자 등 주변 물건들을 치웠다. 잠시 후 크레인 한 대가 먼저 도착했다. 무너지고 있는 트러스의 한 쪽을 약간 들어올렸다. 잠시 후 크레인 한 대가 더 오면서 트러스 양쪽을 잡게 함으로써 무대를 바로 세워 급한 불은 껐으나 전기 사용을 못하는 것이 문제였다. 갑작스럽게 내린 폭우로 전선들이 모두 물에 잠겨 스위치를 올리지 못하는 것이었다. 우리는 스태프들과 함께 보도블록을 깨고 배수로를 만들어 행사장에 고인 물들을 뺐다. 그러면서 혹시 모를 안

전사고에 최대한 대비를 했다. 폭우가 쏟아지는 가운데 스위치를 올려 나름대로의 리허설을 진행했다. 트러스와 무대가 무너지는 상황이라서 모두가 대회를 포기하는 분위기였고 서울 방송팀도 현장의 소식을 듣고서 포기하는 심정으로 내려오고 있었다. 그러나 단 한사람 나만은 포기를 하지 않고 순서대로 차분히 준비하고 있었다. 산전수전 다 겪은 나는 두려움이 없었다. 예정대로 오후 6시부터 열릴 식전행사를 준비하고 관람석 5천 개를 배치했다. 폭우는 내리고 있었지만 참석자들을 자리에 앉도록 해야 했다. 어렵게 착석을 유도해 식전행사부터 진행해 나갔다. 문제는 비로 인해 벌어질지 모를 행사장의 무질서였다. 나는 행사장을 찾은 단체장 수행원들과 기자들에게 "먼저 솔선수범 좀 보여 주십시오. 절대로 VIP의전에게 우산을 씌워주거나 기자들께서 사진 찍느라 무대 앞을 어수선하게 만들지 말아 주세요"라고 간절히 부탁을 했다. 폭우가 쏟아지는 가운데 장관, 국회위원, 지자체 단체장 등 모두가 우산을 쓰지 않고 축사를 했다. 참으로 장관이고, 감동이었다. 폭우로 인해 모두가 포기한 대회였다. 그런데 내·외빈은 물론 지역민, 관광객들이 질서정연하게 참여하고 있었다. 너무 감격스러워 눈물이 나왔다. 내 인생에 영원히 잊지 못할 사건이었다. 개막식이 마무리 되는 시점에 비는 그쳤고 그때 안동시민까지 나오면서 공개방송 축하공연이 뚝방 주변까지 5만 명의 꽉 찬 상황에서 감격스럽게 진행되었다.

사업가가 아닌 전문가의 길을 선택하다

나는 신촌문화축제나 그 밖의 행사에서 광고주와 약속한 것을 어긴 적이 없다. 적자가 예상된다면 더 투자해 작품으로 감동을 주고 내가 그만두는 방법을 택한다. 하나를 원하면 항상 둘을 주려고 노력한다. 총감독료를 받고도 예산이 모자르면 총감독료를 재투자해서라도 하고 싶은 작품의 품격을 높여왔다. 1990년대 후반까지는 대행사 업무를 많이 했지만 2000년대 초부터 축제를 전문으로 하면서 사업가가 아닌 작품을 먹고 사는 전문가가 되고 싶었다. 사업적으로 이윤추구가 아니라 작품을 만드는 연출가가 되고 싶었다. 그러나 전문가로 활동하기 위해서는 수입이 너무 적어 회사운영이 어려웠다. '솔직히 돈도 벌고 싶다. 그렇게 하려면 사업적으로 접근을 해야 한다. 돈이냐 명예냐, 사업이냐 작품이냐' 나는 이를 화두로 삼고 매우 오랫동안 갈등을 했다. 축제를 위해 20여 년 동안 전국 지자체를 매년 방문하면서 스케치한 노하우는 축제가 가야할 길에 대한 방향성을 알려주었다. 또한 지역 인프라를 육성해 지역민이 만들어가는 축제 운영시스템이 되어야 한다는 것을 인식하게 되었다. 이러한 갈등 속에서 진정한 축제를 만들고 싶었다. 돈보다는 축제의 본질을 느낄 수 있는 축제를 구성하고 운영하기 위해 나는 JB축제연구소를 설립했고 함께 만들어가는 체제를 도입하고자 오늘도 노력을 한다. 관의 축제 운영에 있어서 내가 개입하는 축제에서는 예산을 재배정해 낭비 예산을 줄이고 실속 있는 예산을 편성하고 운영시스템을 현실적으로 바꾸어 가고자 컨설팅 및 총감독으로서 유도하고 실행한다. 때에 따라 예산이 부족한 부분은 내가 재투자를 하곤 한다. 그러나 나도 돈은 벌고 싶고, 현실이 녹록치 않은 것이 안타깝다.

새로운 도전 '대형 콘서트'를 꿈꾸다

방송전문대행사로서 공개방송을 하던 시절 1999년 울산매일과 한국수력원자력 새울원자력본부의 협찬을 받아 울산환경콘서트를 태화강 둔치에서 하게 되었다. 예산은 많지 않지만 최고의 작품을 위해 노력했다. 그때 당시 적은 예산으로 최고의 콘서트를 위해 SBS 라디오 제작팀과 1500만 원에 공개방송을 하기로 약정하고 진행했다. 한국수력원자력 새울원자력본부에서 TV녹화방송을 요구해 그동안 같이 많은 공개방송을 했던 인천방송과 함께 하고자 했다. 그러나 주최 측에서 지역 방송사의 TV녹화방송을 원했기 때문에 SBS와 연관 있는 울산방송(UBC)과 같이 하려고 했다. 그러나 울산방송사가 개국한지 얼마 되지 않아 야외 특집 방송할 중계차부터 여러 가지로 여건이 되지 않아 결국 울산 MBC와 함께 했다. 가수 섭외와 현장 연출은 SBS 라디오국과 전국녹화 방송현장 중계 및 지역 녹화 방송은 울산 MBC와 하게 된 것이다. 1999년 당시 대한민국에서 최고 인기 있는 가수는 거의 섭외해 출연시켰다. 출연진을 보면 MC 이지훈, 이제니와 출연자들로는 핑클, 유승준, 신화, 지누션, 코요태, 클레오, 박기영, 박상민, 티티마, O-24, 비쥬 등 18팀을 출연시켜 5만여 명이 관람했다. 울산광역시 탄생 후 처음으로 이러한 대형콘서트가 진행되었다고 한다. 1500만 원의 비용으로 이렇게 최고의 출연자들을 섭외하기는 쉽지 않다. 나는 그때 당시 오랫동안 특집공개방송을 함께해온 SBS 이재춘 PD와 "우리 작품 한번 만들어 보자"고 의기투합해서 이러한 대형 콘서트의 작품이 완성된 것이라고 생각한다. '우리는 작품으로 먹고 사는 사람들이니까' 언제나 남보다 나은 작품을 만들기 위해 노력한다. 지금도 SBS 전문수 PD, CBS 강기영 PD 등과 최고의 콘서트를 만들기 위해 꿈을 꾸고 있다. 나에게는 아주 고마운 분들이다.

1962년 충북 충주시 출생

용인대학교(태권도전공)

경희대학교 관광대학원 관광학(컨벤션 전시 경영 전공) 석사

안양대학교 관광경영학과(축제) 박사과정 수료

▶ JB축제연구소(연구·개발·자문·컨설팅·심사·기획전문·평가, 집행위원장, 총감독) / ㈜제이비 컴즈(축제·스포츠·프로모션·컨벤션·전시이벤트) / ㈜제이비엔텀(음반·공연매니지먼트 및 에이전시)

▶ 축제 자문위원 및 심사위원

2015~2016 고성공룡엑스포 / 2015 진주논개축제 / 2015 순창장류축제 / 2015~16 울진축제(집행위원) / 2015 무안백련축제 / 태백산눈축제 / 강경젓갈축제 / 목포해양축제 / 성주생명문화축제 / 명량대첩축제 등의 자문위원 및 심사위원 / 태안레저관광도시 축제분야 자문위원(문화체육관광부, 한국관광공사, 산업통상자원부) / 경기도 축제 현장 평가 위원 / 한국지역진흥재단 공무원 대상 축제 강의

▶ 1987년: ㈜현대휘미리타운 입사

▶ 1987~1989년: 전문 MC로 활동(사회체육, 기업의 워크숍, 관광, 여행 업무 담당)

▶ 1989년: 부일기획 설립(체육대회, 캠프, 워크숍, 수학여행, 관광업무 등 대행)

▶ 1990년대 초: 기업의 전진대회, 체육대회, 프로모션, 홍보 행사 등 전문 대행(기업의 전사, 그룹 체육대회를 음주문화 체육대회에서 명랑운동회 및 비전 체육대회로 바꾸는데 일조) / 무용단 '꾼' 운영

▶ 1990년대 중반: 프로스포츠 전문 대행(농구, 배구, 씨름천하장사, 야구, 축구, 아이스하키 등 스포츠 개막식, 올스타전, 시즌이벤트와 KBS, MBC, SBS TV 스포츠 생방송 등의 현장 총감독으로 활동하면서 스포츠계의 변화를 주도해 새로운 작품을 정착시키는데 일조)

▶ 1990년대 후반: 방송, 언론사 공개방송 전문 대행(야외 행사에 TV 및 라디오 공개방송을 도입해 정착시키고 총감독으로 활동)

▶ 1995년 초반~현재: 축제 전문 기획 및 연출(축제 전문 대행사로서 전국의 축제 분석 및 기획 및 연출) / 전국의 축제를 분석하고 컨설팅과 개발 및 심사위원으로 활동 / 축제에 종합연출 및 총감독 제도를 도입하고 정착시키는데 공헌

❖ **총감독한 문화체육관광부 지정 축제** * 2017년 기준

2015, 2016 서천한산모시문화제(전 우수축제) / 2009~2013 문경전통찻사발축제(현 대표축제) / 2011, 2012, 2014 함양산삼축제(전 유망축제) / 2000, 2002~2005, 2006, 2008 무주반딧불축제(현 최우수축제) / 보령머드축제(전 대표축제) / 순창장류축제(전 우수축제) / 강경젓갈축제(현 최우수축제) / 괴산청결고추축제(현 유망축제) / 풍기인삼축제(전 우수축제) / 하동

야생차문화축제(전 최우수축제) / 영동난계국악축제(전 우수축제) / 충주세
계무술축제(전 우수축제) / 태백산눈축제(전 유망축제) / 홍성내포축제(전 유
망축제) / 대관령눈꽃축제(전 예비축제) / 아산 성웅이순신축제(전 예비축제)
/ 무안백련축제(전 예비축제) 등

❖ **총감독한 주요 축제**

2015, 2016 강서허준축제 / 2014, 2015 낙동강 세계평화 문화축전 / 2014,
2015 남한산성문화제 / 2011, 2012 성주생명문화축제 / 2005~2008,
2010, 2012 증평인삼골축제 / 2011, 2012, 2013 청송사과축제 / 문경사과
축제 / 문경오미자축제 / 홍성내포문화축제 / 보은대추축제 / 정읍내장산
단풍축제 / 1995, 1996 신촌문화축제 등 200여 개

❖ **총연출한 국제대회 및 프로스포츠 행사**

1997 세계한민족체전 / 2004 성남 아시아 태권도 선수권대회 / 2011 태권
도 무주 엑스포 개·폐막식 / 2011 문경 세계군인선수권대회 확정발표 선
포식(유치조직위원회) 등의 국제대회와 농구, 배구, 야구, 축구, 아이스하키,
핸드볼, 씨름천하장사, 개막식, 올스타전, 시즌이벤트 등 200여 개

❖ **총감독 및 컨설팅한 도민체육대회**

전북도민체육대회(무주군) / 제주도민체육대회(제주 체육회) / 강원도민체
육대회(횡성군) / 충북도민체육대회(진천군) / 충남도민체육대회(논산군) /

전북도민체육대회(부안군) / 강원도민체육대회(고성군) / 경남도민체육대회(진주시)

❖ **기획 및 총연출한 KBS, MBC, SBS TV 생방송 프로그램**
  ◦ 프로야구 올스타전(MBC TV 생방송) / 프로축구 올스타전(MBC TV 생방송) / 부일기획 SPORT TV 건강달리기(SPORT TV 생방송) / 프로농구 올스타전(SBS TV 생방송) / 한국배구 슈퍼리그 개막식(KBS TV 생방송) / 프로씨름 천하장사(KBS TV 생방송) / 핸드볼대잔치(KBS TV 생방송) / KBS국제태권도대회(KBS TV 생방송) / 부일기획컵 SBS 아이스하키 대축제(SBS TV 생방송) / 태권도종별선수권대회(SBS TV 생방송) / 하동여자오픈태권도국제대회(SBS TV 생방송) 등 100여 회

❖ **현장 총감독한 공중파, 지역방송, 케이블 TV 공개 생방송 및 녹화방송**
  한국JC 회원대회 축하쇼(SBS TV 생방송) / 무주반딧불축제 개막축하쇼(itv 녹화방송) / 금난새음악회(예술영화TV) / 보령머드축제 개막축하쇼(대전 MBC) / 충주무술축제 개막축하쇼(MTV) 등 100여 회

❖ **현장 총감독한 라디오 생방송 및 녹화방송**
  강원도민체전 축하쇼(KBS 라디오 공개방송) / 제주도민체육대회 개막축하쇼(SBS 라디오 공개방송) / 우리의 소리가 들려요(MBC 라디오 공개방송) / 대관령눈꽃축제 개막축하쇼(SBS 라디오 공개방송) 등 200여 회 기획

❖ 기획 및 총감독한 기업 체육대회

신한생명 전사체육대회 / 동부화재 전진대회 / SK증권 전사체육대회 /
쌍용자동차 전사체육대회 등 1,000여 회

❖ 현장 기획 및 총연출한 프로모션 행사

한국JC전국회원대회 / 한국농업경영인 전국대회 / 기아자동차 하계휴양
소 / 웅진식품 신상품 발표회 / 프로농구 시상식 / 한·일월드컵 한복 패션
쇼 / 삼성전자 문화행사 / 한국 컴퓨터 소프트웨어 전시회 / 미스코리아
경기, 미스코리아 제주, 미스코리아 전북 선발대회 등 1,000여 회

● 참고 문헌

이태희(2011). 《축제 러브마크화 전략론》. 서울: 한올출판사.

윤대순 · 구본기 · 허지현(2005). 《세계의 문화와 관광》. 서울: 기문사.

김철원(2011). 《컨벤션 마케팅》. 서울: 법무사.

문상희 · 신재기(2005). 《컨벤션기획실무》. 서울: 백산출판사.

김기홍 · 서병로(2011). 《MICE 산업론》. 서울: 대왕사.

정무형 · 가나이 노부요시(2002). 《이벤트 플래닝 핸드북》. 서울: 도서출판 한울아카데미.

이각규(2017). 《이벤트 성공의 노하우》. 서울: 컬처플러스.

장영렬 · 이시혁(2002). 《이벤트 계획 실무》. 서울: 커뮤니케이션북스.

문상희 · 신재기(2003). 《컨벤션기획 · 운영실무》. 서울: 백산출판사.

김순국(2012). 《김PD의 공연기획》. 서울: 컬처플러스.

김춘식 · 남치호(2002). 《세계축제경영》. 서울: 김영사.

안경모 · 이민재(2010). 《컨벤션경영론》. 서울: 백산출판사.

김규원(2008). 《축제 세상의 빛을 담다》. 서울: (주)시공사 · 시공아트.

김성일(2017). 《축제에서 일주일을》. 서울: 가쎄.